中小学教师校本研修教材

教师综合素质发展与评价应用

（重庆市教育科学"十二五"规划继续教育专项课题研究成果）

主 编 谭 平

顾 问　谭小林　陈景红

主 编　谭 平

副主编　谢芝玥　彭 洪

编 委　钟发全　张朝全　王德贵　向太国
　　　　于雅秋　梁立生　马张留　王秀菊

天津教育出版社

内容简介

一本促进教师综合素质发展的著述。全书六讲,以教师价值与综合素质发展需求为引子;分别从专业理念与师德、专业知识、专业能力、身心健康与个性发展四个维度探究教师的成长点,以完全成长和完全自我实现的名师作为借鉴指南和典型,激励教师加强专业修炼。全书充分体现人道主义伦理,创造性地指出发展性评价应用的重要性。

一本适合做中小学教师校本教材的读物,张扬的是一种思想,传达的是一种理念,开启的是一种行动。相信读者因受前瞻理论的启发,从而更有作为。

图书在版编目(CIP)数据

教师综合素质发展与评价应用 / 谭平主编. —天津:
天津教育出版社, 2014.5
ISBN 978 - 7 - 5309 - 7613 - 5

Ⅰ.①教⋯　Ⅱ.①谭⋯　Ⅲ.①教师素质 - 研究　Ⅳ.
①G451.6

中国版本图书馆 CIP 数据核字(2014)第 093572 号

教师综合素质发展与评价应用

出 版 人	胡振泰
主　　编	谭　平
责任编辑	王剑文
出版发行	天津教育出版社
	天津市和平区西康路 35 号
	邮政编码 300051
经　　销	全国新华书店
印　　刷	北京龙展印刷有限公司
版　　次	2014 年 6 月第 1 版
印　　次	2014 年 6 月第 1 次印刷
规　　格	16 开 (787 × 1092 毫米)
字　　数	318 千字
印　　张	13.75
定　　价	32.00 元

前　言

综合素质发展,并非那么简单。就像经营一块土地,追求高产出的同时,更需追求高回报。我们申报的重庆市教育科学"十二五"规划 2012 年度继续教育专项课题:《基于课程改革的中小学教师综合素质发展评价研究——以重庆市石柱县为例》(课题批准文号:2012 - JJ -042 -01),在我县顺利开题以来,一群人通过努力,一期校本研究教材终于面世。

有关教育评价的研究,本是教育研究领域里的一块硬骨头。本书中以发展性评价研究促进教师专业发展为基础,以"价值决定幸福"为主线,以抛出教师人生没有价值体现就没有幸福的观点,找出卓越教师成功的原因以及许多追梦教师失败的原因。我们尽可能地以积极的方式让读者明白,人生价值是经营的结果。如果你是一位想有作为、敢于行动的教师,建议你细阅此书;如果你是一位踏实勤勉、富有梦想的教师,建议你品读此书。

(一)

不做庸师,全书涉及教育心理学的一些知识点,但由于中心话题在于教师综合素质发展,所以,更多的观点会牵扯到"人道主义伦理"。当然,我们努力让自己的推论更接近人性,却也不得不揭露了一些伪理论,特别是触及了一些早已不可更改的"行为规范"。或许,一些观点可能真的是拿不上台面,但现实就是如此,这是我们通过亲历实践,通过认真观察印证而得出的观点,这就更需要你有独立的价值判断能力。

马斯洛曾指出:"基本需要的系统,比超越性需要的力量强些。"在现实中,我们发现,更多的教师对于超越性需求不如基本需求那么急切,但我们的主张是让你今天付出、今天吃苦,在满足眼下最基本的需求之后,再去追求那些目前还较模糊的超越性需求。如此,才引来了身为读者的你的批判。可是,那些更多只立足于现实需求的人,他们中又有多少人最终获得了大的发展呢?

可能全书就是这样的一课,为您讲述卓越教师专业发展需求,以及如何满足自己的超越性需求的修炼。

(二)

卓越教师是怎样走专业发展之路的呢? 无数教师教龄越长"匠气"越足,透支不是解决办法,而荒废人生只能让自己后悔。一切全在于"上进心"是否还在。

本书的每一章节中我们都在谈觉醒这个话题,因为我们发现只有唤醒潜意识和潜能,才可能真正解决多年没有专业发展的问题。

全书中,我们对卓越教师的专业修炼进行探讨,所有文字没有年龄的界线,任何时期的教师价值的提升依然是发展和运作之结果。有人说:"思想领先一步,你就领先一个时代;行动领先一步,你就捷足先登。"全书立足于教师四大素质探讨开发基点,阐释生命中最值得投资的是自己。在此还须指出的是,一个人的起点高低并不重要,重要的是你能否坚守自己的修炼。

（三）

必须给予指正的是,教师的专业发展不能过于抽象。我们探讨教师的专业发展过程,借鉴中小学教师专业标准,围绕专业理念与师德发展、专业知识、专业能力和身心健康与个性化发展四个维度,并深入几十个细节点进行探讨,努力为教师的成长与生活提供一种新观察和思考的思维方式。

在这个"异化"的社会,当然也包括我们的教师,因为生存,不免忘记自我,固执于自我满足。这些是成为一位有思想者的大忌。全书旨在引领人们挖掘潜能,能够真正达成自我实现和自我超越。写作的过程中,我们尽可能把握好分寸与火候,期许全书就像一盒火柴——其间装有的文字便是火柴梗——虽不知道哪一根火柴梗能最终将身为读者的您的潜能引燃,但我们尽可能将这些火种播撒。因为我们知道,只要你真心发展,醉心成长,即使是一点星星之火,其成长与成功便可呈燎原之势。我们也知道,这些文字也总像火柴一样处于被动状态,使用者必须有意识地使用,方可真正发挥其应有的作用。也就是说,对于每一位想获得专业成长的教师,此书稿的作用非常渺小,因为主动权(举手划过火柴之瞬间非常的美妙)在你们自己心中。

（四）

当然,要想实现专业发展,我们必须认清当下教师成长最缺乏的是什么。那些对教育教学现象,对自己的专业成长熟视无睹、习以为常的人,其实早就麻木了。"江山易改,本性难移。"这里是"难移",不是"不移",虽然改变教师的现状肯定有难度,已经形成的思维定势也更难扭转,但事在人为。

很多教师最希望的是给予现成的教育教学技术,能够拿来就用,从而给自己更强大的力量。事实证明,这是行不通的;没有自己的积极探索和磨砺,祈盼"天上掉馅饼",只是一种妄想。所以,书中关于如何教育教学的东西,被笔者弱化,但这并非说这些不重要,相反这些也非常重要。没有将此作为重点进行论述的原因在于,笔者认为我们的教师当下最不可缺少的就是所掌握的教育教学技术,即已经掌握了的非常高的专业知识,然则影响教师职业的幸福指数,理应还包括心理素养和政治素养,更多的教师在这两个方面却非常不成熟。所以,我们更多的从人本角度出发,给予社会哲学与专业化发展以综合性论述,希望每一位读者真正能认识到当下最缺乏的知识是什么。只不过,于全书的字里行间并没有明确提出某些知识或常识,因为其应用是属于教育心理学的范畴;特别是专属于政治素养的探讨,我们只在第六章"组织的支持与帮助"环节中进行了简略的探讨。

（五）

对于职场价值与幸福而言,发展至卓越依然是一个永恒的主题。对一个长期致力于教师专业成长,关注于发展秩序的研究者而言,最终发现无序状态后面存在着更多的理由,而对于更多教师而言,最需要的是找到适合自我发展的秩序。正如埃·弗络姆在《为自己的人》一书的序言中所言:"我不得不承认,在分析工作中,相反的现象给我留下越来越深刻的印象:追求幸福和健康的力量,是人的本性的一部分。"诸如在本书第四章探讨教师的专业能力,在我们看来,本源之力更是施行的根本。教师自身有了这样一种"力"还愁不会在教育教学中奋力发挥吗? 但其关键在于必须拥有一个长期修炼的过程,才可能见到效果,而现实是,人们更习惯于将目光集中于当下,来认定所具能力的大小。特别是在能力较小时的认定,这对于一个一心想发展的教师而言是极为不利的。为此,我们将能力之"力"引入力学的范畴,构建动态的认识与修炼过程,以引导大家对能力之大小、方向和作用点进行全方位的认识与应用。当然,这些依然属于对发展秩序进行调整的范畴,我们的全部目的在于帮助每一位教师构建强大的发展系统。

（六）

一个人放弃了成长时,就会把自己圈定在一个更小范围的圈子里,所以,自己落后时却依然不知。世间之事都是公平的,拥有成就与发展的人,往往与其唤醒自己的潜能和付出有极大的联系。对于那些怨天尤人者而言,必须转变其观点,方能真正拥有新变化与发展的可能。

对于一个人的发展,如果只是认定内因,无疑会进入另一个极端。本书的最后章节,我们探讨评价应用,并没有深入探讨教育评价或教师综合素质发展评价,主要原因在于,我们考虑到更多的教师不可能投入太多的精力去参与评价,但我们实际上又不能忽略评价对于发展的影响。获得一个好评价,并能达到评价应用的目的,是我们最初最大的目的与愿望。我们引入了评价领域最前瞻性的理念,借鉴美国肯塔基大学教育政策与评价系古斯基教授的学术研究,于教师反应、教师学习、组织支持和变化、新知识和新技能的应用以及学生学习结果等方面,构建起评价应用的知识要点。我们深信,每一位教师既注重调整自我发展的内部动因,同时又将自己所处的外部环境予以调理,定会得到应有的人生价值与意义认定。

（七）

实现专业发展,关键在于"我们真不能后悔今年没有发展"!

提升素质,亲近评价,告别平庸,是本书的关键词。抛开教师专业发展的话题,其实做什么样的人,走什么样的路,选择权全在于教师自我。

（八）

当下,可能你只是一名"草根"教师,但这并不妨碍你拥有成为一位大师的基因。于全书的开端处,将我们曾经于课题基地学校的发言摘抄在此:"只要你注重自我的专业发展,哪怕在幼儿园教书,依然可以成为一位幼儿教育领域里的专家、学者,依然可以成为幼教方面的教授式的大学问家。"

（九）

最后,还得说一点。整个有关教师综合素质发展评价课题的开展,所有工作都没有现成的经验可以借鉴,必须开拓性地开展包括理论、方法和策略等方面的研究。我们编撰这本书,由于时间紧、任务重,加上经验和学识有限,难免出现一些观点的偏颇和阐述上的疏漏,希望广大朋友以及更多从事此项研究工作的理论工作者和教育实践者给我们提出宝贵的建议。能得到你们的支持和理解,我们无限感激。

在本书撰写过程中,很多的朋友、同事和课题基地学校的同仁给了我们很多富有实效的帮助和有益的建议,我无以充分表达感激之情。借此向那些对本书完成给予贡献的人士致以最诚挚的谢意。

谭 平

2014 年元月 8 日

目　录

第一讲　引述:教师价值与综合素质发展需求 …………………………… 1

　第一节　教师发展的错位与反思 …………………………………… 3

　　1.唤醒潜意识 …………………………………………………… 3

　　元规则:唤醒潜意识,才可能真正解决多年没有专业发展的问题。 … 3

　　2.价值弱化现象 ………………………………………………… 7

　　元规则:在普遍关注学生成绩的岁月,如果教师忘记发展自我,其青春定然会荒废。

　　　……………………………………………………………… 8

　第二节　卓越教师的价值需要 …………………………………… 11

　　1.运作的结果 ………………………………………………… 11

　　元规则:综合素质发展是运作的结果,需要有"自圆其说"的勇气。 … 12

　　2.理想品性的追求 …………………………………………… 15

　　元规则:只有综合素质真发展,才会拥有思想、富有学识、充满才气、洋溢幸福等品质。

　　　……………………………………………………………… 15

　第三节　综合素质发展的两大方向 ……………………………… 19

　　1.站立于前沿 ………………………………………………… 20

　　元规则:新信息转化成能力,并站立于成功的前沿,才可能与教改同步。 … 20

　　2.主动适应新法则 …………………………………………… 24

　　元规则:三分借助外在的评价,七分结合自我发展需求,方能真正拨正航向。 … 25

　第四节　价值体现的两大途径 …………………………………… 29

　　1.圈内抱团发展 ……………………………………………… 29

　　元规则:物以类聚并非出于性格因素,多因其综合素质得以发展而抱团。 … 30

　　2.把控发展秩序 ……………………………………………… 33

　　元规则:调整自我的心理定位,才会让综合素质发展成为成长的佐证。 … 34

第二讲　综合素质发展的第一要义 ……………………………………… 38

　第一节　前提:正确的职业理解 ………………………………… 39

　　1.构建教育思想 ……………………………………………… 39

　　元规则:专业理念(就是教育思想和解决现实问题的能力)有或无是区别教育家与教书匠的标志。

　　　……………………………………………………………… 39

　　2.拥有主动精神 ……………………………………………… 44

　　元规则:拥有主动精神,专业理念和师德才会自然发展。 ………… 44

　第二节　实质:铸就教育精品 …………………………………… 47

　　1.打造优质教育 ……………………………………………… 48

　　元规则:没有对优质教育的追求,专业理念便会散乱,更无从得到认可。 … 48

　　2.培育卓越人才 ……………………………………………… 52

元规则:没有对培育出优秀学生的思考与实践,只会误人子弟,师德亦无从谈起。
······ 52

第三节 核心:两大习惯的养成 ······ 56
1. 自我净化 ······ 56
元规则:中国教师最缺少的不是教育方法与艺术,而是自我净化的过程。 ······ 56
2. 自我革新 ······ 59
元规则:只有养成自我革新的习惯,才拥有掌握新理念的捷径。 ······ 59

第四节 建议:把握好渐变过程 ······ 62
1. 更新"我"的开端 ······ 63
元规则:解放思想,才会在主动中找到新的开端,不断新生并释放教育正能量。 ······ 63
2. 渐变的人生与规划 ······ 66
元规则:沿着做好老师、教育专家和名师的目标渐变,才会真正出现"士别三日"之后的场景。 ······ 66

第三讲 综合素质发展的内在要求 ······ 70

第一节 前提:突破专业知识瓶颈 ······ 71
1. 专业知识的更新 ······ 71
元规则:努力工作却不习得新知识,无异于只劳动而不进行营养的补充,这对教育的危害更大。 ······ 71
2. 专业知识的自主化 ······ 74
元规则:虽有丰富的专业知识却无文化传承的行动,就永远摆脱不了匠气,这样的教师只会成为"书呆子"。 ······ 75

第二节 关键:专业知识发展理念拓展 ······ 79
1. 教育知识的发展 ······ 79
元规则:教育知识的时效性,是其有用性最直接的见证。只有不断更新教育知识,才能与时代同步,培养出时代需要的人才。 ······ 79
2. 学科知识的发展 ······ 83
元规则:每一轮改革更多的体现于规则的重组,将其视为新知识而立刻学习,是其睿智的表现。 ······ 83

第三节 重点:专业知识发展体系重构 ······ 86
1. 学科教学知识的发展 ······ 86
元规则:实现从知识到认识的转化,学科知识才会转化为"我的教学内容"。 ······ 87
2. 通识知识发展 ······ 90
元规则:通识知识虽是副食,但只有具备广博的通识知识,我们的教学才会真正驶入发展的快车道。 ······ 91

第四节 建议:把专业知识发展变为利器 ······ 94
1. 主动赢得课堂 ······ 94
元规则:主动将新知转化为课堂教学价值,才会让课堂与人生找寻到存在的根。 ······ 95
2. 抓好发展点 ······ 98
元规则:并非所有的知识都改变命运,并不是所有的知识都有用。 ······ 98

第四讲　综合素质发展的根本保障 ························· 102

第一节　基点:全面提升教育教学设计力 ················· 103

1. 教育设计力构建 ······································· 103

元规则:致使学生上进的过程设计,是教育设计力的重点工程。 ······ 104

2. 教学设计力构建 ······································· 107

元规则:做最优秀的学科教师,修炼教学设计力是其走向成熟的基点。 ······ 107

第二节　关键:不可忽视组织力与实施力 ················· 111

1. 组织力构建 ··· 112

元规则:教育人文环境的打造,是组织力提升的重要途径。 ········· 112

2. 实施力构建 ··· 115

元规则:设计和准备中科学成分含量的高与低最终决定实施效果的优劣。 ······ 115

第三节　核心:努力构建激励力与评价力 ················· 118

1. 激励力构建 ··· 119

元规则:给教育正能量是激励艺术最直接的反映。 ··············· 119

2. 评价力构建 ··· 123

元规则:拥有批判精神的教师,更要具有创新能力与建构能力。 ······· 124

第四节　超越:在于提升反思力与发展力 ················· 128

1. 反思力构建 ··· 128

元规则:反思≠反思力,只有经过长期的训练,才会促进教师由反思走向优秀。 ··· 128

2. 发展力构建 ··· 133

元规则:开放的教师人生,往往更能获得强大的发展力,从而能赢得人生的高速发展。

··· 133

第五讲　综合素质发展的必由之路 ····················· 137

第一节　加强自我身心健康教育 ······················· 138

1. 培训助推 ··· 138

元规则:给自我一切提高的机会,是解决所有身心问题最见效的良药。 ······ 139

2. 课题牵引 ··· 142

元规则:以课题的方式弥补新知,更能根据我的需求因地制宜。 ········ 142

第二节　抓好个性化发展两个点 ······················· 146

1. 扬长发展 ··· 146

元规则:发展"短板"永远达不到发展"长板"的高度,以"短板"发展为辅,"长板"发展为
主,让成长更快捷。 ································· 146

2. 抱团发展 ··· 150

元规则:找到适合自我发展的团队,而后抱团更会获得长足发展。 ······· 150

第三节　加强内驱力的提升 ··························· 153

1. 认知发展结构 ··· 153

元规则:认清自我内驱力的发展结构,方可真正认知自我,发展起来才会快马加鞭。

··· 154

2. 跨越式发展 ………………………………………………………… 158

元规则:每一个成功的人,都已经经历过两三次跨越式发展。 ……… 158

第四节 加强外环境打造 ……………………………………………… 161

1. 外环境影响 ………………………………………………………… 162

元规则:能正确把控外环境的人,往往能获得更多成功的机遇。 ……… 162

2. 外环境抉择 ………………………………………………………… 166

元规则:外环境的核心,在于你清醒地进行尝试,做出利于自我的抉择。 ……… 166

第六讲 综合素质发展的关键抉择 …………………………………… 170

第一节 发展评价应用的准备 ………………………………………… 171

1. 明确评价目的 ……………………………………………………… 172

元规则:本是行政管理的过程,若教师知其评价准备的程序,不但能顺利通过测评,而且可以真切发现现实问题,找到发展的方向和路径。 ……… 172

2. 把控好评价的内容 ………………………………………………… 176

元规则:如果说专业发展需要愚公移山的精神,那么,我们依然需要有把控好评价内容的智慧行动。 ……… 176

第二节 发展评价应用的初级实施 …………………………………… 180

1. 提高满意度 ………………………………………………………… 180

元规则:理解评价者给出的评价意图及评价结果,其满意度往往反映教师自我发展的状态。 ……… 181

2. 学有所获 …………………………………………………………… 184

元规则:评价结果中蕴含着努力的方向和动力,以督促教师在学有所获的道路上自信地前行。 ……… 185

第三节 发展评价应用的关键点 ……………………………………… 188

1. 赢得组织支持与帮助 ……………………………………………… 189

元规则:教师发展的可塑性,多通过组织支持与帮助获得淋漓尽致的体现。 ……… 190

2. 新知识与新技能的应用 …………………………………………… 194

元规则:应用新知识与新技能的捷径,首先在于对新知识与新技能要解决什么问题有所了解。 ……… 194

第四节 实现双赢 ……………………………………………………… 198

1. 赢得教育 …………………………………………………………… 199

元规则:追溯学生的学习成果,总能发现其众多的原因里必然包括某种形式的教师专业发展。 ……… 199

2. 赢得发展 …………………………………………………………… 203

元规则:能调整心境,在逆境中找到发展奋进的力量方为智慧。 ……… 204

参考文献 ……………………………………………………………… 208

后 记 ………………………………………………………………… 209

第一讲 引述：教师价值与综合素质发展需求

"无悔此生，爱当教师"，为师者如果真能从心底发出如此感叹，可以说我们已把教师职业融入了生命，成功就是"囊中探物"和"手到擒来"的事情。相反，"没办法，几十年下来，除了教书不会干其他工作……"这般无奈的悲叹则是平庸教师最为普遍的反应。

今天这个样子，其实苦酒早在昨天就已酿就，今天只能是昨天（包括近五年的时光）的缩影。今日的成就、今日的价值、今日赢得的荣誉与钦佩，以及今日的哀怨、今日的惨淡、今日的抱怨，这一切一切的价值判定，几乎全指向看不见摸不着、拿不上台面而又发挥着决定性作用的暗流。人生的因果关系，有时来得是那么的明朗如皎月，有时又跟暗夜那般隐晦。

全书论述教师的价值与发展，目的在于教人发展，教人扬长，教人放弃，依然会冒很大的风险。五年后的人生与价值还是如此缥缈，现实的你我还是那么的全系"草根"，力量与名气普通得经常被人忽略，人格无处张扬与伸张，即使心生伟大的追求，难免会不遭到轻视与嘲笑。因为教人发展，也许作者能承担所有的苦，哪怕是刀山火海，本人也心甘情愿，而我没有强迫他人的权利，一切唯有经历，才能体验，才有言说的权利。

一个人的人生，只有自己才能决定自我的命运。明天何去何从完全取决于你自己。如果你真正想清楚了人生的价值与命运，那么，请您虔诚地打开这本书。当你一切懵懵懂懂时，这本书也许是您前进之路的指路明灯。

（一）

教师作为职业，更多的时候与小我相关联。作为个体上升到宏观的层面看待教师的价值，相对于更具体的教师而言，可能思考"我的价值"更有现实意义，思考小我的出路比思考奉献与贡献更有实质意义。当然，在这义务与权益统一的时代，可以肯定地说，从小我处着眼并非自私的体现。试想，如果一位教师无真才实学，他又怎能为教育提供强大的服务？怎能为教育事业做贡献？发展小我才能成就大我；反之，成就大我的同时才能加速成就小我。你提升自我的生存之力，特别是提升自我的能力素质，只要不对其他任何人和物产生负面影响，都是值得提倡的。

（二）

一个人最可悲的莫过于几乎没有梦，什么都不敢想。不敢想与没有想是两个不同的概念。无数教师在备受自我生存环境、人脉、岗位和职称等最现实因素的无情折磨和严酷打击之后，曾经有过的伟大梦想却因与现实的差距过大而泯灭，因此变得一蹶不振，再不敢有什么"奢望"。当然，面对伟大的人生构想，无数教师没有想，只能更进一步地证明他们变得相对麻木了。不敢想与没有想,相同之处在于他们站立于讲坛,讲坛并没有带给他们曙光,而他们也就在发展受阻中渐渐麻木。教师人生的悲剧就在这不敢想与没有想中产生了。敢想是获得成功人生的第一步,敢想之后更需要有勇气迈出拘谨与局限,敢于朝向目标前行,在有意识与无意识中让自我得到成长,从弱小到强大,成为力量型的教师。

（三）

发展是永恒的主旋律。国家如此,家庭如此,社团如此,小我亦如此。没有发展,便失去了最有生命意义的部分。可现实奏响的却是集体性的无发展意识,整体性的只要求工作过得去,这对每一个具体的教师而言是极其不利的。此种情况下,可能适用性强的东西更易受到追捧,尤其是那些所谓的"适用性强"的专业理念、知识和能力等等,都可能成为众人的挚爱,成为万众瞩目的焦点。

发展最需要觉醒。想要改变自己的人生,书写新我的人生价值,除了发展自我,全面提高自我的综合素质,还有其他路可以走吗?试问,如果连走上伟岸与圣洁的发展之路的勇气都没有,我们的人生还有什么希望可言呢?

（四）

一个拥有雄心的教师,是一个不断发展着的生命体。有持续发展要求的教师,他们非常清醒,对当下看得更真切而不浮躁。哪怕他们提出了一个伟大的发展目标,也不会好高骛远,而是步步为营,立足当下,朝向目标的方向迈开一小步或跨出一大步,最终会到达人生的最高处,尽享"一览众山小"的愉悦。

当然,一个人的发展需要足够的力量作支撑,才会勇往直前,其中既有外在的力量,诸如评价与机遇等,更要有内在的力量。表面上看,多数人的成功全因为他承蒙机缘青睐,其实支撑其发展的,真还不是利于发展的顶层设计以及相对较好的运气,其成功更在于多年前他早于别人的大胆起步和坚持。

（五）

不可否认的是,一个人的成功需要更多的运作。但我们必须看清,若无真才实学给予支撑,就像缺乏基础建设一样,大厦构建更多之时会发展成为一种危险甚至公害。我们说我们的观点与结论关乎教师人生的综合素质发展,以及把全书内容提高到提升教师职业价值的高度,并非全然鼓吹让你尽信所指。我们只是期待诸君能够结合自己的实际情况,审慎并认识我们的观点。

教师虽是一个特殊的群体,现实社会却没有给予其任何的特殊关照。在这个人员众多的群体中,综合素质发展是先决条件,并非唯一条件。全书中,作者结合自我的人生感悟,探讨"站队"效应,以便给出适合每位教师发展的秩序。很多内容只是一种现象的演绎推理,所得出的诸如"建议主动站立于综合素质强势发展的队伍群中,特别是与高素质的教师为伍,才更会快速地促进小我嬗变"等结论仅供参考,请勿盲从。

第一节　教师发展的错位与反思

一架破车，咿咿呀呀，艰难前行；一座老屋，风雨剥蚀，飘摇欲坠；远去的秋天，收获过后变得萧条……教师朋友，倘若没有留下半点让人欣慰的成分，那么我们的生存与命运，其实就是这样的悲凉。现实也确实是这样，纵观小如雀窝只有几人而组成的学校，大若闹市而过百近千人的学校，又有几个教师意气风发斗志昂然，有几个教师壮志凌云目光如炬？最终，多数教师像茫茫一粒雾霭，森森一痕波光，立于苍茫天地间，无足轻重罢了。

很多时候，我们最怕的是论及自我的命运，我们为自己痛心——因自己无法找到解决的办法而失落，因无回天之力而绝望，因麻木的自我再也找不到重振精神的感觉而痛心。痛定思痛，我们深思导致今天结果的理由——只有找出解决症结的良方才能够挽救自我。在自我命运的问题上，我们应该明白：只有自己才能拯救自己，自己才是自己人生中最坚实的力量。

纵观教师发展中的诸多问题，出现严重错位的现象，这些让我们变得近乎熟视无睹。必须指出的是，忘记发展自我是每一位教师人生中最严重的一个问题，如果真正让自我将一切追溯至遗忘发展这一人生主题时，悔然自责便会是寻常事。本小节中，我们将进一步分析教师综合素质发展错位的两大问题：一是发展"0"觉悟问题，一是错把学生发展当成自我发展。只有彻底地发现自我的"病灶"，才能为发展做好心理准备。

1. 唤醒潜意识

综合素养发展，除了能让人有觉知地参与行动，真正对其有触动作用的，更在于无意识的那部分。在人的整个意识形态之中，有意识只占很小部分，更多的意识是无序而模糊的；只有刻意于某一方面，我们才会对本无意识的认识加深印象，使其更加清晰。无意识在整个发展中发挥着基础性作用，将其转化成有意识行为的可能性最大。大量事例证明，哪怕原始认识功能（诸如使用工具与语言），如果缺乏人类特有的动物属性，要教会除人之外的其它任何动物，其难度以及效度近乎不可能达到一个理想的层级。值得肯定的是，任何一位教师综合素养发展中的潜意识部分，至少在几个方面都占有绝对的优势，具有绝对的潜质。但我们必须认识到有潜质并不等于发展——这正是无数人总感觉自我不应该只有当下那点儿成就的原因所在。教师任何综合素养的发展，都将无意识部分经过优化，而后逐渐形成一条清晰的发展脉络，达成能量转化，促进其从无到有的感知与觉悟。其发展的过程中，无论是做出某一项决定，还是趋向于某一方面的发展，一种对自我的强烈优势暗示，像催化剂一样发生着带有化学性的作用，更多的是物理性的裂变。诸如，我们进行深思时，大脑部分也多会像高速运转的机器一样发烫，大脑皮质养分被快速地转化。

> 元规则：唤醒潜意识，才可能真正解决多年没有专业发展的问题。

教师属于什么样的人？回答这样的问题真还有些困难。整个教师群体如果与各个阶层的社会职业群作比,毫无疑问,教师属于高素质的人群,听说读写算等综合素质是其最好的佐证。但是,整个教师族群除了优势明显,劣势也十分突出:医生因其临床案例经验的积累更能解决医疗工作中的问题,工人因其对操作工序的熟悉工效大幅度提升,农民因其种养产业结构的调整产值日益增多等,然而素质相对较高的教师族群的发展趋势虽然没有科学的统计结果,但相对于某一个体而言,随着年龄的增加,素质却呈现下滑的趋势,这近乎成为教师职业发展中的"癌症"。问题到底出现在哪里?大量的教师在基本的综合素质形成之后,有意识的发展便开始进入疲软状态,甚至进入休眠状态,何谈更大的发展?

此状态虽然被我们称作"0"觉悟,并不是说整个人都已经处于无意识状态。大量调查发现,处于"0"觉悟状态之后,更为可怕的是一种生存状态中的精神恍惚——明知要发展而不会主动发展,明知可发展而结果就是没有发展。这种"0"觉悟极具传染性,就像20世纪出现的麻疹一样,仿佛只有人人经历此病痛才可称得上人一样。这种源于意识的"病痛"已经属于一种正常的职业反应。"0"觉悟其实早已被人发现,被美其名曰"高原期",这种说法其实是对无数教师没有发展的一种安慰。如果总让自我处于"0"觉悟之中,那么"高原期"就会无限延长。"0"觉悟最大的危险不仅在于再难有发展,更可怕的是原本依付教师职业的幸福指数也逐渐减弱,教师的人生价值也无从体现,教师素养价值最终荡然无存。其实"0"觉悟到"有觉悟",只是一个简单的意识觉醒问题。当下最需要的是让大家能真正明白"我需要什么",而后主动去做。

【现象纪实】

关于无意识层面的影响可谓非常深远。只要留心身边的动物,便能从其身上找到最原始的佐证。诸如无数动物的领地意识,几乎是一种自觉行为,而且这种意识一直没有退化。而人类无意识向有意识发展的过程中,更多野蛮、自私等品性都已经逐渐消退,这无一不是人类走向文明的象征。只是在逐渐退化的过程中,更多本性的东西也一并退化,这是令人困惑的。特别是在人的领地意识逐渐淡化,在茫茫人海之中而又游离于相对自由的空间之外时,无追求便成为了一种普遍的反映。

教师族群"0"觉悟和无领地意识,实质是无意识层面退化的见证,是一种失去人之本性的反映。教师职业,虽然再没有像动物一样具有强烈的属地的要求,可与这种"0"觉悟对应的无要求,即像大众的休闲之地一样,与自己有关联而非生存之要求,其实便是人本的发展退化的反映。教师职业,可以肯定地说是专属于自我的"领地",更多的是意识形态里的"领地",是一种综合素养有意识打拼而后划定的领地。然而无数的教师几乎没有领地的要求,无意识中"0"觉悟占据主导地位,更多的只是一种大众化的领地的自由应用。

激发领地潜意识仿若"种子工程"。激发自我的领地意识,回归到对人性的认识,可以肯定地说,这依然属于无意识层面向有意识的觉醒,一种向前发展的原始动力的激发,它引领着我们。教育综合素质发展应回归到对人性的认识,而后朝向最希望的方向发展。但可肯定的是,当人类的某些属性已经进入休眠状态时,这种觉悟真还不是一件可随便之事,现实最需要的是从自我的强烈要求出发,从自我的价值需要出发,点燃专属于自我的领地意识,让自我的发展行动明朗而坚定。我们必须认清领地潜意识中潜藏的"种子能量",如果依然让自我处于不落地状态之中,那这种子的能量永远无法发芽,成长永远无期。打开自我的天窗,给自己划定专属的区域,依附综合素质之种子最原始的冲动,辅以潜能激发,树立发展意识,才真能由模糊而给予塑型,也就断不至于束之高阁而永远处于"0"觉悟状态。

【链接1-1】

追梦书生郑立平的自述

只有觉醒了,成长才真正开始。

一个教师如果把自己的成长锁定在"官位",无疑是把自己的发展逼进了死胡同;只有觉醒了,成长才真正开始。

2002年秋,在为新升职的校长接风的盛大酒宴上,已经习惯少言的我,却不知怎么一反常态,用狂饮抒发着心中的困惑与苦闷。一杯紧接一杯,我醉了。

当睁开眼时,刺眼的白色惊得我浑身颤抖,药液滴答滴答地流进血管,用手摸摸头上的绷带,我惊异,自己怎么了? 身在哪里? ……麻木的大脑找不到思维。病房死一样的寂静冲开记忆的隧道之门:一连七八年教导主任的努力与委屈,身边形形色色的人在利欲面前的表演与挣扎,以为凭自己辉煌的成绩和较高素质就能得到重用的天真与幼稚,一次次眼看"水到渠成"却又都失去的"正常"与困惑……酸甜苦辣一股脑涌上心头,泪水像决堤的洪水般流出来。

一天,又一天,似睡非睡,似醒非醒。慢慢地,心却变得越来越宁静而淡定。我像一只在蛹中蜕变的小虫,吮吸着心灵的伤口,却在病痛中勾画着飞翔的未来。我不住地叩问自己:我追求若干年的梦难道就是一个小小的官职? 我是不是走错了方向? 我到底想要成为一个什么样的自己? 我是不是应该重新审视自己,走一条更为宽广而幸福的道路? ……

一天清晨,我恍然如梦醒来:原来,自己犯了一个"致命"的错误,那就是经不住世俗功利的诱惑,把自己的发展逼进了一条死胡同,片面地以为自身的价值只有努力去当"官"、当"校长"才能实现,甚至在一次次失落与打击中,仍然执迷不悟。殊不知,它根本不适合我自己!

豁然放下心中纠结,顿觉浑身是如此的轻松畅快。从此,我开始踏上了真正的专业成长之路——读书、学习、实践、反思。走近苏霍姆林斯基、亚米契斯、杜威、赞可夫……我感受着教育的博大与神奇,聆听孔子、陶行知、魏书生、朱永新……我领悟着教育的内涵和真谛。狭隘的心灵一次次在博大的胸怀前自惭形秽;愚昧的头脑在科学大河的洗涤下逐渐变得清明;世俗的双眼在智慧的光芒照耀下,看到了前方更广阔的路。28岁成为教导主任,32岁放弃"做官"念头、专注业务发展,34岁尝试着著书立说、各地讲学,36岁被评为山东省十大创新班主任,38岁被聘为山东省班主任培训工作专家,39岁被评为初中数学齐鲁名师,同年创立全国(民间)班主任成长研究会,发展成涵盖全国28省的六七百名优秀教师、近20多家主流教育媒体关注的民间学术团体,再到40岁成为山东省特级教师、全国十佳班主任,41岁出版自己的第8本教育专著……一路辛劳一路欢歌,我昂首走来。我不知道我还要走多远,但我坚信:释放了的心灵,正一步步接近它的蓝天!

【案例解读】

于漪老师曾说:"一个教师真正的成长就在于他内心深处的觉醒。"成长,如一粒种子由生根、发芽、破土而出,到抽叶、拔节、开花结果,是生命个体在外形、内容和质量等各方面的不断变化、提高、成熟与完善。它受外在条件的影响和制约,但更主要的是靠内在的潜质与力量。

对有追求、有梦想的教师而言,真正的成长,其实质就是认识自己、发现自己、提升自己、实现自己的内化过程,也是让自己的心灵拥有一个活力空间,并向着某一目标努力伸展的成长过程。这个过程需要觉悟,其实就是一个成长的初始阶段,是自我能源储量被探明,是奏响生命开发之曲的前奏。觉醒不是一个神秘的过程,值得肯定的是,它是对职业领地的一种强烈要求,逐渐在意识流里得以固化,从而给萌发中的种子传递成长所需的能量。现实最需要的是一种对自我人生价值的刻意追求。"0"觉悟的教师该怎么去寻求出路得以突破,认识本我,发掘自我,进而超越自我,由无为状态向有为状态、成才状态发展呢? 这实在不是一个简单的过程。正如有人曾这样反问:"觉醒者每天都在忙什么呢? 他们是否在忙于为自己争名夺利? 他们是否在忙于为自己的私欲奋斗?"其实,觉醒者做他们该做的事,觉悟的心体味觉悟出的事理;很多的事情,只有觉醒者才会去做,也只有大彻大悟的人才会全力以赴地为之奉献。

相对于人的生命与健康,我们更易建立觉悟意识,特别是伴随着年龄的增长、体力与精力的卞降,觉悟中往往带有恐怖的特征,但只要是还没有达到不可救药的地步,便会主动加强修炼与弥补。而对于人的价值素养的觉悟,特别是连带欲望的偏离,结果便是因无觉悟甚至于因追求眼前利益而忘记对自我能力素养的修炼。觉悟需要虔诚,更需要与功德相连,与荣辱相依。需要着重肯定的是,只有真能觉悟而后才会有好的开端,并自然而然地萌生积极向上的心态,逐渐在自我心境中感觉到人生价值,进而让自信心得以生成。我们必须认识到,觉悟其实就是大智慧,它使人因神往而行动并最终成功。

觉悟是开启正能量的开关。如果我们每一个人真能觉悟,心境自然便会走向成熟,于有所求中激情四溢,这样就感觉不到"高原期"的存在,并迎来跨越式的发展。可能原定10年或终身奋斗才有可能获得的成就,因觉悟开窍而大大缩短了计划时间。现实中,一个人某方面的觉悟能力,其目的性越强烈,越能使自我变得强大,更能为教育事业做出喜人的贡献。当然,觉悟中自然生成的正能量,让美德彰显的同时,也会将贪婪、凶恶、残忍和狡诈等负面的东西一一抑制,从而让自我变得更纯净、不畏惧。觉悟像星星之火,最可怕的是偏离人性正确的航向。值得肯定的是,作为教师,只要围绕能力素养而求得发展,此种觉醒便是一种美德的彰显,并让我们在职业与学术领域里变得不再畏惧,不再停滞在一事无成的消磨时光的境遇里。

觉悟也是一种能力。这与当前所倡导的反思有更多的不同。反思只是停留在具体的教育教学之中,而觉悟更多的则指向能力素质及人性养成。反思多属于行为部分,只是觉悟层级中最低端的部分。对于"0"觉悟的状态,特别是处于认识模糊状态时,更需要我们有发展的定力,方能真正找到潜藏于自我本性中专属于种子能量的物质基础,从而朝向强大的方向发展。

【行动指南】

能力提升是终身之事。痴迷于"相对成功"的老师们,常常会迷失自己;只有专心追求综合素养的"绝对成长",给予人生的开发才会真正开始。为此,我们提出以下建议。

一是持戒中精进。追求物质与权欲很正常,但是与自身的综合素质相比,那些多属于结果。平衡自我的欲望,需要我们在觉悟中更加理智。如果过多的欲望不能与发展持平,只会抑制发展。平衡自我的欲望,就应对自己周边的环境进行充分的打造与利用,而非抱怨,而这一切,最需要我们在觉悟中更加理智。要成为一个朝向提升素质方向发展的修行者,而不是悲观的欲望者在自我的天地孤独地叹息。清醒的教师会明白,教师价值回报是需要凭据的,这凭据便是教师成长意识的觉醒。这样,在持戒的过程中,我们深信,将有更多的精力与体力投入自我的发展,支撑自我的成长,让工作的成就得以最好的凸显——哪怕是因物质的欲望才促进自我能力的提升,也是值得提倡的,因为这能成就"小我"。

二是经历炼狱。觉悟的过程更是经历炼狱的过程,孤独、疼痛、难受、烦恼和苦闷都需要去体验和经历,特别是他人对于一个另类行为的束缚,当自我尚在发展的初级阶段时,这种反应更是强烈,这就要求我们必须拥有强大的克服自我的能力。炼狱的过程就像是精神层面无法摆脱困局而后采取的极端行动,甚至是源于精神层面里的超越。当我们真心致力于发展,苦难与困难相生相伴,既有助于我们走向发展与成熟,又能提升自我的承受能力,让我们将在经历考验中所产生的那些较具前瞻性的理念,转化为自我素养的发展。这个过程如同在众目睽睽之下接受审判,承受住如此考验者会在前进中变得伟大,而懦弱之辈的结局只能是倒下。唯有给自己希望,不畏炼狱,才能有让他人尊敬的理由。

三是在觉悟中找到方向。犹豫与徘徊都是每一个经历炼狱者不可缺少的过程,但是觉悟的过程中须有一个值得肯定的东西,那就是明晰自我素养发展的方向,彰显选择性、目的性和过程性,让自我于豁然开朗中有一种开化的境界,任何阻碍都会变得弱小,变得不值一提,一种无畏之情态便会自然形成。

关于觉悟的认识,其实就是让自我所潜藏着的有待发展的东西,被发现和表达出来,从而让那些负面的东西被遏制,让全部的力量集中于一个点上发展。其实,人的心态一旦改变,那么整个世界就会随之改变。面对当今竞争激烈的时代,把自我的发展作为简单的目标,便是一种超脱。

【谨记】觉悟后一心想发展,什么困难都不再是困难,都会自然消失。

2. 价值弱化现象

一个人的价值,往往是由其对自我价值的认定而决定的。一个人的精力是有限的,有限的精力只能做有限的事,而价值的认定左右着行动的选择。谈教师综合素质无发展,从关注专业发展到关注命运,除了前边所谈无发展意识,教师价值认定出现的偏差是阻碍其发展的另一重要原因。价值认定的东西都有其倾向性,认定某一个方向的努力能带给自我价值,或由某方面的努力获得第二方的认定,会让你主动朝向给予价值的方向努力。

一个人的价值认定决定行动的取舍,将精力与体力游离于外,认为学生成才就等于教师成才,这是对自我专业发展之路的偏离。而今,很多教师浮躁、偏激、盲目、功利,自我无法通过努力而心满意足,更没有将综合素质发展纳入重要价值认定的范畴,这全在于这些教师将学生取得的成绩当成价值认定的全部——很多教师把业余时间用在辅导学生、加班加点上了。潜意识里,这些教师把学生的成才当成了自己成才。在此,笔者必须指出,这些教师认识上的偏差,是将一些教育行为目的都集中到提升学生学习成绩这一个点上,这无异于自我麻痹和自欺欺人。

> 元规则:在普遍关注学生成绩的岁月,如果教师忘记发展自我,其青春定然会荒废。

教师是一种对专业发展要求非常高的职业,只有专业上有大发展才会有较高社会地位。把学生成绩与自身发展等同,视其为教师发展的全部,只能导致教师忘记自我发展。教师教出学生喜人的成绩是教师的职责所在,但仅有学生的好成绩是远远不够的。学生的可持续发展、和谐成长,学生成为一个完整的人,才是教师工作的根本所在。基于此,教师必须持续发展自我,保持发展过程中的生态平衡。虽然学生的成长与教师的付出有着直接的关系,教师的素养往往会直接影响学生的成长与发展,但是二者之间并不存在"回流"现象,教师的个人发展不是由学生往你脸上贴金。

教育,倡导学生与教师精神共生,灵魂共舞。无数的教师,因为评价的牵引作用,几乎把学生取得的成绩当成教师自我价值的全部。为此,他们呕心沥血,披星戴月,将所有的精力用在学生成绩的提升上,虽然体力消耗很多,但大脑里只有学生成绩与发展,而忘记教师自我综合素质的发展,这也是众多教师沦为平庸之师最根本的原因。学生取得的成绩,只代表学生自己的进步,它并不代表着教师进步了多少。

【现象纪实】

当前,教师专业性不强的状况,是制约教育发展的重要因素。对教师专业发展的误读,以及教育过程中各种问题的困扰,成了制约教师专业发展的"瓶颈"。唯有突破这一"瓶颈",我们才能获得最优化的发展。

强化学生成绩,弱化教师自我专业素质发展是一个非常严峻的现实问题。其实,学生发展与教师发展并不矛盾。追溯教师无专业发展的原因,除了前面段落中提及的价值认定取舍外,其背后还依然存在着另一个原因——评价因素对教师发展的影响。

把学生成绩等同于自我成就,教师忘记了自我发展,最终会导致能力恐慌,这其实便是长期以来应试教育所结出的恶果。把自我与学生捆绑在一条无形的缰绳上,表面上留下了学生的成绩,但是教师是以荒废自我为代价的;教师因为无专业发展的计划,最终便忘记了自我发展。

【链接1－2】

名师吴正宪的成长经历

1970年7月,初中毕业不满16岁的吴正宪踏上了教育工作的征程。刚做教师的日子,由于先天的不足,吴正宪感到困惑、迷茫、彷徨。在教师父亲的培养下,她学习,阅读,逐渐从困惑中走出来。

"学无止境,我先天不足,唯有我后天勤奋补上!"吴老师常常这样对人说。为了弥补自己没有经过系统科班学习的缺陷,她给自己约法三章:"要敢于吃别人不愿意吃的苦,要乐于花别人不愿意花的时间,要敢于下别人不愿下的苦功!"白天勤奋工作,晚上挑灯夜战,从《中国通史》到《唐诗三百首》再到《宋词》,她不仅读,还整理成一本又一本的手抄本。脚踏实地、善于学习、重视积累、贵在坚持、厚积薄发,那几年的苦读,给她打下了坚实的语文基础。

1978年,她进入北京第一师范学校深造;2002年,她又到东北师范大学学习。此外,她还争取一切机会进修学习——区级、市级和国家级骨干教师培训,这一切都是为了个人的专业发展。后来,她又走上了拜师之路——刘梦湘、缪玉田、马芯兰和周玉仁教授等都成了吴老师学习的楷模。她不仅学习教学艺术,更学习他们高尚的师德。也正是在这条学习的道路上,吴老师真正将"内外功"联系起来共同修练,造就了后来被很多人称之为小学数学界"女状元"的一身过硬功夫。

【案例解读】

一个人的发展过程中,由于自我价值认定的不同和视野关注点的不同,结果往往出现天壤之别。名师吴正宪的成长令我们振奋,我们发现,她优异成绩的形成在于她把自我素质提升的位置摆正。她总是把提升自我的专业水平摆在第一位,激情澎湃地读书、拜师和教研,让自我拥有一身过硬的真功夫。而我们身边的很多老师,除了希望通过工作上的努力而让学生取得好的成绩再无他求,这样的状况,怎能有相应的价值生成呢?

专业发展被弱化,问题主要产生于三个方面:一是专业技能本位。教师对专业发展在认识上存在误区,把教师专业发展的方向仅仅局限在知识的传授这一维度,狭隘的思路影响了自己的发展。二是学科课程本位。我国课程设置在很大程度上仍然处于随意而为、拼凑嫁接以及照搬国外模式的阶段,学生所学知识不系统,久而久之,只能是原有知识素质的老化。三是学历晋级本位。无论从知识广度、个人素质和业务能力等专业技能方面,还是从教育理念、教育责任感和人格品质等专业精神层面,人们很难对教师的专业能力进行客观的衡量与评价,而学历作为特定的专业培训的证明,成为评判教师素质高低的重要指标,在教师任职资格、职称评审以及各种评比中发挥着重要作用。事实上,学历并不能代表教师的能力与素质,只有在工作中不断地提升自我综合素质,才不会产生能力恐慌。

教师专业发展的觉悟,必须让内在因素得到优化,方可真正拥有对应的素质与学识,拥有相应的服务理念和职业道德,能运用相关理论对实际情况作出判断,并能从经验中学习,形成一个专业团体等。只有让这种个性鲜明的发展需求成为教师发自内心的渴求,才有可能生成教师无论何时何地自觉提升专业素质的行为。教师专业发展是一个持续的过程,影响教师专业发展的重要因素是职业平淡感和职业倦怠。如果教学工作长期重复,没有自我的专业成长,教师就很难享受到教育带来的快乐与幸福。源于教师发自内心的价值认定和对专业成长的强烈要求,才能为教师的专业发展注入源头活水。

教师的专业发展不是外在于自我的工具性发展和受他人规约的被动式发展,而是要坚守"精神导师"所应该具有的"责任伦理",具有坚定的自我发展意识,具有规划自我发展的能力和为自己的发展敢于担当的勇气,应避免"空对空"。当前,随着主体性教育思潮的勃兴,学生主体地位荣升,教师主体地位有被边缘化的趋势。教师主体与学生主体之间并不矛盾,而是和谐统一的。如果教师的主体地位没有相应提升,甚至在学生主体性高涨的同时出现了教师被工具化的倾向,教师的专业成长就会陷入泥淖,教师就失去了自我,就会忽略"小我"。教师专业发展不仅在于更好地承担对学生的责任、对学校的责任,更重要的是要立足于对自我发展的责任。教师的职能不仅仅具有"教"的工具性,还有"学"的主体性。教师本身需要不断地回归受教育的过程,才能保证自身专业素质的可持续发展。

【行动指南】

调整自我的价值认定标准,不再弱化自身发展所占有的比例,促进自我进行教育教学专业交流,才能够从专业角度思考问题,用专业的眼光审视问题,这样,随着为师人生阅历的丰富,教师的专业羽翼就会更加丰满。为此,给出以下建议。

一是抓好学习关。让他人学习容易,让自我学习不容易。人的精力非常有限,如果把全部精力集中于辅导学生,虽然短时间内让学生取得了一定的成绩,但因忘记自我的专业发展,教师自己就会因懈怠而变得平庸。抓好自我的学习,要从意识上去落实。只有我们在繁忙的工作之余能挤出属于自我的学习时间,用于反思自己的现状,并经历长时间学习的"炼狱",才会真正提升和优化自我的专业素质。

我们必须把自我的学习作为一种责任。教育目标在变,课程在变,课堂在变,师生关系也在变。面对诸多变化,单凭由学历教育获取的"营养"难以支撑教育的全过程。唯有不断学习,才会真正挖到属于自我的真金。基础理论需要笃学,本职业务需要深学,修身知识需要勤学,急需知识需要先学。当下,我们必须看到自我不学习所带来的危险,同时意识到,只有不断学习并善于学习,才能真正给自己带来发展。

二是抓好实践关。脱离教育谈学习,脱离课堂谈改革,脱离学生谈自我成绩,都不是教师专业发展中的理智行为。在实践中学习,我们会从中感悟到专属于自我的教育教学能力,最终成就自己。教育是一门艺术,其本质更是一门实践的艺术。教师专业成长的第一步是把书教好,让学生喜欢你,这就要研究课堂教学实践。课堂是教师的"试验田",教师务必立足课堂、立足学习、立足教材,有意识、有目的、有计划地对真实的教学情景进行反思与探究,发现问题、分析问题和解决问题。"教师即研究者",要有"处处是实验的场所、时时是实验的时间"的理念,积极投身教育实践,对学习的检验、对学习的深化和对学习方向的改造都需要在教育实践中找寻到切入点。

三是克服职业倦怠。很多教师忘记自我从事的是一项具有生命活力的工作，长时间过于关注学生的成绩，工作中只剩下学生的成绩，教育激情荡然无存，勤学进取只剩下关注成绩。所以，只有重新燃烧起属于自我的那一把火，自己燃烧自己，才能促进自我综合素质发展。

鲁迅先生说得好："不满是向上的车轮。"只有不满足于现状，在学科知识结构、教育教学理论水平、文化素养和业务能力等方面不断提高自己的素养，不断进取，才可能走上专业发展之路。走专业发展之路不能"速成"。审视很多名师的成长发展历程，我们会发现其"忙碌"而又充实的一生与终身学习的思想、不断进取的意识是紧密联在一起的。所以，我们必须紧随一切变化，重构专业精神。发展本应是发于真情、出于自愿的行为。想自己发展自己，就会产生坚定的教育信念，有了这个信念才能产生坚忍不拔的毅力，喷涌无穷无尽的力量，从满足自己的价值需要出发，创造属于自己的辉煌，以实现自尊、自主和自我。随着自我价值不断得到提升、需要不断得到满足，职业倦怠便逃遁远离而去。

【谨记】如果依然认定学生成绩等于自我成就，为师一生永远不会有大的成就。我们不能老是习惯于传统价值的认定，更应该朝向教育专家方向发展，如此才有真正的突破。

第二节　卓越教师的价值需要

前面小节中提及的能力恐慌，这个横于眼前阻碍发展的因素，其实是自己限制了自己。马斯洛指出："一个人如果没有征服、忍受和克服的经验，便会一直怀疑自己的能力。"对于未来价值中那些缥缈的成份、那些亟待开发的成长动机缺乏认识，怎会产生卓越梦想，从而在梦想引领下甩开膀子前行呢？

教师的卓越发展意识，仿佛是"内在固有的良心"，带有"我想"与"我必须"的内在要求。如果自我清楚地认识到"可培养"，就会对潜在能力进行发掘，从而成长为卓越教师。为此，本小节乃至全书中，我们对有自我实现需要的优秀教师加以研究，从他们身上，我们会发现其内在本性未被束缚、压抑或否定，而得以充分自由的表现，他们完全可以作为我们前行的指南和典型，从而在对比中全面认清自我的优缺点以及成长的正确方向。

"我是谁"，对"自我身份"的认识，决定了一个教师的发展。只有不满足于发展专业理念、专业知识、专业技能、心理健康和个性发展等方面，有超越性发展的需要，才会对职业萌生更高的专业发展冲动，从而产生为教育而自我实现和献身的情怀，甘于为事业、号召、使命和热爱的工作奋不顾身，促使自身对诸如安全与保障、归属与爱情、尊重与自尊的力量，以至于牵扯其综合素质发展的精力与体力，以及更多"生长性动力"中容易被抑制的潜能发挥出来。为此，本小节中除了进一步探讨综合素养的发展是什么，我们还将进一步探寻给予超越性动力支撑的"需求的感悟"。

1. 运作的结果

"自我身份"的认定必须依赖于个人的成长需求。这种成长需求有一部分是由我们自身发掘的,还有一部分则有赖于我们进一步创造。我们必须清醒地认识到,"自我身份"的认定,能给我们无尽的自信,需要我们更多的勇气与智慧。

综合素质发展是潜在素养发展的结果,而"自我身份"更是潜在素质发展运作的结果。学科骨干教师、某一领域的学者、教育学专家和教育心理学专家等,这些称谓的背后必须有相应的支撑。如果没有优质素养的提升,"自我身份"即使有所运作,源于自我内心的矛盾只会增加自己的纠结,不仅于身心健康无益,而且也得不到更好的发展。为此,我们必须指出,"自我身份"带有理想成分,是一种使命感,只有促使自己依托综合素质发展才会实现,才会形成超越性的需要。

> 元规则:综合素质发展是运作的结果,需要有"自圆其说"的勇气。

综合素质发展,以发展"自我身份"为第一要务。当一个人确定了自我身份,就会朝着目标前进,其方向明确之后,结果多会与之相对应。很多老师由于对"自我身份"的忽视,或没有相应的胆识与学识,发展没有明确方向,既无相对应的高峰体验带来的成就感,也没有向更高目标奋斗的决心和行动。身份认定其实是给自己一个认识自我的角度,特别是当我们源于最基本目标产生超越性需要(即做专家型教师、学者型教师或某一学派的引领者),便会自然享有属于自我的高峰体验,彰显个人的独特性,接近真正的自我,使自我发展到达人生的巅峰。

综合素质发展与自我实现之间运作的重要性,近乎是一个内在价值与存在价值的解决过程,但无数教师没有也不习惯解读这个过程。当然,其解读的水平更是影响其发展,对专业理念、师德水准、专业知识以及能力等的理解与运用,以及与"自我身份"间的衔接,近乎缺乏最基本的过程认定,往往致使二者脱节。一个人自我发展需要源于最初的认定(即是"一个什么样的人"),特别是方向的认定,能促使其明确身份,从而促进自我发展。上面段落中谈到认定需要智慧与勇气,也就是说,自我力量弱小时,有勇气借助他人给予身份认定,让自我素养强大到支撑某一领域而被认定,这是可行的办法,是在追寻"自圆其说",因为一个教师的发展过程在生长动机的促使下,是全面发展加重点发展,具体的分块并没有那么清晰。即使我们在本书的后面采用四个大章节,更深入地分析不同板块中涉及素养发展的东西,但也没有清晰的行程意识,只是通过多方的努力,给"自我身份"找到认证的依据。

【现象纪实】

有超越性需要的教师,其是否有高峰体验的经历,可证明其自我发展的程度。综合素质发展的目的就是做一个有成就的教师,让自我得到应有的价值认定,让自我的潜在价值变成存在价值。然而,无数教师因为缺少高峰体验的经历,发展茫然,迷茫,发展动机还处于最原始状态,其发展过程缺乏科学性,特别缺乏超越性需要身份认定的过程,更少有运作的过程。

发展过程中,价值层面肯定有精神价值的组成部分,甚至更有超越常人的极乐和虚静禅思等东西。这些关乎动力与人格的力量不可低估。随着习惯的生活方式的打破,特别是精神层面会提出更高的要求,自然地会对综合素养提升有向往、献身、追求、钟爱、仰慕、赞美、尊敬和沉迷等行为。

假如你依然有一种上进之心，那么，拥有了经历炼狱的准备，再经历征服、忍受和克服等过程来为自我实现作好铺设，对发展目标进行认定，得到自我高峰体验，这种驱动式的发展以及定向式的培养自我的方式，无疑会逐步走向成功。

【链接1－3】

名师王崧舟的运作

王崧舟从教28年来，开创了"诗意语文"教学流派，其事迹先后被《人民日报》和《人民教育》等多家国家级、省部级新闻媒体介绍。其实，这一切都经历了从无到有的运作过程。

1. 打造"新成功教育"品牌

2001年8月，王崧舟作为拱墅区教育局首位对外引进的人才，担任拱宸桥小学校长。上任伊始，王崧舟就根据学校的基础和现状，打出"新成功教育"的办学品牌。他认为办学的核心要素是"人"，"人"的核心要素是"心态"，"心态"的核心要素是"价值观"。"新成功教育"主张通过"尊重、理解、赏识、激励"的管理机制、教育机制和工作机制，改变人的消极心态，确立人之为人的价值尊严和精神幸福，从而为每个学生的成功人生奠基。

如今，拱宸桥小学已经在省内外声誉鹊起、崭露头角，先后有来自省内外的一百二十多家单位来学校考察取经，有来自省内外的三百六十多位骨干校长、骨干教师来学校挂职锻炼。

2. 开创"诗意语文"教学流派

王崧舟长期醉心于小学语文教学艺术的追求，凭着自身的不懈努力和坚实功底，在全国小语界开创了独具特色的"诗意语文"教学流派。目前，全国有数以万计的语文教师、语文教研员、语文理论研究工作者投入了"诗意语文"教学流派的实践和研究。

3. 形成"剑气合一"师训模式

2008年，在浙江省教育技术中心的直接指导下，"王崧舟特级教师网络工作室"正式成立。迄今为止，王崧舟在全国范围内带徒百余人，尤其是浙江地区，所带徒弟深受其教学思想的影响，形成了令人瞩目的"王氏流派"。工作室培养了二十多名省级、市级教坛新秀和学科带头人；在他的指导下，先后有四人的课堂教学在国家级赛课活动中荣获一等奖，三十多人次在省市级赛课活动中获奖。

【案例解读】

解读王崧舟，除了对其所取得的成就大家比较感兴趣之外，支撑着人们对他的肯定的全在于对这名特级教师身份的认定——"诗意语文"教学流派的掌门人。再看王崧舟的成长历程，其"诗意语文"教学流派从无到有的产生，其间相伴王崧舟的全部智慧与心血，以至于最终对于"诗意语文"教学流派专家身份的认定，我们能明晰地画出王崧舟综合素质发展的轨迹。王崧舟到全国各地讲学，宣传他的"诗意语文"理念，从他温文尔雅的谈吐、过硬的基本功，以及前瞻性的理论素质，不难发现，王崧舟的综合素质与其"自我身份"是名副其实的，而其背后便是不懈的追求。其实，没有一个教师天生注定会当上特级教师，成为专家学者、教育家；只需认真分析其发展的历程，便会发现，这里面更多与运作有关，与围绕相应的身份设定而后全面弥补相应的学识息息相关。虽然，一个人的成功与环境、人脉有关，但同样与自身能力素质有关，抓住这些方面才会真正让自己做一个被认可（自我认可、社会认可）的有知识有道德的人。

我们必须让自我为专业化成长做足功课，努力找到超越性需要的高峰体验的机会，如召开讲座、开研讨课、举办示范性培训等。让心态、语言、组织、理念、技艺、策划和把控等与综合素质相关的东西得到锻炼和检验，知不足然后努力奋进，为了自我的价值认定而奋斗。

有对"自我身份"的认定，才会获得与之对应的发展平台，从而获得高峰体验的机会。要知道，专业发展机会不会向平庸的教师倾斜。没有自我认定，本该有的机会也会有流失的可能。"自我身份"的认定是前提，综合素质发展依托高峰体验是基础，两者必须达到一定的发展高度，才会真正推动一个人向前发展。

所有个人的发展都源于"自我实现"，是建立在自我潜在发展基础之上的发展，是期望中的人物与自己越来越融合。虽然为满足自我实现的需要所采取的途径会因人而异，成功的路径不可以复制，但成功的基本原理是相通的。身份的稳定、地位的牢固以及别人的高度评价，都会让人心生信心而行动，其注意力也自然地转移到应该关注的点，从而使行动和关注度更有整体性、统一性和一贯性，并于行动时顿然觉得自己更有价值、更有实力、更有能力和更有用处。

【行动指南】

迎来属于自我的春天不是唾手可得的事。只有自己有明确的追求，有适合自己身份认定的目标，才会在处于人生低谷时，坦然面对别人的嘲笑。这比那些发展"0觉悟"或专业发展被弱化的人，成熟的机率高出无数倍。为进一步促进自我实现，在此给出如下建议。

一是积极主动地让自我享受到高峰体验。人的一生如果真要有高峰体验，就应该让一切力量为了目标而发出，达到像罗杰士所言的"完全发挥功能"的阶段。为了全面提升自我的综合素质，我们必须专心致志，全力以赴，毫不犹豫，朝向目标奋力扬帆，并感觉有无穷的精力与体力。选定目标不放松，达成原在坚持中。坚持，会让你在完成真正的任务中得到体验。这种高峰体验反过来强大自己的内心，对自我身份的认定更加坚定，并朝着自我实现的方向奋力前行。

二是努力给自我创造高峰体验的机会。拥有高峰体验并不是凭空臆想，必须凭借自我的发展，让自己享受到体验的机会。享有高峰体验者，一个最关键的入场券便是在某一个方面有专属于自我的见解、高人一等的技能或独特的解决问题的能力。就像开个人演唱会一样，如果没有对音乐的狂热追求并有成功身份的策划，想拥有如此的高峰体验只能像水中捞月。让自我具有独一无二、个性独立的极致素养，能给人以引领和指导。其实，机会是自我争取的，只有敢于将自我的"创造力"表现出来，才会让自我价值彰显，才能拥有更高层级的高峰体验，使自我走向人生辉煌的顶点。

三是必须给予自我积极的价值认定。促进自我价值的实现必须经历幼稚到强大的过程。相对弱小的时候，给予一个科学的认定目标或身份认定，便会激起内心向上的动力。纵观无数人士的成功过程，会发现一个规律：他们的身份认定往往会被放大，诸如发表过几篇教育论文便被称作教育专家，写过几本书便成为学者，这里面有积极的价值认定，值得我们借鉴。自我积极的价值认定，会让自我保持最佳状态，还能致使自我向着这些"身份认定"努力靠近，达成所谓的"行为圆满"。这种价值认定，在于让预定人生目标，提前展示并设定为对应的"自我身份"，此为最佳的价值定论。真要想有所作为，就要敢于将未来时间里的发展目标提前呈现出来。

【谨记】预先的自我身份认定并不是虚荣与浮华的体现，提前的认定往往会在相应的时间内达成对应的人生目标。

2. 理想品性的追求

综合素质发展什么，以及怎么发展，本应是发展内涵中最关键与核心的部分，但任何一位教师都有不同的发展要求与成长路径。为此，我们专门探讨了综合素质发展的目的，以及需要达成的条件，对"自我身份"的认定以及如何运作提出必要的建议。本小节中，我们将进一步对综合素质发展形成的一些固定品性进行深刻的探讨，即进一步通过专业发展使自我成为什么样的教师的思考，更加明晰发展的方向。

一位教师的综合素质牵扯到教师的师德，决定着让自我成为一位什么样的教师。纵观无数已经得到完全自我发展的教师，他们总是以积极的态度看待需求，看待整个发展过程，而不只是从"情绪、认知、表现"上去着力。他们的发展是超我、忘我、无我与理想的融合，是意识、前意识与潜意识的融合，其人格中有更多富有正能量的因子被激活，融入长期的一种无意识形态中，最终在不知不觉中被发展并具有了一些固定的品性。一位综合素质高的教师，应是一个富有思想、富有学识、充满才气、洋溢着幸福感的文化使者。需要进一步阐明的是，这些属于教师品性形成的前提全在于综合素质的发展，且彼此间相互促进和发展。

> 元规则：只有综合素质真发展，才会拥有思想、富有学识、充满才气、洋溢着幸福感。

一位教师良好品性的形成，首先在于其发展需求被完全关注，因而获得满足并得以超越，最终满足其超越性的需要。关于在此提及的四大品性，实则超越性需求的具体体现，它引导着个人朝向最终的目标奋进，从而实现自我超越。四大品性是一种无止境的追求，一个人在超越性动机的层次上得到满足，才会感受到成长的幸福与快乐。诸如，受到环境束缚不平庸，并将其作为融入大众群体的条件，将超越性需要的品性当作最终的奋斗目标而上下求索。

综合素质发展之于良好品性的形成，特别是在全书第六章评价体系中关于评价指标的制定，是最直接的参数设定凭证。我们在努力构建自我发展体系时，必将涉及成长的动机（如需求、恐惧与利害关系等形成的问题），并把它当成良好品性形成的固有力量源泉。成长的过程中，不必再对其他因素有过多依赖，或受其控制，而是更加独立自主，主宰自己的内在本性,发掘自己的潜力,操控自己的创造冲动,使品性的形成少一些羁绊。

【现象纪实】

马斯洛曾说:"如果一种需要得到满足,那么,另一种需要就会出现。"如果探讨教师需要层级里折射出的品性需要,我们完全可以借鉴马斯洛在探求优势需要层次时所作的说明:"一般在生理需要上大约能满足80%,在安全需要上满足70%,在爱的需要上满足50%,在自尊的需要上满足40%,在自我实现的需要上则满足10%。"马斯洛还指出,优势需要满足后出现新需要,如果优势需要A只满足10%,需要B就可能根本不出现;当需要A满足25%,需要B可能会出现5%;当需要A满足75%,需要B就可能出现90%。

引用这一组关于需要层级的数值,可能有助于我们进一步理解理想品性产生的条件,以及进一步理解为何能达成完全得以自我实现的教师数量所占比例之小的一个重要原因。超越性需要的满足,更多牵扯教师的价值层面。基本需要满足之后,才可能心生更大的愿望。本小节中,我们再一次提出综合素质发展的最高体现,全面促进教师理想品性的形成。要成为高水准的教师,就要有点儿另类,有点儿疯狂,如此方能真正达到更高的境界。

探讨作为教师发展的可能性,以及向往所能达到的极致,是综合素质发展中更高的层级,充满着困难与曲折。我们必须明确,不能再像以前那样得过且过,必须有敢于登攀和赴汤蹈火的勇气,真正明白需要做什么,该怎么做,激活自己的内驱力,从而有自觉发展综合素质的行动,朝向高品性的高地毅然决然前行,最终成为抵达塔尖的斗士。

【链接1-4】

贺千红:追求触动心灵的历史教育

贺千红,北京市学科带头人,曾获首都劳动奖章和北京市优秀教师称号。

在一般人的印象里,中学历史就是枯燥的年代数字和苍白的事件经过。

她让死的历史"活"起来

学生往往喜欢历史,却对历史课堂、历史教材敬而远之。贺千红想改变这一切。

为了让"风干"的历史鲜活起来,丰盈起来,她尝试"以小见大"。比如讲古代农业,她从早餐食品引入五谷。课前她特意到农贸市场买齐了五谷的成品,装在一个小瓶里,带到课堂上让学生逐一认识。学生的兴趣高涨起来——"古代农业"不再是抽象的概念,而是可感可触的了。

要让历史有"人"味,贺千红带领本校历史教师,专门为高中理科生编写了校本教材《中外历史重大问题评说》,提炼出"中西文明的碰撞:鸦片战争"和"艰难走向共和:辛亥革命"等16个厚实的话题。它们不但展示了人类文明发展的历程,而且促使学生体察历史深处的矛盾、痛苦、思想与人情人性。历史背后站着"人"。讲"百家争鸣"一课,"教材上就是简单讲有这个家那个家",有些空洞乏味。但贺千红的教学,却把"百家"的生命精神揭示出来。这样丰盈,这样充满生命气息的"活"的历史,怎能不令学生痴迷?

直抵心灵的力量

历史课的最高境界是要触动学生的心灵。贺千红的理想,就是让历史拥有触及心灵的力量。她说:"历史课要服务学生的人生,关注人事(做事)、人心(做人)、人文(生命品质),引领师生'精神成长'。"

作为女性教师,除了理性的深度,她还努力追求课堂的情感温度:"对历史我们应怀有钱穆所说的那种情怀——温情与敬意。"课堂于是有了浓厚的情感氛围。贺千红没有止于营造氛围,而是希望课堂的"内里"也涌动着情感的热流,由此去丰富、升华学生的精神世界。

贺千红的历史课,既是"思想场",也是"情感场",并以柔美的方式直抵学生的心灵深处。"多年后,学生也许什么具体知识都忘了,但曾经的感动、心灵的震撼却可能影响他们终生。"

"用面包换水仙花"

风格即人。她,是一位有纯粹精神的教师。有位哲人说:"假使你有两块面包,你得用一块去换一朵水仙花,因为面包是身体的粮食,水仙花是灵魂的粮食。"在学生眼中,贺千红就是这样"愿意把面包换成水仙花的老师"。

因为单纯,贺千红的心永远年轻。

教师这个行当就是生命的永恒。

(节选自 2013 年 9 月 18 日《中国教育报》)

【案例解读】

是什么让自我价值得以彰显?无疑得通过其核心工作表现出的成就而给予评判。一个人综合素质的发展,其最终目的也在于促进潜在价值被充分挖掘出来,能实实在在地因为自己的存在,给自己从事的职业或某一学科带来新的发展,给身边的人以精神层面的影响,特别是让自己身感人生价值便是为某一岗位而生,否则,自己从事的职业便会给人空空荡荡之感。

通读贺千红老师的事例,晓看其理想品性,何尝不是一种人生价值的极致体现?何尝不是超越性需要的终极满足?虽然我们的研讨多借助马斯洛的需要层次理论,最终指向自我实现这一最高层级,但是我们必须辩证思考其下的五个层级,这样方能利于我们找到前行的起点,才能真正将自我奋进的点定位在综合素质发展之点上;真正让自我认可的价值,多建立在超越性需要的满足这一层级,而唯有基本需要层级的满足,才会带来超越性的需求。每个层级的满足是相对的,没有一个固定的评价标准。到底什么样的需求是最高层级,每一个人都有一个自我设定的标准。值得注意的是,很多有成就者都有追求更高目标的超越性需求,可他的基本性需求却容易满足,为此他们才会挤出更多的学习与锻炼自我的时间与精力。在不断发展之后,可能其大脑里就只剩下他认可的那一件事,而他的行动都是为自身价值的最终实现而储存力量。

一个能得到价值认可的人,肯定是一个无比自豪的人。简单而易满足,才可能全身心投入自我综合素养提升,才可能是一个有思想、有才华、有技能并懂得幸福是什么的人。虽然我们本小节中论述的是教师价值中关于品性的部分,但我们更应该养成跳出现象看现象的思维,更应该养成正确行事的抉择本领,这样才可能像我们前一小节论述的那样,给予自我身份的定位,给予运作好高峰体验的机会,才会真正给自我人生带来价值认可。

人生的价值起点在于彰显自我潜在的价值,一如对未来有可能实现的诸如理想似的追求,应给自我清晰的判断力、决策力和执行力。在我们相对弱小的时候,前行的路并非那么一帆风顺,更多的时候会是困难重重,但真正能给自我克服困难的勇气的只能是自我,能解决困难的办法只能是努力地提升综合素质让自我强大起来。其实,实现理想与人生价值,形成理想品性,其间必须有一个过程,一个努力学习的过程,一个自我提升自我的过程,一个进一步认识自我发展优势、信心十足地执行发展规划的过程,从而最终迈向自我发展的高地。相反,那些缺乏学习与提升自我素养的人,他们没有超越性需求产生的真正原因,就在于他们缺失了认识与发现自我的过程,也就是他们人生方向还不明晰,这样,他们怎么能达到一个较高的人生境界? 或许,这正是一些教师总是感觉苦与累,却没有赢取对应的人生价值的原因。

【行动指南】

一个人的价值认定是多方面的。虽然我们提倡做易满足的人,做"简单的教师",但我们真还不能让自我价值本该收获时除了单一的学生成绩外,再没有其他任何可以拿出手的东西。如果我们真能苦练基本功,特别是当自我真能承揽某一独特重担时,更多的超越性需求便随之产生,更多因自我而增添的机遇便随之而来,并能将其抓住,从而彰显自己无穷的人生价值。在此,我们给出如下建议。

一是追求健康心理,呈现健康的成长形式。对一个人价值的探讨,最根本的在于其自身的追求。有些人发展自我素质的目的是为了提高自我身份,将其作为跨入较高门坎的"入场券"的观点,从而改变身价,甚至带有光宗耀祖之目的,这种把今日的努力看作明日索取的资本、投入,完全肯定的说,是不利于真正朝向超越性需求进发的,最终也很难取得大成。真正做学问者,是不需要虚假的东西来充门面的。习得综合素质,肯定需要下一番功夫才会将其转化为个人能量,努力的方向在于做出更多更大的贡献,这样才可称作以追求健康的成长为出发点。这里,也确实存在着价值观的冲突,努力学习达成的终点,基本上是以获得现实的某项活动的"入场券"为最低的标准,如继续教育要求的基本学时、评高一级职称的论文发表基本篇数、胜任某个岗位需要的基本学历等,其学习无不带有明显的功利色彩。这种最现实的学习与提升,以达到基本要求为其行动的目标,同时也会因其结果的达成中止学习。然而,一位真正体现强大学习力的人,除了前面所言,他非常容易让基本需求得到满足以外,其最大的特性在于超越性需要的永无止境,甚至把自我奋斗的目标与发展人类的全部教育联系在一起——当然,其最终真正带给教育的是积极的影响以及留给他人的精神财富。我们在本书中探讨的素质发展,其实更多的也涉及做人与做事的选择,值得肯定的是,只有我们真正能追求为师的理性品性,才真正有可能成为有作为的人。

二是注重时效,并能体现重要的意义。提高自我的理性品性,提升自我的能力素质,是非常需要讲究方式方法的。值得我们思考的是,为何有些教师踏上工作岗位后,真正让自我得到历练的时间并不长,却能取得骄人的成就呢?虽然每一个教师都有不同的成功点,但有一点是相通的,那便是他们善于将素质提升与现实意义有机结合起来,并力求将其做到极致。涉及素质的探讨,这依然是跨越式发展的核心话题。对于某一教师而言,在训练的过程中如果只将本书在后面探讨的各项能力抽取出来单独训练,可以肯定地说,通过一定时间的努力,会收到明显的效果,可这并非最佳的训练方法。如果我们在训练的过程中能与自我承揽的学科相融合,并以遇见的各种问题为契机,而后展开对应的准备,不但可以使训练的目的更加明确,并且现实意义会明白地凸显出来。完成的过程中,我们解决问题的能力、所需要使用的新知识等,都会因明确的目标而跟进,特别是创新能力得以增强,创新思维得到训练,自我的行动与教育需要自然融合,更能让自己有更多的高峰体验。

三是注重微思考,独辟蹊径。为何大家都在学习,大家都在进步,最终有大成就的人就只有那么几个?虽然这个时代并不以谁最终站立于高山之巅来嘲笑那些半路上倒下的英雄为荣,但为了不给自我全心投入教育事业、全力提升自我的能力素质奉献于教育的壮志留下更多的缺憾,而去竭力找到属于自我的成功点,这是每个热血教师必须思考并渴求的事情。虽然我们前面小节中提到身份认定带来高峰体验,但其前提依然离不开我们拥有自我独特的学识,以及高超的本领。可能不少教师面对如此的要求,在还没有成行之前心底便开始胆怯、止步不前,并不间断地否定自我、怀疑自我。要知道,那些真正有大成就的教师,皆在于他们能将素质发展与自我的事业发展点紧密相连。也就是说,他们任何关于发展自我能力素质的事情,都在为其走自我的路积蓄力量。现实也正是这样,适用于每一位教师发展的点,对于他人而言几乎不可借鉴,就像宋运来在漫画作文这一领域里获得专属于自我的"黄金",贺千红老师在历史学科里获得自我价值的体现一样,这条路只适合于他们自己去走。正如有人所言,我们可以平凡但不能平庸。如果我们真正想获得大发展,哪怕已经做好素质炼狱的准备,却依然需要走一条专属于自我的路,一条他人没有走过的路,这样,成功的机率才会更高。

【谨记】不要错误地以为只要投入学习便会有回报,如果没有确立好前行的目标,没有选好自我前行的路,依然不可能达成理想的品性。

第三节 综合素质发展的两大方向

一个人的发展动力,除了源于自我觉醒,朝向超越性需求奋进之外,还绝对不可低估外界的影响,即教师专业发展必须顺应时代的要求,符合教育组织的规程,才有可能最终让教师自身价值发挥到极致。

走专业发展的道路是一个持续不断的过程,前面我们虽然多次提到要运作好人生,给高峰体验的机遇,但还应该清醒认识到,一位教师的超越不是做一件事情便可以彻底解决全部的问题。譬如,无数高级别的优质课大赛的佼佼者一举成名,但最终并没有因此而促使其成才便是最好的例子。走专业发展的道路要求增进教育者的专业知识、技能和态度,并相应地促进学生的学习,这个有意识的、持续的、系统的过程可由多种专业发展模式达成个体的完善;整个教师人生的发展源于多种因素的契合,诸如近10年来应试教育向素养教育的转变和新课程改革所掀起的革命等,这些新信息都对教师专业发展过程和效果影响深远。当然,这里将每一轮教育改革展示出来的新规则指向等同于对教师发展的评价标准是非常不科学的,但两者间对教师专业发展的要求基本上是相通的。其实,教师对专业发展方向的确定与对新一轮组织信息的敏感度,决定着教师站立的层次和高度。本小节中,我们将进一步解读何为主动发展与被动发展,进一步解读专业发展过程中的"虚掩"现象,让大家进一步明白,不要为一些低劣的组织要求浪费时间、精力和宝贵的资源。

1. 站立于前沿

关于教师的综合素质发展,前面我们对为何没有发展、怎样才算发展进行了探讨,其实还有一个更为关键性的问题就是,我们必须进一步明白朝向何方发展,才可能真正把住自我的命脉,让自我的教师价值得到真正的认定,即不仅仅正确地做事,还得做正确的事。为此,我们将进一步探讨如何把价值、有效性或结果相关的促进专业发展的因素相融合,旨在消除无数人因长期低质量的专业发展经历,很难相信连续的专业学习有助其获得更大人生价值的困惑。

在强调教师以重综合素质发展来走专业发展之路的过程中,虽看重通过努力给明天带来崭新变化,然而今日的抉择与行动至关重要。现实是,无数人并没有走好今天的路,换句话说,很多人今日并没有给明天的前行做好铺垫,依然在重复着"昨天的故事",凭着手中的那张旧船票,很难登上今日的新客船。走过今天,便知道明天依然碌碌无为,尤其是无数教师在专业发展中所体现出的知识与技能的匮乏,更说明我们必须付出一些努力来弥补这种不足。这真是一件必须引起我们警醒的事。

> 元规则:新信息转化成能力,并站立于成功的前沿,才可能与教改同步。

综合素质的发展必须与自身生命的幸福和社会需要紧密相连,才可能保证其适应性和有效性。社会在不断向前发展,自然对每一位教师的能力需求也要不断更新,以适应时代的需求。也许,人们一想到综合素质的发展便会想到那就是听说读写算等能力素质的发展,其实这些只属于基本的能力素质,属于为师必备的素质;它们是任何一位教师通过职前培训以及职后的锤炼,都会提升的一些基本素质,它们在教师专业发展的过程中发挥着最基础的作用,但这不是本书中我们提及并让广大教师必须关注的话题。专业发展的有效性涉及更多的变量,尤其是新知识的不断更新所连带的观念和操作技术。正是这些变量,才确保教师素质发展的现实社会意义和目标价值。然而无数人因为早期只处于观望的状态而错过最佳发展期,等到工作中需要展示真功夫时,才急于求成地提升自我,这就只能导致专业发展变成"夹生饭",比他人慢半拍,从而与成功擦肩而过。所以,未雨绸缪,将自己的发展眼光拓展开,思路放大放远,时刻积蓄实力,遇到发展机缘才能及时把握,真正做到厚积薄发!

教师在专业发展的过程中过于依赖于视觉,把能看到的作为最现实的追求。其实,在整个调节自我发展路径的过程中，"嗅觉"几乎是被忽略的有效工具。不知大家有没有这样的发现，那些真正能在一轮又一轮的教育改革之中勇立潮头的人，都是有灵敏"嗅觉"的人。当新一轮的改革还只是处于规划阶段时(比如像什么"征求意见稿"等)，他们便用自我的"嗅觉""嗅出"自我素质发展的潜在方向，而后便循着改革的"芳香之味"而提前上路。比如，在说课进行得如火如荼之时，一些老师就在摸索没有学生的上课方式进行修炼，这就是现在我们微型课的雏形；再比如，当我们参与学习同课异构的时候，有些老师已经积攒了不少的"一个人的同课异构"素材了。所以，他们的远见与先行，必然能赢得命运女神的热情相拥！总有人于无形中拥有"特异本领"，让自己为综合素质发展导向，因总感觉会落伍于时代需要而不断发展自我。

【现象纪实】

在影响综合素质发展的重要因素中，抓住嗅觉所获得的相关信息来调整自我的发展方向，近乎就像人们所言的一种超前的拓展意识，虽至关重要却并没引起太多人的重视。目前，我们的做课、说课、评课环节，悄然出现了精彩的辨课设计，这应该引起同行的深思。宋运来因看到孩子喜爱漫画而将作文与之结合自成一体，贺千红因追求触动心灵的历史教育把孩子喜欢历史的兴趣点燃，我们该怎样寻找自我发展的契机，这个问题值得每一个追梦教师好好玩味并尽早行动起来！

综合素质发展滞后已经是影响教师专业发展的一个重要症结。综合素质的发展真能体现与时俱进，就能不断把握住量变(新要求)，从而对发展方向进行有效把控。比如，在21世纪初期，"嗅觉"灵敏的人便提前学习计算机技术，当初哪怕只会文字输入，那时便也可称作人才。然而，随着计算机的普及，现代网络与课程有机结合，如果一位教师没有现代网络信息知识，没有对新课程理念的掌握，那么，其大脑里的那些知识与技术几乎就只属于最基础层面的知识，属于过去式。一位教师能否真正行进在综合素质提升的征程中，在于其个体发展能否符合所培养人才的要求，更多的也在于其对教育改革的众多信息能否进行有效的收集和妥善处理，而后提前行动，让自我的发展与组织变化和要求相符。唯有这样提升，才能真正让自我感到发展方向的正确性，并由此产生自信和高峰体验。

只要能抓住教育改革中的信息，从大处着眼，从小处着手，几乎就可以感觉到综合素质发展的最佳状态：思维上总能将前后改革的前因后果贯通，诸如新课程三维目标的提出，那近乎与韩愈的"传道、授业、解惑"一一对应的理解；行动上能对新的改革要求(游戏规程)有准确的了解，甚至作为首创者参与规程设计；效果上更能达到一个引领的作用。其实，只要真正把握准方向，并与新的教改同步，我们便能判断自我将来所处的位置——成为某个领域的领跑者。

【链接1-5】

改革——教学名师成长的内部动因

从四川省教学名师、著名社区心理学专家吕建国教授的成长个案中，我们可以看到改革是教学名师成长的内部动因。

（一）课程改革

1989 年秋，吕教授从华东师范大学获得教育社会心理学硕士学位回到原绵阳师范高等专科学校后，就立即提出心理学课程改革的初步设想。1994 年，根据国家教委关于高等专科课程设置"理论够用，突出实践运用"的要求，吕教授确立了以生态观、活动内化理论和情景理论为思考框架的课程改革构想，在世界银行贷款的"师范教育发展项目"和"在师专心理学内容中加强心理卫生理论与技术培训"中得以实施。其间吕教授新编教材《心理学》（成都科技大学出版社,1998）被省内多所院校采用，1999 年获中国心理学会教学专委会二等奖（当年二等奖以上只有两项）。

（二）学科发展模式改革

1998 年后，吕教授带领一帮青年教师构建了一个心理学学科综合发展模式，其主旨是"一体两翼、统整资源、突出能力、综合发展"。其编写的教材《大学心理学》（四川大学出版社出版,2004），被省内外包括综合性大学的许多学校采用，反映良好。其中形成的成果获2004 年四川省政府颁发的高校优秀教学成果奖一等奖。

2003 年，吕教授主持申办绵阳师范学院应用心理学本科专业成功后，制定了"高起点、近前沿、重能力、促会学"的培养方案。心理学专业核心课程中的七门使用英文原版教材进行双语教学。四年的实践，取得了可喜的成果：实施了双语教学后，学生的自主学习风气浓厚，自主学习能力、方法意识、研究意识以及实践意识和能力正在不断提高，整体学习风气积极向上。一些二年级学生已经开始形成一些研究成果，并向专业刊物投稿。

【案例解读】

虽然教师的成长更多地属于自主成长，但有教师价值体现的强烈要求，是最积极的动因。特别是对教育科学产生强烈的兴趣，便会因为辛劳与智慧的交融，在自我的领域里开花、发芽并结出硕果。纵观无数因自我发展后而有大成就的教师，他们的发展主线，都与教育改革紧密相连。几乎就像案例所呈现的那样，吕建国教授的成长与发展，教育改革是其成长的内因。对于每一位起点低的广大普通教师而言，可能会说自我无发展平台，找到不利于提升综合素质发展的种种理由与借口。其实，想要获得大发展的教师几乎不需要条件，因为每一位教师都可以从自我的生活与工作环境中找到专属于自我的发展点。从每一位有大成就的教师的发展历程不难发现，他们的路径千差万别，其呈现方式也各有千秋，就像商场的琳琅满目的商品一样，但有一点是相同的，那就是从不同的点对整个教育改革作补充，为解决教育改革中出现的新问题做出探索，用其新的经验、技术获得应有的价值与尊重。

与教改同步并不是一件简单的事，除了要求具有超强的教改嗅觉，更要求有问题意识，能将自我的综合素质提升与之有机整合。案例中所呈现的吕教授的发展历程，只是已经完全发展的教师的一个缩影。能将教育改革作为自我发展的动因，除了需要拥有强烈的提升自我素质服务教育的意识，还需要拥有对教育改革中呈现问题的敏感性关注与把握。教育改革总会不断向前推进，新问题也会层出不穷，但有的问题只属于枝节性的问题，只有少许富有纪元性的开创价值。能否在新一轮课程改革中把握住发展方向，抓住这一类属于每一次教育改革中的一级问题，关键在于，涉及自主发展方向性选择时不折腾、不犹豫，能快速抓住主干，而后发挥自我的基础素养，快速地发展自我，那么，其超越性的价值最终才能证明自我的成就。当然，还需说明的是，专属于个人的成就，更多的带有个性化的成份，诸如促进卓越课堂生成、教育新技能过程最优化、教学成果（学生学业）的优质化，以及某一新领域的突破等，都是教师个人素质发展后的证明。只有真正拥有与时俱进的智慧，并将其与时代的发展紧密结合起来，才可能真正进入最佳的发展状态。

为抓住教育改革契机，无数教师投入了更多的精力，却并没有促进自我素质的提升，即使有，也只是发展的假象，这是令人痛心的，也是我们当前必须警醒的。比如很多教师投入了精力参与课题研究，从课题研究报告的撰写开始对某个领域的问题进行思索，也因结题报告的撰写而结束自我的探索。整个过程以及结果，因组织认定而呈现一种专业发展的假象，也让自我得以满足——实质上，其综合素质并没有多少变化，更谈不上什么提升。肯定地说，只有真想清楚我们需要什么，才能将教育改革融入我们的行动中，真正实现所期望的目标。如果我们只是想得到所谓的成果，而忽略素质的提升，只能说是发展过程中的作秀和作假。素质发展只有真正内化之后，才会在自我的教育行动中焕发出活力，就像在教育改革这一条藤蔓上，只有真正给予养料并给发展的时间与空间，才可能结出理想的果实。

教师素质发展是一个多棱体，其成长与发展有无限延展性，也有盲目性。与时俱进是其发展的前提，能脚踏实地是其获得发展的保证。虽然很多人感觉到命运（成就）之中带有更多的偶然因素，但可以肯定的是，如果没有今日的行为目的所产生的影响，肯定没有明日的辉煌成果。特别是对于当前迷失方向的教师来说，更应该有清晰拓展基础素质以真正给自我找到新的发展方向的思路。教师如果真想实现因素质拓展而迎来自我的专业发展，就应该勇敢抓住课改的焦点（当前的焦点应属于课程改革），而后开拓进取，这才是上策。

【行动指南】

抓住主线，而后左右纵横；抓住圆心，而后向外拓展……如此画出自我发展的轨迹，才可能找到专属于自我发展的捷径。为增强每一位教师对教育改革"嗅觉"的灵敏性，我们提出如下建议。

一是全面构建基础素质，从中找到发展优势。必须再次指出，人们在专业发展过程中对于素质的错误认识，一种情况是将综合素质的发展全锁定在前面所谈的听说读写算等基本功的提升之上，从而倾注全部的精力让自我的基本功卓越与出众，但最终在自我价值认定时却发现并无给予支撑的成绩，从而让自我感觉到发展的迷茫。另一种情况是，虽然以实际的行动深入课改的最前沿，但在行动的过程中总是蜻蜓点水，结果昨天的问题依然是昨天的问题，今天的矛盾依然停留在原点，总没有找到有效解决之道。这两种现象，在教师身上都不同程度地存在着。其实，真正的原因在于要么只注重基础发展，而忘记了发展基本功后该进一步做什么的思考；要么视野本已非常开阔，却因自我无解决现实问题的能力，导致专业素质发展进步缓慢。这些都可归结于综合素质发展的方向性症结。真要解决自我的问题，依然像藤蔓,只有给足最基础性的阳光、土壤与水份,才可能真正向上生长。而真正给自我新生力量的,除了最基本的生长条件,还有主茎之上有生命点的芽孢,如此才可能开花与结果。由此不难看出,在综合素质的提升过程中,在全面构建自我基础素质的基础上,投入智慧的行动,才可能找到自我的生长点与突围点。

二是先做好最基础的,再逐渐承揽重担。做到与时俱进,与教改同步,将眼下的任务出色完成,这是教师综合素质与专业发展中的理想状态。但考查每一位教师的发展过程和结果呈现,我们发现,急于求成、好大喜功成了最突出的问题,甚至叶公好龙之现象也在不时上演。自我的发展除了与自我的能力有关,同时也与自我的兴趣有关。自我感兴趣的东西,对其嗅觉敏感性也非常强,对应的能力素质相对处于优势。我们如果期望在教育改革中有所收获,最为关键的依然是给自我素质发展等待的时间。通常,围绕教育改革,必须要有三个月或三年炼狱的准备,诸如搞一些最基础性的个人课题研究,即一些不需要专题立项、不需要专门结题的研究(我们常说的微课题研究或小课题研究)。向上的发展真还不能忽略这一奠基过程,在这一过程中可真正提升自我承揽和解决改革新问题的能力。这也是为什么一些教师不管接手什么样的重任,他们总能将其推向最高层级的原因所在。

三是正确区分教学任务和综合素质发展,把握好发展时空。常规工作中,不少教师身上存在着教学任务与综合素质发展模棱两可的现象,把充分完成眼前的工作当作与时俱进的体现,认为只要充分完成教学任务便是高素质的体现。两者虽然有必然联系,但真还不能画等号。追求综合素质的发展可以将提升的过程与完成教学任务相融合,完成教学任务能给予综合素养发展很好的平台,但是在教学任务完成的过程中,不可能完全给予素养提升的实践时机,特别是新课程改革实验向前推进的过程中,完成对应任务的素质要求,更多时候需要跨学科和跨学区等。如果我们只是将自我习得新知识与技能的时间锁定在课堂或学校工作的这一特定时间,定然难有大的成果。为此,我们必须明白并明确,提升自我的综合素质,必须在教学以外的时间段里留存大量的习得时间,特别是习得最具前瞻性的理念,以及一些精细化的学科教学知识要领的掌握;必须主动走向他人和其他学区,投入更切合自身的研究,这样才可能让自我具有卓越的本领,得到根本意义上的发展。

【谨记】能力素质中存在着变量。只有最基础性能力得到充分的发展,并抓住教育改革这一主线凸显变量,才会做出有价值的事来。

2.主动适应新法则

前面,我们罗列了无数影响教师综合素质发展的原因,因此发现,无数人走进教育职场不但没有发展,甚至会落后与倒退。但同时我们也发现,没有一个老师会低头承认自我素质的低下,更多的是抱怨没有给予自我发展的机遇和平台。这实则反映出旁观者清当局者迷的道理。当然,并非每一个教师都是如此,总有一部分教师因其悟性和人生需要的强烈,并敢于迈出实质的步子,最终取得骄人的成绩。从大面积的教师整体无发展的问题可以看出当前的社会环境、教育激励机制和顶层制度设计等存在的问题而这些问题的存在,阻碍了教师的上进,抑制了教师的持续发展。当然,除了大环境的负影响,教师自我价值观念也存在问题。要知道,发展是属于自个儿的事,只要真正把自我综合素质的发展弄明白,对专业发展的"动态特性"有透彻的理解,对直面改革所获得的更好的指导信息有高度的敏感,从而对自我的洞察力、态度和信念产生积极的影响,自然就会扭转被动的局面。

关于综合素质发展的思考,渗透着对自我本质的认识;他人言辞戳戳的价值评价,多源于视觉嗜好,不能真正反映其全部。比如,对于衣服的需要,只有当自我感觉外在的服饰与内心搭调,"外包装"才真正衬托其内在的品质。衣服提供给他人的参评依据,无形中增添了他人的价值判断。因为角度不同,个人的标准不同,评判的结果自然就有所差异。比如,同样的气候环境,穿衣多与少除了一个常规的评判,其度的把握只有本人知晓,运动量大的人肯定要比运动量小的人穿得少,身体健壮的人肯定要比体质虚弱的人穿得少。此时,如此的论述似乎有些偏题。其实,这些最朴素的观察,定能找到综合素质发展提供给大伙相通的道理。发展需要程度、发展程度和发展参考等都是一些人们习以为常的事,关键在于能真正促进走内涵发展之路,而外在评价法则能否给予发展的动力却是值得关注的。

> 元规则:三分借助外在的评价,七分结合自我发展需求,方能真正拨正航向。

成为一个什么样的教师,贵在自我塑造。面对当前发展过程中出现的形形色色的问题,力争改变整体并不乐观的现状,力求给予综合素质发展以应有保证,让每一个教师将其潜在价值激活和激发,这是一个理想化的状态。前面的内容中,我们已经从多角度、多层面展开分析,以寻觅教师自我发展的途径,但这依然不能保证让每一位教师不再犯糊涂。并非我们所指出的所有形式的素质发展的路径和策略对每个人都同等有效,或在所有条件下、所有场景下同等有效。为了更好地理解个体发展的具体效果和有效性条件,除了考虑与发展相关的问题,如果能全面了解当前正在兴起的比较科学的评价理念,这样更能提升审视发展结果、提出良好问题的能力和对如何找到有效解决方案的基本理解。

引入评价理念,加大发展的保险系数,实则是一个宏大的发展计划。教育领域,教师素质没有得到有效发展,潜力没有得到有效开发,这一宏大的人力资源浪费,影响着当下社会的发展进程,给未来的国民潜力开发留下更多的后遗症。评价层面的乏力,让广大教师的发展处于一个自然睡醒状态;而自我在发展过程中主动接受监督与评价,无疑是一种积极发展的体现。评价对于真正已经取得大发展的教师而言,几乎已经失去应有的意义,但它对于依然还处于初级发展阶段的教师而言,特别是能给予需求的评价,其效果可以肯定地说是不可估量的。发展的初期,往往也是综合素养提升最困难的时期,稍有不慎便会走回头路;如能给予发展生存状态的相关提示,给予策略与规划指导,减少不必要的内耗,这得力的外部支持,无疑更能促进自我有大的造化。

【现象纪实】

综合素质发展"被要求"这已经是一种非常普遍的现象。被牵着鼻子向前发展的原因和背景在于,随着终身学习理念的引入,对教师专业发展之路的认识,教育行政采用干预方式,通过一系列的培训、评估和引领机制,优化教师专业素质,助推教育改革理念的落实,以保证教育效果的最优化。"被要求"与教师发展的目标一致性,近乎成为衡量当下教师素质提升的关键点。"被要求"往往带有行政强制的手段,措施往往与教师的精神和物质待遇挂钩。"被要求"的初衷非常不错,这才使得上级主管部门为此投入了大量的人力、物力、财力和精力,以从行政层面保障其要求能得到积极推行。人的发展,仅源于外部的激励并不能促进教师的积极发展,特别是当不具备某方面的发展条件时,有的教师便会采用逃避应付或作假的方式。当下,这种"被要求"的发展状态,实则是教师综合素质发展的一种病态。

其实,"被要求"是评价方式的另一种呈现形式,是源于组织认定的基本发展方式。因为对于组织评价的需要与教学工作之间的矛盾,人们便会将素质发展与工作任务在认识上对等,以完成相应的工作为目标,而不是以提升自我素质为出发点,自然就导致工作任务的完成对专业发展没有什么促进,专业也没有推动工作任务的完成,教师们也因此认为专业发展浪费了他们的工作时间,认为教育改革新生成的理念发生在文件与文献里和教育报刊等传媒中,而不是发生在学校和课堂里,直接导致素质发展为他们增添了负担。这种虚假的发展是导致教师没有发展的真正原因。

消除当前这种专业发展因"被要求"而产生的误解,才真有可能打破发展中的瓶颈。眼下,除了排除迎合行政评价的要求,尽可能降低功利因素——因为教育体制的原因,我国的职称与工资福利挂钩,很多教师的教学研究全是为了职称晋升,而晋级无望者却失去了应有的发展动力,多数把教育工作当成了维持生计的职业,事业之心已死,没有渴望发展的欲望——主动去解读组织要求(评价),而后结合自我的工作实际,自觉听取一些报告,参与一些课题研究,并结合组织评价提出的一些条件与自我的发展作对比,有针对性地弥补不足,才会真正将发展自我作为最根本的要求,从而从评价中看出自我发展的端倪,并得到实质性的发展。可以这样说,只要真正用心去发展,便会发现,所有的评价都是一些最基本的要求,达到其标准都是非常简单的事,但能否真正完成,依然取决于自我意识对行动的取舍,从而最终影响价值认定。

【链接1-6】

评价惹的祸?

这是发生在一所重点中学的真实故事。数学科组年轻的张老师和刘老师关系很好,但却是两位在工作中表现迥异的老师。

张老师性格活泼,教学充满激情,课堂上表情丰富,能有效调动学生的学习兴趣和热情,深受学生欢迎,每年评教评学活动中,学生所给的优秀率总在90%以上,所教毕业班的高考成绩在全市处于数一数二的位置。正因为教学效果好,登门请求他进行家教的学生家长越来越多,于是张老师热衷于搞有偿家教服务。然而人的精力总是有限的,张老师无暇顾及学校的一些任务和安排,对学校的代课请求坚决推辞,对于科组活动也总是迟到甚至缺席。

刘老师性格比较内向,工作"不讲价钱",勤勤恳恳,默默耕耘。他善于思考,教研能力强,每年都能在省级以上刊物发表文章,每年的市级优秀论文评比一等奖也非他莫属。可惜,在课堂教学方面,所做的努力在学生中得不到较好的认可,学生评价的优秀率只有60%

左右,所任平行班学生的高考成绩,与张老师相比,按标准分计算,有十多分的差距。

一年一度的评教活动又开始了,数学科组的这个优秀名额究竟花落谁家? 焦点就集中在张老师和刘老师身上。科组内两种相反的意见尖锐对立。有的说:"教师的主要工作是教学,谁教学成绩突出,优秀就应该属于谁。"有的说:"工作表现也很重要,教师要有敬业精神,要有团队意识和大局观念,看效果,也要重过程。"数学科组长最后表态:"张老师教学能力强、成绩好,但纪律观念和奉献精神有待加强;刘老师不仅忠于职守,而且教研能力强,教研成果丰硕,我希望他改进教学方法,提高学生成绩。我认为,优秀应该给刘老师。"科组长力排众议,一锤定音。

张老师深感不平,有了"教好书又怎么样"的迷茫,从此以后,情绪低落,工作消极,参加学校活动更加拖沓,以至于萌生了调离学校的念头。而刘老师,虽然被评为优秀,内心却总是惴惴不安,甚至不敢直面张老师那日益消沉的模样。

【案例解读】

教育改革总是伴随着社会经济改革的步伐而不断在更迭与升腾,特别在这个日新月异的时代,教育变化的节奏越来越快。如果作为教育核心的教师没有素质的提升,就像上面呈现的事例一样,如此地摆弄,明明没有真发展,而硬要装做一个高素质的人,被评上心虚,没有评上又气恼。可能更多的人见到如此的案例,依旧会以自己的标准参与案例的评判,并作出应该评选谁的答案。事实上,这些教师都没有真正得以发展,也没真正带给教育变化,但真要选出优劣,其结果也只能是一种相对性的存在。

教师综合素质发展靠的是什么? 几个人坐在一块儿根据平时的态度表现或教学成绩给予评定,从而断定谁优谁劣,这样评价恰当吗? 非也。这个非常现实的案例,其实也是经常发生在我们身边富有代表性的案例。评优秀、评先进或评职称,能带给教师物质与精神层面的满足,这些也都是无数教师梦寐以求的东西,即努力依赖于学校组织给予奖惩性的评定,给予教师价值的认定。但是,这只是一种典型的只注重结果的评价,是相当长时期内应用于教师群体便捷的评价方式,其结果大家都心知肚明,也默认了这种规则,不少人还迎合这种评价方式去刻意努力,以图好运落到自己头上。后面的老师也相信风水轮流转,也将自己的发展寄托在各级组织给予的奖偿、评定上。其实,获得好评的与获得差评的教师之间素质没有本质的差距——没有发展的准备过程,也没有教师真真实实的发展。这种发展或人为导致的差距,完全是"被评价"的真实反映。

现代教育从没有停止过改革的步伐,而对于每一位教师素质的提升总会提出一些新的规程,提出新的实践理论与要求,同时也会提出一些对应的评判标准。只有每位教师真正能顺应时代的要求,真能用实际的行动去达到相应要求,才真可称为优秀。只有我们真正能结合新的要求,读懂脚下这片土地,能真心投入智慧,并懂得经营,才能真正给自我打开一扇致富的大门(体现行业价值)。

当下,我们必须摒弃素质发展过程中的浮躁,真心发展,能放手去读懂今日对教师素质的新要求,而后勇于实践,充分利用自我的发展舞台和全新资源,打造幸福课堂、培育卓越人才和塑造高尚师德,给自我构建一片属于自我的天空,才算是真正的主动发展。特别是那种没有发展而又硬着头皮去"赶考",以及那种"窝里斗"式的自欺欺人的做法,除了最后带给自我虚假的荣光与痛苦之外,再无其他;这就像做了一场梦,梦醒后一切皆成幻影。做一个明白人,不干糊涂事,真正直面持续发展的评价理念,而后有的放矢地武装自我,才不会犯方向性错误。

【行动指南】

必须承认,在素质发展的过程中必须精益求精。主动适应组织要求,将教育改革化为成长的契机,化为自我的成长需求,才能真正给自我以动力。为此,我们给出如下建议。

一是抓住最佳发展期和最近发展区。教师的发展有一个最佳发展期和最近发展区。对于教师的发展,有人认为最佳发展期是在走进教师队伍后的三到五年,这一时期如果他们得不到应有的指导,那么他们的教学热情就会慢慢消耗殆尽,逐渐变成一个完全跟着感觉走,凭着经验教学的"教书匠";任何新思想、新理念、新方法和新模式,都再难引起他们的兴趣,他们似乎也不再有想成为一位出类拔萃的优秀教师的意愿了。其实,教师的最佳发展期不只刚踏上工作岗位的那几年,相对于教师的人生有若干个最佳发展期,比如每一个学期的最初 2~3 周,每一个月的最初几天,每一个寒暑假的最初几天,每一天起床后的短暂时光等,都可以成为每一个人的最佳发展期,关键是我们要有相应的素质发展要求,像冬练三九夏练三伏一样,能对应教育改革中的一些新要求,提前谋划、迅速行动,如此定然会打破最佳发展期只有一个的思维局限。但有一点我们必须清醒认识到,那就是虽然最佳发展期有无数个,但是每一个最佳发展期唯有自我的觉醒,才能真正把握住自我的发展点,否则任何时间都不会成为最佳发展期。

在教师的成长过程中,除了需要很好把握住最佳发展期外,如果能在最近发展区做好做足文章,同样能科学地促进自我持续发展。每一位教师只要充分发挥自我潜在优势并稍加努力,便会发现在整个提升素质的过程中,潜在的能力与素质是发展的保障。能在自我潜在素质(即"最近发展区")的基础上做文章,如具有超强的发散创新思维能力,在理论研究这一层面只要努力就一定会有所建树,在组织语言与肢体语言方面不断发展,在课堂教学艺术实践方面不断努力,也定然会取得较好的成绩。当我们把功夫都用在了教师们专业发展的最近发展区,想自己之所想,急自己之所急,将内在的发展需求与外在的素质要求有机结合起来之时,迅速成长就不再只是梦想了。

二是看清自我,力争做觉悟者。有的人学富五车却无一建树;还有的人虽然书读得不多,却颇有悟性,不乏独到的创新和见解。个中原因,与这人的"悟性"高低有很大关系。

虽然我们在第一小节中,已经强调了觉悟对于自我发展的重要性,但此时再次提及,一个重要的原由就在于觉悟并不是凭空捏造的;通过大量的观察发现,如果抓住教育改革中的一些新要求,更能开启智慧之光。不知道大家留意了没有,在不少佛门净地,常常可以看见两个字——"觉悟":觉悟者,学见吾心。所有的知识,如果没有经过自己的消化吸收,就不能转化为能力,更不可能成为一种力量;所有的经验,如果没有与自己的经历有机结合,就不可能感同身受。让一切的知识、经验和情感融入自己的心门，它们才能与你的灵和肉融为一体。一个人只有通过不断学习和思考，才能更加清楚地认清自己。学习不但要"学"，还要"悟"。能够学来的东西，是表面的、直观的、显性的知识，而那些深层的、隐性的、潜在的知识，是"海上冰山的水下部分"，是需要深切地去"悟"才能有所收获的。人们只有进一步深入研究觉悟的过程，才会抓住课改的一些要求去悟，才会进一步明确在前行的过程中将自我的行动与解决现实问题紧紧相连，增强其适用性和指导性，如此，价值才会真正凸显，而不是空中楼阁可望而不可即。

【谨记】教育改革产生的要求，变成动力与阻力都有可能，分水岭在于自我对发展方向的要求与把控。

第四节　价值体现的两大途径

教师是特殊的群体，现实社会却并没有给予教师任何的特殊优待。相反，无数教师却错把教师的特殊性予以张扬，最终因现实的职业命运而触动心灵深处最脆弱的神经，从而发觉自己的人生是如此黯淡。很显然，他们皆因对教师职业的误解，才导致自寻其辱自寻烦恼。要改变教师的命运，必须正确理解自己的职业，从而找到出路。在笔者看来，锁定命运荣辱的因素真还不在于职业，而是素质的高下所决定的。前面我们从影响职业发展的内因着力，提出了一些参考意见。本小节中我们将从影响发展的外部因素着力，探寻成长规律，以求将发展因素全盘优化，扫除一切不必要的障碍。

教师职场的命运往往与职场价值紧密相连，即使是努力奋斗而成为万众瞩目的中心，也是无可厚非的。因为，在笔者看来，素质得以真正的发展，从而带来一些附属性的权益都是迟早的事。要实现发展，就需要学会经营与酝酿，从而真正拥有自我发展的天空和可供实验的场所。为此，本小节中，我们将全面阐释教师人脉圈里的站队效应，让大家明晰，教师发展场的正能量产生全源于自我的高素质，并请各位读者朋友进一步明白，优化综合素质发展的外部环境，是给自我发展有力的支持和必要的准备。

为此，我们将结合专业发展的话题，全面认识因综合素质的提升带来的对新秩序的认识，以便进一步认识综合素质发展与适合自我发展秩序之间的辩证关系，从而促进每一位教师在成长的过程中抓好秩序的调整，在抓好综合素质的发展中把握住新的契合点。就像上一小节中提到的无数最佳发展时期一样，发展自我综合素质无极限，只要能脚踏实地，便会迎来自我发展的高峰期。优化后的发展秩序与教龄、年龄无关，唯有在综合素质发展与提高方面下功夫，才能全面应对教育的任何变革，才能成为一个"有为"、出色的教师。

1. 圈内抱团发展

有人曾对导致失败的原因作过精辟的总结，指出："成功路上并不拥挤，因为坚持的人不多；成功路上需要选择，但会选择的人不多；成功需要贵人指引，但有导师的人不多；成功需要不断学习，但会学习的人不多；成功需要付出，但舍得付出的人不多；成功需要目标，但知道方向的人不多;成功需要全力以赴,但能集中精力的人不多。"如此看来,影响发展的原因,除了内在的原因还有外部的原因。在这里,我们针对综合素质习得的人文环境加以探讨,以帮助每一个想真心发展的人找到自我发展的舞台,全面实现人生目标。

提及站队现象,可能大家并不陌生。教师职场并不非常清纯,因站错队受一帮朋友拖累的还真不少见。真正对于一个人的发展有着决定性作用的,便是因综合素质发展而无形中打造的抱团行动。然而无数教师因没有综合素质发展而最终形不成专业发展,所以几乎无抱团发展的体验,对抱团发展的意义并无了解与理解。

> 元规则:物以类聚并非出于性格因素,多因其综合素质得以发展而抱团。

抱团发展,原指通过依托商会搭建市场、技术等平台,或者是共同出资成立投资公司共同投资,又或者共同制定行业标准等等,大家合作发展。在教师这一特殊的群体中,因为专业素质发展而抱团发展走远的实例并不少见。很多教师在基础素质发展之后,根据自我的超越性需要彰显出优势,而后,有共同发展点和追求的人聚集在一块,相互促进与鼓励,最后共同在学术、事业等方面达到一个理想的层级。只是,在众教师群体中,真正让自我综合素质发展而又满足超越性需求的人不多。人们往往只感受到站队现象对同一生存平面的影响,而对立体式的抱团发展导致的超越式发展却没有印象。

人与人之间的交往,多追求同一层级的人相互接触。综合素质发展实际上是一种追求,也因为综合素质发展的层级最终决定着每一个人生活的圈子,它差不多成为了一种划定人脉的界限。其实,我们也发现,无数不学无术者之所以总得不到发展的原因就在于只会单打独斗。抱团发展的重要性,只有真正因其而致素质发展的教师才能感知得到。同时,也要知道,综合素质发展并非短时间内便可感知,真正见到自我力量的彰显,多需要三年五载,这也正是人们常说的"今天与什么人在一起,三至五年后便成为什么样的人"的原因。当然,并不是说只要我们与高素质的人在一起,就一定会成为与之同类的人,但超越性的需求的确可以使人们有共同探讨的话题,甚至成为知音而相互支持。从了解抱团发展的出发点(综合素质发展)开始了解其意义,而后找到合作的方法,可以肯定地说,这确实是每一位教师理性发展的必然选择。

【现象纪实】

因为人为的因素,才于无形中将人、事、物等分成了若干层级,但不管评判的标准是什么,身处同一个层级的还是有相似之处,而想向上一个层级发展,却需要付出更大的艰辛,才可能摆脱原始层级的束缚。专业素质发展几乎也如此,处于同一学校或地区的教师没有太大的差距,整体平庸或整体优秀,这似乎司空见惯。如此的现状其实是非常不利于教师发展的,甚至处于整体优秀的群体中走向平庸也有可能。

有追求,才能成为优秀的教师。但在一个相对缺乏活力的群体中,很多人往往有无限的期望,却因孤独地前行而停下脚步,这是无数教师真实的写照。这只能进一步反映出抱团发展成了一种不曾也不敢尝试的构想,久而久之,很多教师就因无能力素质的发展变得随俗。

这只能进一步证明教师为啥集体不学无术。

从"站队效应"到"抱团发展"的转变，这是当前横于面前的难题，只有真正敢于朝向素质提升的方向，才算走向正道。眼下，除了教师对此存在认识上的不足，更在于前行中可供学习的榜样的缺乏，对于抱团发展的时机把握和抱团策略难有现成的参考依据。这也反映出综合素质的发展真还不是件容易的事，这不但需要自我努力提升综合素质，更需要我们能进一步加强对自我人文发展环境的认识与打造，让自我真正翱翔于蓝天。

【链接1-7】

共生效应

植物界有这样一种现象：当单株植物生长时，显得黯然，缺乏生机；当与众多植物一起生长时，它们却茂密，生机盎然。植物学界把这种现象称为"共生效应"。翻一翻中外人才史，不难发现，人才成长中也有许许多多类似于此的"人才群"现象。因此，亦可把这种"人才群"现象称为人才的"共生效应"。

人们若长时间在一起共同生活，彼此之间就会互相影响，就会在脾气、禀性、兴趣以及嗜好等方面产生相近似的地方，甚至会产生同样的结果，这就是"共生效应"。一般来说，"共生效应"有家庭、学校乃至班级的"共生效应"，也有社会上"交友效应"，再大就是民族、社会和国家"共生效应了"。诸如：我国很多文化名人出于"书香门第"，军事方面则"将门多虎子"。这中间自有多方面的原因，但主要原因还得说是"家庭共生效应"。

"学校共生效应"还表现在如美国的哈佛大学，英国的牛津、剑桥大学，苏联的莫斯科大学，我国的北大、清华、人大、浙大、复旦、同济……都为本国培养出了大量出色的政治、经济、军事、科学及文化人才，成为建设国家的中间力量。

"交友效应"的事例更多，我国历史上著名的有以孔融为首的"建安七子"，以阮籍为首的"竹林七贤"，以西晋文学家潘岳为首的"二十四友"，以南梁著名文学家、史学家沈约为首的"竟陵八友"……

当年，西方及俄国的"文艺沙龙"则聚集着一批文学家、艺术家，也是很典型的。我国成语有"物以类聚、人以群分"，也反映了交友的相聚和互相影响的关系。许多犯罪集团，最初时并不是所有人都是十恶不赦的坏分子。但是，他们"交友效应"的结果，则发展了他们自私自利、好吃懒做、荒淫无耻、鼠窃狗盗乃至残暴杀人的罪恶思想和行为。

【案例解读】

人才多是环境的产物。追求成长过程中的"共生效应"实际就是在教师圈里优化自我综合素质生成环境，构建一个成长共同体，以个人发展的方式转向集体活动，从而促进共同进步与成才，达成共生效应的发生。综合素质提升促进教师专业化成长，遵循共生效应之规律，达成抱团发展的目的，并非难事。哪怕生长在一个集体性无发展意识的群体中，只要真有超越性需求的冲动，依然可以打破空间的限定，诸如通过网络打造专属于教师圈中的某一特殊抱团群，以相互鼓励和提供学习所需的资料，共同交换成长心得，从而达到一个较高的专业水准。

抱团发展,力争产生共生现象,这更是对自我素质发展的保护。有一个著名的论断曾得出整体大于孤立部分的总和的结论。"滴水怎样才能不干涸?"佛教创始人释迦牟尼曾经这样问他的弟子。弟子回答不出来。释迦牟尼说:"把它放到大海里去。"是的,一滴水的寿命是短暂的,但当它汇入海洋,与浩瀚的大海融为一体的时候,就获得了新的生命,赢得了"共生效应"。"举大事者必同谋","共生效应"为我们提供了多层面的启迪。对个体执行者而言,应该认识到,"独行侠"难以取得伟大成就,只有在与他人的交往与交流中互相影响、互相启发、互相砥砺、优势互补,才能超越平凡,铸就辉煌;只有努力与优秀的人在一起,加入优秀的队伍,才会使自己变得更优秀。

共生效应的产生,首先在于自己有发展的欲望,有开拓进取精神,并处于上升的势头,这样才能从团队中获得发展,而又反过来影响他人,影响团队的进一步发展,最终拥有专属于自我的天空。一个优秀的发展团体,必然会出现孔子当年描述的盛景:"君子无所争,必也射乎! 揖让而升,下而饮,其争也君子。"在这样的一个环境中,如果营造勇于创新、乐于分享、良性竞争、互励互助的氛围,定然会形成不断积聚"共生效应"的正能量。在这样的土壤里,人才或英雄往往是以群体而不是以个体的形式涌现,在成就个人的同时,成就共同的事业。

如果想获得持续的成长,抱团发展、产生共生效应,是我们需要觉醒的事情。只不过,有时候自我觉醒靠的是外力作用,有时候靠的是内部自我嬗变,但不论哪一种方式,唯有努力追求进步,教师才能在自己的工作岗位上焕发生命的光彩。为此,我们必须努力寻找推动自我发展的内力与外力。

【行动指南】

抱团发展,力争产生共生效应,相对于单个教师而言,只有真正将综合素质发展意识强化,并生成实际的行动,才会真有现实意义。在此给出如下建议。

一是不只是"抱团",更须有走向优秀群体的勇气。对于抱团,众教师几乎都不陌生,往往有共同情趣与爱好的人,都会自发结成一种同盟。但"抱团"并不一定都有发展,现实生活中,真正能"抱团"并从中获得发展,几乎不会超过5%。相反,因为"抱团",大伙儿一块儿消沉、一块儿抵御进步,一生浪费时光,这样的教师小团队真还不少。他们"抱团"没有获得进步,一个主要原因在于他们缺乏动因。土壤没有种子,就没有种苗破土而出;"抱团"没有促进自我发展的种子,其行为的有效性也无从谈起。一个优秀的教育群体都是"抱团"最直观的例证,表面上看他们都有超越性需求,甚至属于教育科学研究,但这实际上是基础性需要的拓展,一群人都因有相同的发展基础,为此而聚集在一起,迎接更多更大的挑战;因大伙儿齐心协力克服困难,集优势力量扫清发展障碍,最终使参与者都成为受益人。这也是为什么优秀教师、教育专家和学者都是以群体出现的真正原因。可能眼下我们依旧处于基本素质最低的层级,或处于发展前的黎明时分,还无法向优秀的群体靠近,此时,最需要的是明智,不降低要求与不学无术为伍,最需要的是坚持自我综合素质发展的理念,努力提升自我基本素质。当真强大到一定的时候,优秀的团队往往会自发地向你招手。

　　二是不只是个体主动发展，更需要用智慧带动群体向前。共生效应的外在表现形式很多，如共同开展教育科研、实行集体备课、实行"师徒结对"、开展形式多样的娱乐活动以及学术沙龙等，这些都标志着共生效应被运用于教师专业发展中取得成就的良好开端。"共生效应"的实质是互利互惠，共同发展。教师专业发展中的"共生效应"也是充分利用各种便利条件，教师之间就一些内容相互交流并互学、互动，这是促进教师专业发展的新方法。可见，共生效应符合教师专业发展的需求，是一种教师专业发展的新理念。"抱团"促成共生效应的产生，属于主动发展的范畴，其意义无穷。在这一过程中，教师需要彼此认同和相互信任，以进行清晰准确的沟通，彼此接纳和相互支持，并建设性地解决冲突，提高教师人际交往能力；共生效应有利于丰富教师的个人实践智慧，教师一方面不断吸纳和丰富自己的已有知识，另一方面在冲突和建构中，不断结合自己已有的理论和实践经验，在自主建构和合作建构的基础上，形成新的个人实践智慧；共生效应有利于发展教师的自主性与主体性，使教师真正成为专业发展的主体，可以自觉地对自己的专业发展负责，自觉回顾过去，反思现在的状态，规划未来的发展方向，自主地遵循自己专业发展的目标、计划和途径，并付诸实践，使之成为自身专业发展的重要方面。教师间协作的主题、内容与教师的工作实际紧密联系，能改善教师的工作，提高教师的能力和工作绩效；有利于打破以孤独封闭、孤军奋战、关注眼前利益、静态思维和习惯性思维为核心内容的心智模式，形成具有创造性的、互利共生的心智模式；同时它还有助于激发教师专业发展的自主意识与能力，使教师成为自身专业发展的主人。共生效应只存在可能性并不必然向现实转化，将可能性转化为现实，需要采取积极的措施，诸如树立"共赢"思维，能求同存异，实现相互尊重，加强文化引领，形成共同的愿景，共同构建起专业发展学习共同体，以及强化集体观念等。

　　【谨记】他人走向成功的路，没有一条可让你去复制，但更多成功的规律是相通的。诸如抱团发展与共生效应。

2. 把控发展秩序

　　马斯洛指出："自我实现无一例外都是献身于一项身外的事业，某种他们自身以外的东西。他们专心致志地从事某项根本任务，某项他们非常珍视的事业——按旧的说法或宗教的说法就是天命或天职。"其实，教师的综合素质发展，如果没有将自我从事的职业当作天命或天职，没有献身精神，提及大发展似乎已无潜在的动力，那就只能成为空想。一个教师趋向自我实现时，他需要做什么呢？前面所谈，更多涉及教师综合素质发展的技巧与方法的论述以及从觉悟到价值认定和方向性的把控，但真要实现其有序的良性发展，还得全面认识其注意事项，尽可能地排除干扰。

　　自我实现，核心观念在于自我管理。教师综合素质的发展，哪怕前面所谈及的组织意图等，也仍需要个人真正认识到，那是自我充分地、活跃地、无我地体验专业发展的过程；全神贯注，忘怀一切，真正实现有效管束自我，才会有超越性需求的满足。在自我管理中，达到无我、忘我，即自我愿意与自我觉知，这几乎是无数教师难以做到的事。为此，我们将进一步探讨发展秩序。

元规则:调整自我的心理定位,才会让综合素质发展成为成长的佐证。

讲究章法,是教师综合素质发展过程中自我实现最基本的要求。大自然的法则,讲究的是集合,没有秩序性的要求,这也正是万物皆融入一体的缘由。然而,相对某个单一物体而言,必须受其所在时空的限制,讲究秩序。当前,整个教师发展处于无意识无要求状态,相对于某一教师而言,最需要的是能从无序状态调整至有序状态。当然,这里的调节过程,几乎就是一个自我实现和自我管理的过程。

人只有停止哀诉,开始寻求管理自我人生的潜在动机,他才能发现自身潜在的力量,成为一个真正的人。全面抓好综合素质发展过程中的秩序问题,最基本的要求是"人格"。"格",方格、表格等,凡有"格",就肯定与秩序有关。"人格"要求不能任个人素质像旷野中的野草一样无目的地乱长,而只有符合相应的要求,才可称为有"格",即必须让个人素质带有理性和品位。综合素质发展要求"人格",又源于最初它还是最脆弱的东西,需要保护。这一过程,相当于旷野中的产业结构调整后的田间管理,格物精微,即整体性对幼小种苗进行保护,规模化发展才有可能。综合素质的发展,至最后大成的过程,是需要特殊照料的过程。当然,对于每一项发展而言,都有其特殊的要求,这里也涉及保护与开发自我潜能的技术性的需求和管理准备。

【现象纪实】

自我实现,真正能达到自我管理,有序提升综合素质,真还不是一件容易的事。相对于比较现实的社会,多方的需求致使个人产生无数的欲望。可以肯定的是综合素质的发展,只是众多欲望中的一个,甚至被忽视。能将综合素质置入人生中的重要位置,需要一个长时间的选择过程——前进的选择或倒退的选择都有可能,然而做出成长的选择不是畏缩的选择,更是趋向自我实现的运动。

更需要认清的是,综合素质的自我发展是一个连续的过程,高峰体验过程只是成长过程中的短暂时刻,整个过程是一个程序问题,是由许多次微小进展一点一点积累起来的。当前,探讨综合素质发展的问题,如果采用孤立的形而上学的方式加以认识,依然不能保证其发展的连续性。真要改变现状,必须全面认清自我的需求,并能真正分清孰轻孰重,这样才真正能把综合素质纳入发展之"格"中来。

调整发展秩序,达到无我与忘我,这绝对与前期的认知准备有密切关联。真正要改变忽视发展的现状,必须全面认清自我底细:自己是哪种人,喜欢什么,不喜欢什么,什么对自己好,什么对自己不好,正走向何处,以及使命是什么等,真能一个又一个地搞明白,才不会总让综合素质的发展处于计划之外。

【链接1-8】

魏书生特殊的入职历程

魏书生,男,1950年5月4日出生于河北省交河县。1968年参加工作,1974年加入中国共产党,当代著名教育改革家。

1977年9月,魏书生虽然被他所在的工厂确定为厂级领导接班人,但他还是再一次递交了志愿当教师的申请:

尊敬的领导:

我再一次怀着十分恳切的心情,请求组织批准自己去做一名教师。

看到各行各业特别是教育战线在党的领导下走向大治的喜人局面,自己却没有机会献上一分力量,心里像有一团火一样熊熊燃烧。我无比焦急地请求领导能体谅到自己的心情,批准自己的申请。只要是教书,无论条件多么艰苦,我都会踏踏实实、勤勤恳恳、满腔热情地去干。

进厂六年的两千多个日日夜夜中,我对学校的深深眷恋之情,是一天也没有中断过的,即使在"四害"把教师地位压到最低点的时候,我还是以极其羡慕的心情衷心向往着这个职业。为了实现我的教师梦,我日复一日、年复一年地钻研有关教育的知识,常学到食不甘味、寝不安席的地步。

两千多天中,我向各级领导恳切地提出做教师的申请至少有150次之多……

申请人:魏书生
1977年9月15日

从这封第150多次的从教申请中,最清晰可见的是对教师职业的热爱、向往。有人可能要问:魏书生是怎么啦?别人看不上、瞧不起的职业他为什么要反其道而行之?我们可以从魏书生走上教师岗位后的所作所为和所思所想中逐步找到了答案。

魏书生是语文老师,用20个课时就教完200个课时的内容,且学生成绩好得出奇。

魏书生同时出任几个班的班主任,不管什么样的学生到了他的手上,个个品学兼优。

魏书生曾是中国唯一一位同时担任中学班主任、中学语文教师的市级在任教育局局长。

魏书生巡游讲学海内外,至今演讲1400多场次、上公开课800多节,所到之处,场场爆满。

魏书生不是作家,却出版了几十本专著,本本畅销。

魏书生从未上过大学,却做过大学校长,且同时被聘请为几所大学的兼职教授。

魏书生不是学者,但他的教育思想却作为教育成果在海内外推广了几十年。

(选自2009年8月28日《中国教育报》)

【案例解读】

依据马斯洛的需要层次理论,做一名教师是魏书生非常强烈的需求,是"自我实现"的需求。这种对教育事业的热爱在魏书生身上表现为一种人生追求和目标——他把教师职业看成是"充满幸福"的工作。

通过教师发展的历程,我们便会发现,每个人的人生轨迹都不同,教育业绩也各具特色,但依然可以得出一个结论:自我发展需求具有内在性特征。从魏书生从事的教育活动的展开状态看,没有人要求他做这些工作以及要求他必须这样做,一切都源自他内在的需要和自觉主动的行动。任何一位教师如果真能做到孜孜以求,在发展自我的过程中真正能将综合素质发展与职业追求很好地结合,体现出自觉性、主动性,可以肯定地说依然可以取得像魏书生他们一样的成就。

考查综合素质的发展,从自我实现到自我管理,就像笔者一直强调的一个观点那样:教育改革的实质是找到适合教育发展的秩序。基于此,我们也可以说,个人素质发展的实质是找到适合个人发展的秩序。一个人走什么样的路,希望达到什么样的目的,这几乎就是一个选择题。只要深入解剖自我的需求层次便会发现,教师无专业发展,很大程度上在于紊乱的发展秩序使过多的基本需求把发展的轨道挤占。回过头来再次审视每一位教师的发展需求,我们发现,其发展所得,一切皆可追溯到昨天的抉择(道路),自然,无形中我们还会发现,今天的选择便可为明天成为什么样的人做出预测,因此,把控自我实现的发展秩序就显得尤为重要。

如果融入集合的概念来对自我实现的发展秩序进行更深刻的理解,可能更会知晓其特性。在一个人的发展过程中,预设的目标往往是一个集合,它由多个子集组成(追求)。然而集合是没有秩序的,特别是子集过多时,更会使人忽视谁为当前的重点工作。审视每一位教师的发展,我们便会发现,在发展处于"0 觉悟"状态时,其实也是处于一种消极状态。如果在基本需要的层级中依然没有满足,就可能由此产生更多的要求,这样,整个集合中就会因每一需求占据发展秩序的轨道而显得拥挤、零乱,而当大浪淘沙之后便会找到综合素质的正常发展点。正如前面谈到的那样,只有变成一个简单的人,一心想着素质发展走专业成长之路的人,才会最终有大成就。纵观得以完全发展的教师的人生轨迹,我们完全可以得出一个结论,一个人如果想要获得大发展,自我的心理需要最好不要超过 3 种,这样成功的机率才会更大。整个发展过程中,有了专一的行动目标,一切无关的阻碍便会自然给其让道,成功的速度便会大大加快。

回首教师的发展之路,更多的人其实心中的需求很多,然而有多少与职业有关? 就像原本已经拥有一块固定的空间,空间几乎都已被占据,那还有多少留给综合素质提升的空间? 这其实是一种舍本逐末。虽然没有君子必务本之要求,但可肯定的是,最为根本的需求有两个,一是教书育人,这是教师职业与职责所在,另一个便是自我综合素质发展后的专业成长。然而当下众多教师留存心中的可能只有对教师这一职业的理解,几乎再没有让因自我的强大而在教育上成就自我的一番事业的需求。如果没有给自我综合素质提升以应有的秩序,或过于世俗化的选择,又怎能有新的突破呢?

作为不断前行的教师,只有认识到自己可能向什么方向发展,才会成为什么样的人。只有认为自己就是外部境况的造化,才会受到外部境况的冲击而崛起。当这些牵扯幸福感时,更多教师多只会想到命运,而不会从自我的根本上去找不足。如果不重新审视自我走过的路,不能真正在醒悟中重新调整自己的努力方向,还奢谈人生理想,那自己就会成为别人的笑柄,最终也只能留下无望的人生。眼下,特别是身感教育乏力的时候,我们更应停下匆忙前行的脚步,做短暂的修整;特别是我们倍感压力与恐惧的时候,如果大脑清晰,就须将视野转向对自我综合素质的追求,如此才可能行其正道。

【行动指南】

立志于教育事业,最大的优越性在于千百年来人们都为着成功而立志于素质的提升,都为着由羸弱变得强大而不断加大教育投入,都为着摆脱贫穷而勇于向前奋进。只要一心想要发展,自然会滑向高速运转的轨道。为了鼓励每一位有抱负的教师扬帆远航,我们提出如下建议。

一是做好科学的人生发展规划。追求综合素质发展就像搞开发一样,整体规划便已经决定未来的走向。相对于教师的专业发展而言,虽然最初是从不起眼的素质提升开始,但最需要的是能有雄伟的发展蓝图(规则、计划、出色和超越)。每一教师的人生都是非常短暂的,人生发展依然需要打破瓶颈,可最为紧要的就只有几步,正如笔者曾经的一本书名《锁定15年,做出色的教师》,只要真正抓好三个五年,即第一个五年定位打基础,第二个五年抓好立足点,第三个五年突出卓越,教师人生才会真正凸显价值。三个五年的规划,就像是综合素质发展的三级阶段,如果没有计划,就只能毫无目的地随意流动,结果只能是庸庸碌碌,毫无作为。从那些为师几十年毫无目标之人的人生轨迹上我们不难发现,他们的内心很容易担忧、恐惧、自怜,原因就在于他们没有给自我土壤以优良的种子。在全面提升综合素质的过程中,我们应该让这个目标变成远大的目标,并让这一目标成为至高无上的职责,从而全力以赴地去实现它。即使在实现这一目标的征途中多次失败,依然能一次次站起来获取前行的正能量,不断迈向新的高地。那些依然没有感觉到为师人生意义的人,应该尽早把自己的精力全部集中到自己的职责(教书育人、读书育己)上来,哪怕眼下不起眼,只要下定了决心,便会感觉自我有充裕的能量,从而自然地将伟大的目标变成现实。

二是明白自我价值与力量会随着有序的推进而增长。调整自我的目标,理顺自我前行的秩序,最困难的是绝大多数教师都会根据自我的处境而把自我定位成最懦弱的人,几乎不敢想自我的未来,甚至不敢拥有一些美好的憧憬。倘若能认识到自己的弱点所在,而且相信"唯有努力与耐心才能让力量得到增强"这条真理,那么他必将全力以赴。努力再努力,耐心再耐心,坚忍不拔,弱者定能成为教育界的强者,从而发出自己的声音。现实最需要的是能围绕目标无所畏惧地尝试,这样,我们就能在不断前行中寻求到自我发展的秩序;因为秩序的植入,我们就能因此而获得前行的力量。这不但使自我解决教育教学中问题的能力日渐增长,而且自我的专业发展水平也能有所提高,更为重要的是,因为价值与力量的增长,也会使自我的心态发生变化,从而把自己列入强者的行列。

三是从现在开始必须清除怀疑与害怕心理,促进自我实现。认清综合素质发展的重要性,而后愿意去做,是由于我们认识到我们能够做。对于怀疑与害怕心理应该严格将之清除,因为其是前行中的大敌,会瓦解一个人的斗志。如果我们在前行的过程中,害怕孤独或被笑话成"另类",那么,在前行的道路上迈出的每一步都可能会遭受挫折。在前行的过程中,如果能征服怀疑与害怕心理,就等于征服了失败。所以,在当前,我们除了应该仔细审视当前的教育变革,仔细审视自己的内心渴望,还应勇往直前,有做一次英雄的决心和雄心。一直如此地坚持和坚守下去,便会发现在我们的教育生涯中会拥入更多的教育改革潮流的信息,它们杂糅于心中,进行重新的组合和建构,从而使自己获得真正意义上的蜕变,使自己真正成为有为的教师。

【谨记】自我发展秩序乱了,一切就都乱了;自我发展秩序顺了,一切就都顺了。

第二讲　综合素质发展的第一要义
——专业理念与师德发展

天地玄黄,宇宙洪荒,日月盈昃……这一切,无论思考过于简单还是过于复杂,它都可留下痕迹。人类据此总能感受到文明发展的轨迹。

笔者习惯于追根溯源,对秩序进行深究,将杂乱的秩序理顺,发现复杂是诸多简单之集合,没有了秩序就没有了头绪。秩序是认识世界本源的一个原点。回归原点,解决众多疑难,如若能将复杂问题简单化,似乎一切都可求得圆满之解答。

过多地谈论对方法论的认识,一定带有空谈的嫌疑。论教师的发展,牵涉过多会是一个非常复杂的事,甚至思维会更乱;如若过于简单,很多问题又解释不清。对于教师综合素质发展的第一要义,在这一章,我将用几万言的内容深入探讨,如果将其简单化,可浓缩成一句话:专业理念等同于"正确的想",师德发展等同于"正确的做",即教师综合素质发展,关键在于能正确地"想"和正确地"做"。

(一)

专业理念和师德发展,两个富有倾向性而抽象的词,就像空气一样让人掂量不出轻重,但却是教师发展中不可缺少的。如此阐释,是因为其实质反映出更多的教师现状是处于发展的最低层级,处于一个比较迷茫的发展阶段。

或许更多的人会对号入座,产生因能力不足所致的不自信,即能力恐慌。于是乎有人便会急于发问或求救,强烈要求给出专业理念的个数,甚至教师发展成功的案例,以求师德发展的捷径。但因为每个教师都是独立的个体,没有放之四海而皆准的所谓真经,所以,整个章节关于专业理念以及师德发展的探讨,我们力求从宏观到微观给予层层剖析,从而了解其间包含的科学成分,哪怕其中提供了一些案例,也只不过是试着在调整一种情绪——因笔者的文字而让你产生向上的情怀与举动。

(二)

本章将从四个维度阐释教师综合素质提高的策略。诸如,将专业理念简化成正确的职业理解和一切为了铸就教育精品,指出构建教育思想以及拥有主动精神才能找到适合自我的专业理念;打造优质教育和培育卓越人才,其专业理念才能得到最快的提升。我们全面阐释由"正确的想"到"正确的做",即由专业理念到师德生成,全面指出必须让自我养成两大习惯,以及把握自我渐变的过程,抛弃浮躁,实现嬗变,立足前瞻,完善规划,方才有教师高尚之灵魂油然生成。

(三)

每一位从事教育工作的人,都有属于个人的专业理念和师德发展的特殊历程。每一位成功的教育者,都是从抓个人素质发展开始。教师的发展很难做到共同进步,即让一个集体同时优秀,那几乎是不太现实的事。

在实际的职业生涯中,教师的综合素质不是一成不变的,多与教师对专业理念的提升和师德发展的重视程度呈正比例变化趋向。我们写下本章的最大目的在于鼓励读者拥有向上的勇气,帮助致力于教育改革的人,先致力于素质的改变。

第一节　前提:正确的职业理解

将专业理念与师德发展具体化,正确的职业理解无疑是前提。只不过,提升自我素质,实现人生价值的需要,超越马斯洛需要层次理论的前四个层级,并非是一件容易的事。因为,就像《教育的价值》的作者费尔南多·萨瓦特尔论及的那样:"我们本该生而为人,但却只有依靠他人人性的感染,和我们自己不断取得进步,才能真正成为人。"事实也是这样,并不是我们站在讲台上就可称教师,只有努力进取,不断接受职业的历练,成为该领域里最强大之人,自称教师才有底气。

并非随着时间的推进一切便会强大,相反呈倒退状态的比比皆是。唯有调整自我的状态,赋予自我职责,看清前行的方向,并为此奋发向上,方才有可能强大。上进心已死的人,已被我们排斥在外。在此必须说明,全书涉及能力提升以及发展性评价,也只是对两类人发挥作用——或像易燃物似的学而知之者,或像可燃物似的困而学之者。对于像自燃物似的生而知之者,他几乎已经不需要他人帮助,便可拥有超强的学习动力与能量;对于像不可燃物似的困而不学者,也就是那些上进心已死的人,言太多也毫无意义。

1. 构建教育思想

教育需要理念,更需要有教育理念支持的实践。教师作为一种职业,因教育对象、自身学识、所掌握技能以及社会认可度等不同尺度,将其分成了诸多不同类型的教师,甚至体现出不同气质的教师群体。致使教师千差万别的真正原因,是教育思想的不同——目的不同,行动不同,取舍不同,效果不同。有思想,还不能说是有教育思想。因为,无数教师并没有体现出其拥有专业理念,更缺少有教育理念支撑的实践。

构建专业理念最直接的反映,是针对教育问题总能给予成熟而富有倾向性的解决方法,即笔者多次提及的教育思想(有时是解决问题的方法)。现实是,无数教师理念不专业,几乎不敢言拥有教育思想。其实建构教育思想是一件非常简单的事,诸如孔子的因材施教、陶行知的知行合一、李吉林的情境教育以及朱永新的新教育等。举凡伟大的教师,探究其行动,可发现一条真理——如若我们能针对当下的教育问题,为找到普适的方法而努力,就可称为拥有教育思想的人。

> 元规则:专业理念(就是教育思想和解决现实问题的能力)有或无是区别教育家与教书匠的标志。

我们的观点非常明确："庸师无教育思想。"有教育思想的教师,最大的特征在于体现出专业化的行事能力。当然,任何一位教师都曾有上进之心,但因其站立讲台之久而呈现出不同的面孔,最终自然地分化成不同的类型。所以,我们也说:"名师源于教育思想。"我们在本小节中,将教师的专业理念具体化为提升自我的教育思想,并寻找成就教育思想的捷径,揭开教育思想构建的神秘面纱,从而给自我的教师人生找到成功的支撑。

拥有教育思想的教师,立身教育,陶然于做不败的人,是一群有主见的人。他们面对教育现状总能通过积极的参与方式,找到最佳的解决办法,致使教育卓越。在此必须指出,教育思想并不是名师名家的专利品,更不是教育的奢侈品,它需要教师拥有挑战困难的勇气。就像有人曾戏言的"玩转教育"。

【现象纪实】

这是一个不争的事实:在一个区域内,拥有教育思想的人越多,该地方的教育就越发达。因为,如此的一个群体,尽是引领一方教育向前发展的人,他们正在用他们的主张,牵引着一方人朝向理想的教育前行。此类小群体的教师,算得上是教育战线上的成功人士,只不过人们见其抖擞的精神,或激昂的斗志,却遗忘其智慧集成的过程——累并快乐着。如果谁能有这样的为师体验,便可以肯定此人一定经历着解决教育问题的过程,一定是一位富有教育思想的人。

教育困难,是对其教育思想最直接的考证。现实是,面对如班级管理、学科教学等出现的困难,有的教师选择了逃避或退缩,有的教师选择了沉默或继续,少有教师能从中超越或超脱,于是也就少有提升专业理念的机会,更少有于工作之外带有倾向性的教育思想的留存。在我们身边真还不缺拥有教育思想的人,只是这样的人不多而已。我们论及他的教育思想,不如观其曾经的行动,可能更易于让我们效仿。

教育思想,是一个春天般的话题,在笔者看来,有谁能给教育解冻,特别是有让整个原野碧绿的气概,就可肯定地说,他拥有了美好的像神话般的教育思想。

【链接2-1】

记教改常青树谭小林老师

他是石柱自治县语文教育研究学会的先行军,曾获得过"全国优秀教师""全国语文优秀教师""四川省优秀青年知识分子"和"全国优秀语文教研工作者"等殊荣。他曾担任全国青语会理事,重庆市高级教师评委会语文学科组长,重庆市特级教师评委会文科组成员,中国教育家协会常务理事、学术委员,特级教师学会常务理事。被选为重庆市首届政协委员,中国人民政治协商会议石柱自治县第九届、第十届政协副主席。

他1981年大学毕业,怀着教好书的心愿,回到家乡石柱。一边教学,一边以"自学、导读、训练"为内容,探索课堂教学结构改革。

谭小林老师怎样教学生学习的呢? 从1982年起,他进行了系列教学方法改革实验,实验班学生毕业成绩和人均成绩名列涪陵地区第一。在此基础上,他又自编学习方法漫谈讲稿,在任课的班级"增设学习指导课"的教改实验;在地区组织的统考中,学生语文及格率为100%,优良率为68%。实验班学生人均成绩高出对照班5分。实验班学生办的手抄报在全国竞赛中获奖,不少学生在报刊上发表了习作。一花之艳不是春,于是,他把多次应邀参加全国性学术研讨会,并在会上介绍经验、宣读论文或上示范课作为发展途径,让更多的教师重视教孩子学会学习。到目前为止,经他指导的青年教师,有16人赛课获得地区一等奖,有8人获得省级二等奖,有1人获得重庆市教师说课大赛一等奖。

谭小林老师非常重视对传统教育精华和现代教育思想的吸收,并不断探索总结,运用到实践中。《引导学生从错误中学习》和《利用 KJ 法进行写作教学》等8篇文章被中国人民大学资料中心全文复印。《右脑开发与语文教学》和《运用气功入静开发学生智力》等经验被不少市内外教师借鉴和推广。2001年12月,他应邀到宁波参加中国教育学会第十四次学术年会,在大会宣读论文《课堂自主创新学习模式的构建与探索》,引起关注。谭小林老师非常重视课题研究,他主持的多项课题获重庆市教育科研成果奖项。三十多年来,他发表了一百多篇教学论文和文章,教改成果、教研论文有三十余项(篇)获省(市)级及全国级奖项,现为全国优秀教师、特级教师和中语教研员、研究员。

【链接 2 - 2】

情境教学:心灵的幸福远航

既为人师,如何将孩子引领到智慧的彼岸,使他们得到生动活泼、全面和谐的发展,年轻的李吉林开始了朦胧的思考和最初的探索。1962年她在全省小学语文教学座谈会上颇有新意的发言赢得了许多专家的赞许。

1978年,已至不惑之年的李吉林深感中国教育长期受凯洛夫教育思想的影响,过分偏重认知,忽略了情感与创造性的培养,严重影响了儿童潜在智慧的开发与生长。于是,她向学校提出,从一年级起,对小学语文教学的全过程进行实验研究。就这样,李吉林将自己推向了生活的浪峰波谷,成为中国当代教育改革最早的一个弄潮儿。

这是一次艰难而幸福的远航。二十多年来,李吉林承受种种挫折的煎熬和求索的艰辛,把实验坚持了下来。她从外语暗示教学(当时也叫"情景教学")中得到启发,又从我国古代"境界"学说中汲取丰富营养,经过反复地实验、琢磨,创造出了有中国特色的语文教育模式。

在情境教学中,李吉林将学生引入"形真、情切、意远、理蕴"的情境,极大地激起了学生的学习兴趣,促进了学生主动、创造性的学习。在她的课堂上,每个学生都是那样的欣喜、兴奋,在活泼生动的学习过程和学习情境中,他们感受、体验、表达,语言能力、想象能力和创造能力得到自由、充分的发展。她的学生二年级时人均识字数为两千六百八十多个,达到四年级的识字水平,课堂阅读量是一般班级的六倍!五年下来,李吉林实验班的43个学生,在报刊杂志上发表文章的有33人,作品达75篇,升学考试时,55.8%的学生作文成绩优秀。这个比例是当时整个地区的优秀率的12倍。

在致力于教学实践创造的同时,李吉林开始了她对情境教学和情境教育的理论反思和探索。不久,上海教育出版社、江苏人民出版社、福建教育出版社和四川教育出版社就先后出版了《情境教学详案精选》和《情境教学实验与研究》等专著。其中,《情境教学实验与研究》还获得了国家教委首届教育科学优秀成果一等奖以及中国新闻出版署颁发的第二届全国优秀图书评比一等奖。若干年后,李吉林又相继出版《情境教学理论与实践》《小学语文情境教学》和《李吉林情境教学——情境教育》等著作,并在《教育研究》和《人民教育》等刊物发表论文300余篇,日益显示出她作为学者型、专家型教师的气质。在建国50周年之际,她的专著《小学语文情境教学》又获教育部第二届教育科学优秀成果一等奖。这是她连续第二次获此殊荣,这在全国教育界也是独一无二的。她的小学语文情境教学实验,获中国教育学会和《教师报》颁发的全国中小学教学改革"金钥匙"奖,被国家教委列为向全国推广的八个科研项目之一。《人民日报》《光明日报》《新华日报》和《中国教育报》等各大报纸都报道了该项实验和科研成果。"情境教学法"被收入教育辞典,成为公认的教学模式。

(选自李吉林情境教育网)

【案例解读】

教育思想的塑造与形成,更多的是行为主义哲学的反映,以解决教育实践中的问题为行事的出发点。从以上的两个教育案例中的主人翁身上,我们便可发现其教育思想从产生、发展到最后价值大成的整个形成轨迹,千千万万的教师如若效仿也可以达成。

谭小林老师,最初是一个"草根",考查他教育思想形成的过程,一个关键点在于他在教育困境面前选择的是超越。他在语文教学中,发现学生的学习效率低下,主要原因在于学习时习惯于死记硬背,为此他开始了学法指导,在尝试教会学生学习的过程中,促其教育思想像宝刀一样在磨砺中更加锋利。

在现实中,如果说教师之间有差距,多因教育思想的层级不同所致。评判有无教育思想,完全可通过考察一位教师是否有解决教育问题的能力来进行。诸如解决从自我教学延伸到整体学科问题,从一个班级到整个学校问题的解决,从一个区域教育实践辐射整个人类的教育,教育思想如果不经历一个从无到有、从小到大的扩张过程,一切只能是空谈。

让我们揭开教育思想神秘的面纱,看清名师和名家们的形成过程。如李吉林老师,她在初为人师时的困惑与思考,当时的很多教师们都曾有过。但区别就在于很多人意识到了,可能也进行了思考,有的还进行了一些深入的研究,但在研究者的队伍中我们后来没有看到他们的身影。我们只看到了一位女性,用她独有的坚韧在教育"科研"这条艰辛的路上渐行渐远。

笔者发现,在实践探索中,李老师认真研究了现代哲学、心理学和教育教学理论。她还博学四方,借各种机会,向教育理论家和专家学者请教,与各地教育名家交流切磋。理论成为教改的有力支撑,前瞻性的思考为教改的施行指明了方向。在不断的实验和反思中,她不断完善自己的教育思想,形成了自己的专业理念,变成一位成熟的小学教育改革家。

众多教师无教育思想的原因千差万别,而促进名师名家们生成的原因却近乎相同——他们从不回避面前的教育问题。既要集教育思想的大成,又少不了十年磨一剑的精神,这样解决教育问题的能力才会逐渐强大。谭小林老师、李吉林老师,他们何尝不是几十年如一日，一步一个脚印，方才使他们拥有如此专业的教育理念。

我们教师构建自己的教育思想，不能照抄照搬优秀教师的成功经验，而应在长期的教学实践中不断积累、不断思考、不断完善；只要坚持下去，终会凝炼出自己的教育思想，而且自身的综合素质也就随之提高。

【行动指南】

对教师职业的理解以及行动付出的不同，才致使千差万别的教育人生和教育思想的呈现。不走弯路、老路和歧路，促成专业理念的形成，达到事半功倍的效果，是有规律可循的。就像本章引言部分所言，专业理念重点解读的是"正确的想"，即给定努力前行的支撑点，在我们看来是打拼于教育，能否让自我教育思想熠熠生辉的关键。在此我们给出以下建议。

一是有一个较高规格的人生定位。追溯教师综合素质的发展，其牵扯到教师的自我定位，即自己想成为一位什么样的教师。现实往往是这样的：有所需，才会有所求，很多成名成家的人，不能说他最初就有较高的人生理想，但可以肯定的是他们一定有较高的职业追求。那些没有仰望星空之习惯的教师，他们往往墨守成规，很难在教育实践中摩擦出思想的火花，于是在辛勤工作而无专业理念的提升后，产生职业倦怠，被列入了庸师之列。

进入教师职场，最初大家的平台都相差无几，但由于自我的定位和相伴的行动之差异，才产生不同的教师。作为才入职的教师，或入职后警醒的教师，给定自我一个可以跳起来摘到桃子的目标，才会有后期攀爬梯子的过程，并能坚持到底，那么，自我的专业理念才会达到一个较高的层级。现实是，无数教师几乎没有攀爬的设想，以至于自我始终处于最低层级，造成了不同教师之间专业理念的差距。

二是给予教师职业永远之爱。对于教师职业真正的理解，其核心在于需要把教育当作事业而不是职业。整个教育中，总有不少教师有人格魅力，给予教师职业永远之忠贞，便会主动去爱我们的学生，爱我们的学校，甘愿为教育而付出。其实，在这个付出的过程中，不但得到教育之回馈，同样也让自我投身于教育的境界得到升华。

有人把现在的老师分为四类，第一种老师"以谋生为目的"。这种老师视教书为谋生的手段，是一种赚钱的、用以养家糊口的职业。第二种老师"以自傲为动力"。这种老师，往往知识渊博，功底深厚，只要能满足"自傲"，就很愿意与他人分享他们的知识。他们追求的是发现自我、证明自我，从中感到满足。第三种老师"以教育为己任"。这种老师以改造人的责任感来教书，或者说把教书看成是自己的社会责任。第四种老师"以爱为根本"。它是指一个人在重压之下还是不断地去做自己爱做的事。他们很努力地工作，一次又一次地遭难，却没有得到任何的利益。第三种教师可以说能充分注重师德的发展；第四种教师因为"爱"而去努力地践行着自己的理想，在自己认定的教育探索之路上不断前行，最终形成自己的专业理念，给自己找到了更适合的位置。我们不妨按照这一标准，给自己定定位，看看自己是哪一种教师，看看自己还能往哪一方向去发展。

三是争做"发光体"而让思想闪耀。教育思想只有放出光芒，才会像太阳或其他发光体一样，对黑暗产生驱动。专业理念的提升，正确的职业理解，目的是什么？对教育事业产生推动作用,像发光体一样引导人们走出盲区,其人生价值方才会得到认定。只不过,这一切都将是智慧的行动,只有用智慧才可能将这一"发光体"给点燃。

在笔者看来,博学,是让一位普通教师迈向更高层级的基础。教育实践的过程中往往会面临着诸多困难,只有那些博学之人方能解决。博学,其实就是一个勤于学习,不断充实自我的过程。由于不少教师忘却学习,原来储存知识的老化,难以解决前行中的问题,当实践中真正遇见问题时,又难有灵感火花的闪现。可以肯定地说,书籍才是加油站,一个教师要想有所作为,只有通过读书才会让自我教育思想闪耀光芒,因此教师必须扎扎实实地多读些书。正如苏霍姆斯基所告诫我们的:"启发智慧和鼓励人心的书往往决定一个人的前途。"做一个学习型的教师,在不断学习的过程中才会有综合素质提升的可能。

【谨记】如果一位教师其教育思想的火花没有被点燃的过程,整个人生的意义必定大打折扣,诸如专业理念与师德发展只能是空谈。

2. 拥有主动精神

对教师综合素质发展的深入探讨,不得不让人去思考"干出什么样的成绩,成为什么样的人"的原因。笔者认为,主动精神实是教师的第一精神,主动精神就是主动做事。主动做事带有很强的目的性。主动做事成为一种习惯,虽然表面上看一切显得那么顺其自然,但如若上升到对生存的理解,则一切本质呈现都不再模糊。随着对主动精神认识的加深,笔者认为,拥有昨天或今天的一切成就,几乎全可归功于拥有主动精神。

关于"主动精神"的涵义,刘良华教授曾把主动精神解释为创造性地执行、生涯设计与自强不息三个方面。在笔者看来,主动精神其实就是一种工作精神。看看我们教师队伍中的大多数人的状态吧:职业倦怠、老龄化趋势发展明显、身体亚健康、知识更新速度慢……究其原因,一方面有教育行政部门的缘故,一方面有教育工作强度大这一特征,更主要的原因还在于教师在长期的"反复、重复"的教学工作中缺失了主动创造的精神,缺失了主动生涯设计的精神,就像上一小节所谈,所做工作几乎无教育思想的呈现。

> 元规则:拥有主动精神,专业理念和师德才会自然发展。

在一个人的成长过程中,成功的机会往往就只有那几次。拥有主动精神,才能满足专业发展和师德发展的需求。主动精神更多地体现于专一,即在选定发展的目标之后,能长时间地做某事,甚至大脑里只能装下这一件事,走路、睡觉时想的都是这一件事,以求得优秀与卓越,求得尽善尽美。有一点我们必须清晰地认识到,那就是专业理念与师德发展不会凭空提升,只能通过做事而体现。

一个人有了主动的需求,才会努力地朝着自己既定的目标前进。事实证明,你想要做成某事才会有结果,不发自内心的想要将某事做成功,几乎很少有成功的。选定自我的目标,有专一的精神,定能发现并挖掘出自身的潜力,并做无限的放大,而在这一过程中,也会惊喜地发现,自己各方面能力提升了,综合素质提升了,师德修养也会更高。

【现象纪实】

为什么无数教师在长期的教学实践工作中失去了主动精神？这源于他们在教育实践中虽有大量的付出，却没有享受特别回馈。努力工作，却找不到继续努力工作的理由；起早贪黑，却找不到继续起早贪黑的支撑，甚至深感涉足教育之路越来越窄。

虽然笔者一再强调主动精神是教师的第一精神，然而主动不等于主动精神。愿意主动但做事多因循守旧，甚至是抱残守缺，这绝对不是主动精神的体现。

如若只走路，不看天（方向），哪怕教师职业生涯的长度再长，也不能自动地生成教师洞察力和智慧。一位有十年教龄的教师，是真正的教学十年而教学相长，还是做一年的工作，再重复九次？后者绝对不是我们所倡导的。

眼界决定境界，定位决定地位，思路决定出路。虽然我们从事的工作表面看是周而复始的，但这绝对不是我们消磨斗志的理由，更不是我们只要工作而不要发展的理由。只有我们主动更替过时的知识，主动接近一些具有前瞻性的理论，主动精神方才会在我们工作中呈现，并做出特别的成绩，让自己享有特别回馈。

【链接 2 – 3】

"美国最伟大的教师"雷夫·艾斯奎斯

雷夫·艾斯奎斯是美国最有趣、最有影响力的教师，他在近三十年的从教过程中获得"全美最佳教师奖"等多项荣誉。但他却不在乎这些殊荣，仍然坚持在一个很差的经常可以听到枪声的学区的同一所学校的同一间教室（56 号教室），年复一年地教着同一个年龄段大多来自移民家庭、语言不统一的五年级学生。这些相对处于劣势的学生却在他充满爱心与智慧的培养下，在美国标准考试（AST）中成绩一直位居前 5% 的位置，大多就读于哈佛、斯坦福等顶尖大学并取得不凡成就。雷夫·艾斯奎斯先生也是著名的演说家，他经常在美国和世界许多国家从事演讲活动。他的著作有《成功无捷径》《第 56 号教室的奇迹》《第 56 号教室的奇迹：让孩子变成爱学习的天使》《第 56 号教室：点燃学生学习的热情》等，这些书籍已成为美国、日本、韩国、中国大陆和中国台湾地区教育类的畅销书。

雷夫·艾斯奎斯获得过众多国内外大奖，其中包括美国"总统国家艺术奖"、1992 年"全美杰出教师奖"、1997 年美国著名亲子杂志《父母》杂志年度"成长奖"、美国媒体天后欧普拉的"善待生命奖"以及英国女王颁发的不列颠帝国勋章（M. B. E）等。

雷夫·艾斯奎斯的著作《第 56 号教室的奇迹：让孩子变成爱学习的天使》，记录的是一个普通而令人感动的故事，这也是一本值得每一位关心孩子成长的父母和教育同行用心品读的教育书。雷夫·艾斯奎斯，一位美国的传奇教师，他三省其身，教学更育人，他结合理论创新了简单而有效的教育方法，他设立的"终身阅读""生活中的数学"和"以运动为本"等课程在课堂教学和家庭教育中都同样适用。他提倡的是"没有害怕的教育"和彼此信任；与我们施行的"小红花"奖励不同，他反复强调知识本身就是最好的奖品……优质的教学成绩，谦逊有礼、诚实善良的学生，这样的成就，追根溯源是由于雷夫老师运用了"道德发展六阶段"

理论:我不想惹麻烦—我想要奖赏—我想取悦某人—我要遵守规则—我能体贴别人—我有自己的行为准则并奉行不悖。经过多年的教育实践,雷夫老师深信:着力于孩子的品格培养,激发孩子对自身的高要求才是成就孩子一生的根本。

他坚守在他的 56 号教室,证明着一个人能够在最小的空间里创造出最大的奇迹。

【案例解读】

主动精神是任何一位教师取得成绩最初的加油站,主动对教育进行深层次的开发,而所获得的成功促其获得社会认可与重视,并因认可而信心倍增,以更加主动的精神投入到自己所从事的教育事业中去,在一种认可—满足—倾其全力投入的循环中获得更多更大的成绩。

主动精神里暗藏着很多微妙的东西,雷夫·艾斯奎斯正因为他主动尝试让其获得认定,特别是后期获得举国上下的认可。

探讨成功教师走向成功的轨迹而后效仿是我们后来者的捷径。拥有主动精神是教育智慧与教育思想的体现。正如上一小节中两个案例中提及的两位名家,他们之所以成功,教育思想得以外显,拥有主动精神便是其真正的内因。李吉林老师回忆自己当年教改生涯的根本原因:一方面是从孩子的心理出发;另一方面是拥有主动精神,即为了孩子们能喜欢学习、喜欢课堂而主动地去想措施想方法。而且这个“主动”一直持续了二十八年。在这漫长的二十八年中,她凭借“主动”,在语文学科探索出“情境教学”,并由一科扩展到多学科,成为了现在最有效果的教学研究,她的“情境教学法”被收入教育辞典,成为公认的教学模式。李老师也由此形成了自己的教育专业理念,把自己提升为教育专家。

人无“主动精神”,绝对再无大发展。作为教师,学生思想的启蒙者、领路人,更要有主动精神。拥有主动精神,不仅能使自己能积极主动地投身到工作中,还能去深入思考怎样做才能做好,哪些理论对实际教学有指导作用。值得指出的是,我们在案例中所提供的名师与专家,用一生的精力创造出今天的成绩,我们向往之最好的办法就是从现在开始,找准属于自我的路向前冲锋。如果我们真能找到让自我主动坚持 5 年、10 年和 15 年的理由,我们也会有从优秀到卓越至最后成为名师的可能。

【行动指南】

日常繁琐的工作不应让我们变得麻木,更不能成为我们缺少激情和主动精神的理由;已取得的成绩也不能让我们满足,并使之成为我们停步不前的借口。我们要战胜“自己”这个人生中最大的敌人,不能让职业倦怠打倒我们,不能让周而复始的工作折磨我们,更不能让一轮又一轮的教育改革吓倒我们。我们要始终坚信“大雪压青松,青松挺且直”,我们更要有“咬定青山不放松”的主动精神。

一是能创造性地执行。创造性地执行就是不要让自己陷入被动和琐碎事务之中,这一点对于年轻教师尤其有借鉴意义。每一个初参加工作的教师都遇到过这样的情况:领导让做什么就做什么,领导叫怎么做就怎么做,有些工作只能是按部就班完成,久而久之,就会在工作一段时间后要么缺乏了年轻人的主动与创造能力,要么由于不愿做而又不能不做而形成职业倦怠。要想不出现类似情况,教师(尤其是年轻教师)就要有主动的工作精神,不仅要完成工作,更要主动想办法来更好地完成工作,完成更多的工作!

二是善于人生规划。光有创造性的执行能力还不够,作为一个教师,要善于进行人生规划或生涯设计,为自己争取发展的机会;要对自己的未来有一个明确的目标,有了目标便会有动力,才会为之努力奋斗,继而才能取得成功。我们身边的很多年轻教师,经过一段时间工作后,他们之间的差距就会越来越大。这里会有学校有意识的培育的原因,但更多情况下是每一个人给自己的规划不同,有的可能是满足现状型,有的是主动进取型。不用做细致分析,我们也能预测到哪一种类型会有进步,有机会成功。对这一点,笔者最有发言权,因为在笔者的教育生涯中,"主动"始终是生命的主线,也是凭着这种精神,笔者从年轻教师成长为区骨干教师、区名师、市骨干教师、市科研名教师、省科研新秀和省校本科研骨干,在本地教师队伍中也算小有名气。

三是有一种自强不息的精神。要有一种自强不息的精神,这是作为一个"人"都要具有的一种精神品质。有人说,"真正的有主动精神、有力量感、有超越感的人",第一,要有一口好"牙",最好把玻璃都能够咬碎;第二,要有一个健康的"胃",把玻璃咬碎之后吞下去,把它消化掉。就是说,你遇到了困难,要用你的"自强不息"把它"咬碎",用你的"厚德载物"把它"消化掉"。一个人,有了自强不息的精神,才会创出自己的人生辉煌,并为实现民族振兴做贡献。而且,只有具有自强不息的精神,才会有坚韧的毅力和顽强拼搏的斗志。

四是善于帮助自己。自己掌控自己的命运,这是一条永恒的真理。在这个世间,只有你自己会一辈子"陪着"你,不离不弃。因此,不要把希望寄托在别人身上,要相信自己会在任何时刻毫不犹豫地帮助自己。这就需要练就一身好的、过硬的本领。这一过程就需要主动精神——在主动中寻求发展,在发展中追求完善,在完善中提升综合素质。

拥有主动精神的教师能在不断地接触五花八门的教育理论中主动地把这些理论融入实际教学之中,通过教学实践对这些教育理论进行实验,发现其存在的优点和缺点,找到可能存在的弊端或发现错误的思想,并能结合教学实际进行佐证,使其他同行也能信服。这是一个不断学习、思考和探讨的过程。这一过程有风险、有得失、有不解、有嘲讽,甚至有下岗的风险,但有主动精神的教师不会放弃,会锲而不舍地去实践,去改革。不停地一路实践着走过来的教师,会在不知不觉中形成教育思想的构建。这一构建形成后,教师自身道德和专业理念的发展就有了很好的见证。

【谨记】拥有主动精神,表面上看是主动开展教育,而实质是主动开发自我的潜能,让人生价值在开发过程中得到彰显。

第二节　实质:铸就教育精品

用什么来评判教师的专业理论和师德水准?前面第一小节所倡导的具有教育思想和主动精神可以是一个标准,但这还不足以作为评判的标准。教育注重过程,同时也看重结果。对于教师个人的发展而言也如此——没有实实在在的成就就不能说是优秀。

我们将进一步探讨较高专业理念与师德发展的呈现方式,提出以铸造教育精品为突破口,打造优质教育,以及培育卓越人才。值得提示的是,我们探讨的打造优质教育和培育卓越人才,多是一种带有个性化的成就体现,而不是大环境之下的群体成绩,即有此教师,才会有此成绩,才会有如此课题推进之类的东西,往往是因为一个人对一个群体的影响,带给一个群体的发展,教师个体专业理念近乎成了灵魂与核心价值。我们必须清楚铸就的教育精品,必须是专业理念提升后的产物,绝非教育对象的发展而自我专业理念后退或无发展,更不是与学生"争成绩",把学生努力的结果归功于自我的发展。

1. 打造优质教育

什么是优质教育? 优质教育是一种稀缺的教育资源。提及优质教育,不得不让人想起近年人们对优质教育的狂热追求,以及优质教育像教育的高端产品,被推向教育市场。全面阐释优质教育的打造,其实完全可以换一种说法,即通过我们的努力,让自己成为优质教育代言人,将成为学科带头人、学术带头人等作为教师职业生涯中近期的奋斗目标,在奔向目标的过程中让专业理念和师德自然提高。

打造优质教育,是每一位教师只要努力就可能使之变为现实的一种人生规划。因为,每一个优质教育都由于教师的努力而产生。优质教育可以是一方区域性教育环境的整体提升,是某领域、某学科的改良或某小课题自发性的开展等。可能有人会说,自己有无限的本领,可却没有施展才华的平台,实现对优质教育的打造就只能是一种痴心妄想。现实真还不是这样,世间本没有路,诸如蔡林森打造洋思中学、崔其升打造杜郎口中学、孟昭彬创造 MS – EEPO 有效教育以及谭小林开启扬长教育新实验,因为他们有一种新理念的支撑,因为有他们这样的优秀个人带着一群人向前奔,终才成了一条阳光大道。

> 元规则:没有对优质教育的追求,专业理念便会散乱,更无从得到认可。

我们倡导使优质教育具体化的最佳办法是成为优质教育的缔造者。在实际的教育教学中,很多教师当有某种新的冲动时,往往又会被自我所谓的理性而给否定,认定自我几乎不可能完成那么高难度的事。这样的教师最终还是普通的教书匠。任何人的一生,想要成功,最初多从小事做起,如果做任何事,还没有开好头便开始否定,或者给自我人生多次否定,结果只能是失去很多可得到锻炼的过程,失去很多见证辉煌的时刻。

主动对优质教育打造投入的人,其专业理论的提升速度明显高于按部就班前行的人。通常,有人会把优质教育理解成一种教育环境,但其实它需要的是一种智慧的投入。每一位教师成功的过程中需要有智慧的投入,才可能有让专业理论得到发展的平台。对于我们想要将教育作为事业的教师而言,更应习惯于把提供优质教育理解成是我们应尽的义务。

【现象纪实】

只有努力并创造性地工作,把专业理念和师德发展作为奋进的目标,才会有优质教育的产生。那些专业理念与师德得到充分发展与展露的教师,才会打造出优质教育,这也是其专业理论与师德发展的证明。

可以肯定地说，优质教育因一些优秀的教师而产生，反之，身处某一教育环境，却没有优质教育，一群人包括读者您，就应该负有不可推卸的责任。

打造优质教育，教师才能体现出价值来，专业理念的提升才会有嬗变的过程。在现实的教育环境中，真能提供优质教育环境的并不多。事实是，在你所处的环境中，你的行动并没有新的变化，只说明这一方的教育就因您斗志丧失，甘愿走向平庸，才有如此的情景出现。而甘愿平庸的教师，只把教师当作职业罢了，所以才没有专业理论提升的过程。

【链接 2 - 4】

教育达人崔其升

提及杜郎口中学，人们自然会想到崔其升。

1997年4月，崔其升奉调任杜郎口中学校长。初任校长，他面临的是濒临绝境的混乱局面：账面上不名一文，还有数万元的"普九"欠债；教学上完全失控，迟到早退现象比比皆是；学生辍学严重，当时有一个初三毕业班级，只剩下11名学生，而入学时的班额是六十多人！崔其升开始了艰难的校长历程。

"行动产生理论，发展理论。行动所产生和发展的理论，还是为了指导行动，引着整个生活冲上更高的境界。"崔校长的选择是：采取果断措施，迅速稳定局势，重建教学秩序，找回杜郎口的尊严。在上级教育行政部门的大力支持下，经过近三年的艰苦努力，杜郎口中学由乱而治，人心重新凝聚，教学质量回升。2000年8月全县统一考核，在二十三所初中的排位中，杜郎口位居第四，多年来第一次进入先进行列。

2000年8月至2003年7月是杜郎口中学课堂教学改革的自主构建阶段。在这一段时间里，重点是课堂教学改革的逐步深入，小组合作学习、"10＋35"、教师业务论坛等被专家称为"原始性、开创性、扎根本土"的改革措施逐步推行并不断完善。该校定期举办教师论坛，名师带动工程起步，开展拜师学艺和课堂大比武活动，促进教师全员提高；邀请教学研究人员来学校进行辅导报告、评课指导，提高全体教师的能力，开拓他们的视野。改革带来变化，变化带来一片欢笑声：课堂上，学生积极举手发言，声音响亮；热烈讨论，激烈辩论；争问抢答，欢声雀跃；多种角度，实践创新；笑逐颜开，欢乐课堂。课堂学生活动面达80%。

2003年7月县教育局对全县二十一所初中综合考评，杜郎口中学跃升至第二名。

2003年秋，县教育局作出"远学洋思，近学杜郎口"的决定。市教研室经过调研和论证，对杜郎口中学的课堂教学改革给予鼓励和肯定。从此，杜郎口中学改革进入各级领导和专家的视野。

2004年11月28日，全市初中教学工作会议在杜郎口中学召开，杜郎口中学24个教学班的课堂同时向四百多名与会者开放展示，引起轰动。

从2004年12月18日到2005年6月，山东省教科所专家深入杜郎口中学课堂调查研究。2005年11月12日和13日，全省农村中学教育教学改革现场会在杜郎口中学召开。

2006年有六个全国性的教育教学会议在杜郎口中学召开。

杜郎口中学几年的改革也受到社会各界的高度关注和称赞,《中国教育报》称杜郎口中学的教改为"课堂革命",《齐鲁晚报》称之为"颠覆性变革";《中国教师报》发表长篇报道《杜郎口中学的非典型教改》,全方位介绍了杜郎口中学的课堂教学及教改,对其给予了高度评价。中国教育学会常务副会长、原国家总督学郭振有先生评价杜郎口中学的教改说:"杜郎口中学在中国的一个乡村里,写出了一本具有中国作风和中国气派的教育学。"教育专家及省里领导也对杜郎口中学给予极高的关注和评价。到目前为止,杜郎口中学已接待来自全国各省市及美国、澳大利亚、加拿大的教育行政领导和教师达40万人次。

【案例解读】

"优质教育,我的责任。"这是每一位教育工作者都应有的理念。在教师这一职场中,不同的岗位,拥有不同的责任,需要不同的专业理念。在每一个岗位上,都可从零开始,从教育的末端开始,打造属于自我的专属区域,让自己得到人们的认可,而不是只以仰望的姿态对各师名家顶礼膜拜而不行动。事实是,我们的专业理念提升的第一需要是打造优质教育。我们更应该明白,专业理念不能空谈,必须依附着具体的教育场,去认定,去实践,在不断的扬弃中得到大的发展。

综观教师职业,由于分工不同,其可分成两类人,一是教育管理人员,二是一线教师。崔其升之案例,便是教育管理者们最好的典范。一所学校,通常会出现两种情况:因为新校长而兴,因为新校长而衰。除了学习崔校长的管理经验,其实我们更应该从他身上感知他对打造优质教育的期盼、尝试,感知他在责任意识驱使下创新性工作的投入。在我们身边,这样的实例其实非常多,很多学校因为重新定位,而后融入全新的管理理念,3~5年后便呈现出全新的面貌。总结经验可知,那些负有强烈的责任意识,有使其成为优秀的目标的学校领导,才会脱颖而出,成为学校里的品牌。再如优秀班集体,往往因优秀班主任而产生,而要打造出优秀的班级,必须有其优秀的班级管理专业理念的产生。

立足岗位看待优质教育,使其成为提升自我的实战场。教师用自己的行动使优质教育产生的事迹可说是举不胜举。如,很多优秀教师,立足自己的学科,努力提升课堂教学艺术,并结合学科特点开展教育研究,从而获得专业理念的提升和提供优质教育给教育对象的双丰收。

【行动指南】

打造优质教育,需要以先进的教育理念引领,认清自己的环境和定位,认清自己的特点和优势,运用教育策划的谋略和手段等,促进自我生成。为此提出以下几点建议。

一是提升自我打造优质教育的规划能力。优质教育的打造需要规划,需要抛开功利意识。世界上任何优质资源,都有一个打造并深度开发最后被认可的过程,优质教育也是如此,只有结合自我所处环境以及所拥有的相关条件,而后提出相适应的目标,才有使自己的理想变成现实的可能。如,崔其升校长当初打造杜郎口中学,从规范办学到全面提升课堂教学质量,从而逐级获得社会的认可,如若没有成功的规划,是不可能在短时间里产生如此大的社会效应的。从事教育向往优质教育，必须"看好"自己的时间。教师的从业时间是非常短暂的，需要早做准备，这样才有可能给予优质教育足够的时间，特别是入职发展的黄金时间（5～15年）。在人生精力最旺盛的30～45岁这一段时间如若没有作为，哪怕有更大的愿景，完成起来也多会是力不从心。

规划能力的提升，需注重科学性，必须对自我素质特长有一个明晰的分析。建议老师们结合自我的特长打造属于自我的优质教育基地，朝向提供品牌教育方向努力。如若有十年磨一剑的精神，定能成功。

二是提升自我打造优质教育的执行力。一位教师在专业理念发展的同时若要与优质教育相伴，就要拥有执行力。向往优质教育的教师真正成功的并不多，一个主要原因在于很多人在朝向目标进发的过程中缺少执行力。我们必须明白，打造专属于我们的优质教育，其执行力源于强大的专业理念，唯有它，才会支撑着优质教育的延续。

拥有强大的执行力，我们在教育实践中才会有支撑我们走远的信心。在执行力方面，现实是无数的教师显得薄弱，原因在于教师错把按照别人的要求去做事理解成了执行力。打造优质教育，提升自我的执行力，虽然离开满腔的激情一切只能是空谈，但更为重要的是必须得到专业理念支撑，如此才会走得更远。这就要求我们老师必须有一个不断实践、学习、提升自我的过程，能围绕给定的目标大胆实践创新，能应用所学的前瞻性知识去攻克前行中遇到的困难，能在总结提炼中优化教育。

三是提升自我，打造优质教育的"导演"能力。教育作用的发挥，哪怕优质教育的呈现，必须彰显一大特性，即教育对象个性张扬，并能促使其快速成长。当下的教育倡导师生共同成长，我们必须清晰地认识到教师的专业素质提升与学生能力素质的形成有质的不同。学生需要的是对新知识的掌握和创新能力的提升，教师需要提升的是指导学生如何科学掌握新知的技能以及促进学生形成创新的能力的知识。也就是说，对于教师专业理念的提升，可以用一个也许不太恰当的比喻：教师是"导演"，把学生这一群"小演员"指导到位，通过他们的演绎，证明教师的能力。

专业理念的提升除了本身潜质的反映，外显出来更多的是一种"导演"能力，即一种高超的掌握能力，指导工作对象达到理想的境界。提升"导演"能力，除了自身的努力，要多向书本学习，特别是多读经典著作，从中吸取思想精髓。最佳捷径是从模仿开始，得到优秀教师的指导，从他们身上得到值得传承的东西。特别是很多名师，他们在从教生涯中提炼出了很多宝贵的经验，只有经历口口相传，方才可能得到转化。为此，在我们成长的过程中，如若能拜多位优秀教师为师，我们定能拥有像"导演"一样的现场把握能力。我们必须记住，模仿别人是一种让自我专业理念得到发展的方法。如果想要有大成就，除了模仿之外，更需要依托当前的工作推陈出新。只有如此，我们才能最终找到属于自我的教育空间，才有被贴上"优质教育"标识的可能。

【谨记】如果从教很长时间而没有专属于自我的优质教育基地，定然会对自我素质产生怀疑，从而否定自我的能力与素质。

2. 培育卓越人才

前面阐释评判专业理念的第一标准时提及打造专属自我的优质教育基地,指出作为教师必须立足自己的岗位,发挥责任意识,有使所承揽的学科、班级和学校等成为优质教育的理想与行动,才可言有强大的专业理念。下面,我们将以最直接的方式探讨评判中小学教师师德发展的第一标准——培育卓越人才。笔者在此进一步指明,必须学会看清卓越人才的培养与教师的关系以及卓越人才与教师高尚师德的联系。

人类文明的传承方式通常有两种:一是通过形成文字的方式,供后来者学习借鉴;一是口口相传,把属于自我的思想、方法或技能传授于后来者。文字方式多通过书籍留存,其影响是非常巨大的。其实,教师对学生的影响方式,主要是口口相传。学生在十年或二十年甚至更长的时间后成为什么样的人,几乎都能找到当年教师对他们产生的影响。笔者认为,论及学生成为什么样的人,不如畅谈教师应怎样先于学生成为卓越的人。

> 元规则:没有对培育出优秀学生的思考与实践,只会误人子弟,师德亦无从谈起。

一切教育哲学层面的思考,都只有转化为操作层面的程序,才会让教育富有真实的意义。卓越人才的培育,即立足于现实的个体和个性差异、不同的智力优势、不同的成长经历,着眼于教育对象的未来——培养未来的卓越领导者和建设者,让其得到最充分的发展,从而创造更为优质的教育。大凡只有优秀的教师方能培育出卓越的学生。全面提升自我的综合素质,为培育卓越的人做准备,这是每一位教师应尽的义务。在此,必须认清两个概念:一是工作对象。这里工作对象主要是指学生,有时也指通过自我工作而被正面影响的同行。二是卓越的标准。卓越人才的基本素质可概括为四个特征:一是责任感,二是创新性,三是应用性,四是国际化。亲爱的读者朋友,在培育学生的路上,你是否在朝向卓越标准的方向努力呢?

在培育卓越人才方面,现实不容乐观,我们依然任重道远。将教育理念科学化、精细化、具体化,并进一步落实到学校管理中,落实到班级建设中,落实到课堂教学中,落实到课外活动中,这是我们当前最紧要的任务。将人格、品质、精神、思维、方法和能力等各个方面的培养落实到每一位教育对象身上,让成长的轨迹显性化、理性化和高效化,真正聆听到教育对象成长的"拔节之声"是我们义不容辞的责任。因此,作为教育者,需要用审慎的眼光看待教育对象的需要,需要耐心地、充满爱心和希望地、带着教育智慧引领他们,期待他们的成长变化,为他们的幸福全盘思考、全面导向,并适时调整教育策略,把他们的现实发展和未来幸福有机地连接起来。唯有如此,我们才敢拍着胸脯说自己是师心纯正。

【现象纪实】

什么样的教师才可称为好老师呢?答案是肯定的——具有培育卓越人才之能的教师。现实是,很多教师由于自我思想的狭隘,无培养卓越人才的愿望,也无培育卓越人才的能力储备,如此又怎能培养出卓越的人才来呢?

只教给知识而不关注学生未来的发展,只重视学科成绩而少有对潜能的开发,特别是缺少对卓越品质的塑造,是当前中小学教师工作中的又一普遍现象。虽然每一位教育对象都有自我的未来,但那是不是因为我们的影响所致呢?高尚的师德是培育卓越学生的正能量。在通往卓越的路上,教育对象自身的努力虽然是绝对因素,但如若缺少教师带有方向性的指点,很多原本可塑造之才都有可能被淘汰出局。

当前,虽然对于教育对象的卓越,有多大成分属于教师的因素还没有一个明显的界定,但可肯定地说,如果一位教师只注重眼下的学科成绩,而忽视学生的未来,其师德定然会大打折扣。还有一点要明确,不只是一线教师,教育管理者的师德,也是工作对象走向卓越的一个不可缺少的因素。如校长有培育学生和教师的双重责任,学生的发展要纳入其工作的范围;要评判是否是好校长,其管理的教师是否优秀,也应是一个硬性指标。而现实是,无数的中小学校长在工作中忽略了培育卓越教师这一重要的目标,这也是这些校长师德评价被打折扣的一个重要原因。

【链接 2 - 5】

杨昌济先生的故事

杨昌济(1871～1920)又名怀中,字华生,湖南省长沙县清泰乡板仓冲人。他在青年时期就立下了"改革以图存"的志向。杨先生以发展教育为己任,"强避桃源作太古,欲栽大木柱长天"。杨昌济先生认为,救国首先在于人才,而人才则在于有人识拔和培养。因此他非常注意对学生的考察和培养。杨先生很器重毛泽东、蔡和森和陈昌等学生,师生们一起无所不谈——社会、政治、学术、理想、人生。他多次教诲学生,人贵在有志,"人患无肯立志身,精神一抖,何事不成"。中国共产党党建理论家蔡和森和伟大领袖毛泽东是他最钟爱的两个学生,他们实现了导师的"欲栽大木柱长天"的宏愿。

【链接 2 - 6】

立足岭南,胸怀世界

广州市知用中学是广东省一级中学,更是一所具有82年历史的名校。在知用中学的历史上,鲁迅、茅盾、欧阳予倩、廖承志和夏衍等著名文人学者都曾在这里任教。此外,知用中学还培养出众多革命家、科学家、艺术家和学者等社会名流,无论是政治界还是文化界,无论是国内还是国外,到处都活跃着知用学子的身影。丰厚的历史遗产凝聚成了深厚的知用文化。和许多历史名校一样,如何继承文化遗产和如何面向未来是知用中学在当代面临的一大难题。历史是一笔财富,但历史并不是未来,今天的知用人用"求知致用,全面发展"和"小赢在智,大赢在德"赋予了"知用"两字新的内涵,并在办学理念、教师队伍建设、人才培养模式和校园文化建设等各个方面重新诠释了知用文化的精髓。这一切都使得古老的知用中学重新焕发出年轻的朝气,更使得知用的师生们获得了"立足岭南,胸怀世界"的大气和自信。

【案例解读】

学生的卓越与师德有着千丝万缕的联系。一所学校为什么有名？多因为有名师。名师为什么而名？多因为培育出大批具有卓越本领的人。像杨昌济先生那样，培养出天下英才，其师德何尝不高尚？像广州知用中学那样，拥有大量的名师，何愁培育不出优秀的学生呢？

没有一位成功教育家不富有自己的教育思想，没有一种先进的教育理论不蕴含理想的教育主张。教育理想是教育活动的指南，是教育行为的向导，也是人们为之努力的精神力量。其实，高瞻方能远瞩。高瞻就是视野，高瞻就是未来，高瞻就是前行的方向和勇气。如果想使教育对象在未来社会中取得主动，能有自己的一席之地，我们今天的教育就应该着眼于将来，最佳的办法是能够预先触摸到将来。

教师没有理想，不关注未来，走一步看一步，就很难把培育卓越人才当作自己的使命。像无头苍蝇似的教育只能如死水，失去意义，毫无生气，体现不出一点价值。

看，"欲栽大木柱长天"，何等的气概，何等的豪迈！现代的未来人才之师，就要有这样的胸襟，有这样的抱负，有这样的理想，为未来的社会培养卓越的建设者和领导人。纵观古今中外，许多教育家都有这样的气概和主张。孔子，对教育寄予很高的热情和期望，他希望通过教育活动培养君子贤人，治国平天下；陶行知向虚伪的传统教育宣战——"千学万学学做真人"；古希腊的柏拉图寄希望于教育，立志培养理性国家的"智者"；法国思想家卢梭通过"无目的"的教育，力图培养有民主意识的公民和建立民主的国家……他们的教育理想不仅是其教育行动的指南，更是奋斗不息的精神动力，也是使人高山仰止的力量源泉。

【行动指南】

师德发展，我们除了应有培养卓越人才的想法，还应有培育卓越人才的知识储备，即具有培育卓越人才的素质，这是当下我们每一个教师必须建构的理念和努力的方向。在此在三个方面给出建议。

一是富有远大的教育理想和浪漫的教育情怀，为树立培育卓越人才之志作准备。以培育卓越人才为教育理想，首先需要能立足本职。只有一种颜色是永不褪色的，那就是白色。这种看似不起眼的颜色，能够抵挡住时光的流逝，能够克服风雨的侵蚀，平平淡淡之中自有一种高雅。未来人才之师，就要具有这种抗击外界风雨的侵蚀和抵御外界多彩诱惑的能力。立足本职，把平淡的职业化为高尚的事业来做，这样才能体会到做教育的快乐，才能在教育中体会到培养未来社会的王者的兴致。见异不思迁，好高不骛远，旁观各路风云，心系教育的伊甸园，在三尺讲台之上，谱写自己的精彩人生。

要有窥见未来的能耐。"如果我们今天不生活在未来，那么明天我们就将生活在过去。"作为卓越人才的未来之师，如果不能为未来的社会培养人才，那么一定会给未来的社会增添麻烦。立足今天，着眼未来，是未来人才之师的义务和责任。未来人才之师，应该是未来社会人才的策划师、经纪人，能够针对学生的个性特点、专业特长及未来的发展方向，主动承担起培养明天美好生活的建设者和领导者的重任；针对未来社会的特点，培养出具有创新意识、组织才能、领导艺术和具有包容性和高度的团队责任感以及自我牺牲精神的人,培养出作为组织协调者所应该具有的道德素质与心理结构的,对于事物发展有着良好的预见能力以及相应的决策能力的人。

二是拥有三种气节,为树立卓越人才之气作准备。如正气。未来之师尤其要善于"养气",固本培元,成为一个"大写"的人。未来之师的正气,来源于心底的无私,来源于对教育事业执着的热爱。一名充满正气的未来之师会把精神生活的充盈看得比物质生活的富足更珍贵,他会在简朴的物质生活中感到平衡和自足,让精神的旗帜在心灵的上空猎猎飘舞。

如锐气。锐气,是一种胆量,一种魄力,是一种敢于克服种种困难的果敢和决断,是一种对教育改革全身心的投入和对教学艺术毕生的钻研与追求。未来人才之师有了这种锐气,就能够攻坚克难积极进取,能够着眼未来,勇于开拓。就能够在自己所从事的教育领域里,勇于批判,勇于建设,敢于打破常规,蹊径另辟,敢于用自己的行动谱写教育的明天。

如书卷气。书卷气是丰富,是厚重,是积累,是沉淀。"执书之手,与书偕老",未来之师的书卷气会为自身的形象增添厚重的质感,为自身的人格增添亲和的魅力,为自身的工作增添巧妙和智慧,为自身的生活增添文化和雅致,让自己成为一个有品位、有感染力、不言而教的人。

三是全面提升专业理念与师德,为卓越人才之生成进行资本积累。如专业成长。一名优秀的未来人才之师,首先必须是一名教有专长的教师。在我们的周围可以发现,大凡优秀的教师,在自己的教学上都有一定的修养,有一定的专长,有一定的造诣。因为,这是一名教师的立足之本。连自己的教学都搞不好的教师,自然就失去了学生对他的尊重和仰视,失去本来应该有的权威,其教育效果可想而知了。成长离不开终身学习,如加入专业的学术组织,定期阅读有关专业文献,及时了解所教学科和教育领域中的最新进展,这样才能切实提高自身的理论水平,从而更好地反思、指导自己的教学实践。

如丰富智慧。什么是教育的智慧,有人给它下了这样的定义:教育的智慧是指教师在其专业领域深刻体验与执着思考的基础上,对教育本质与教育过程所持有的一种深刻洞察、精确理解和迅速判断等成熟而完善的心智思维品质。教育智慧是点亮未来人才之师职业生命的一盏明灯,是未来人才之师的教育职业与教育艺术高度融合的产物。清晰的思路、严密的逻辑、敏捷的思维和先进的理念,是未来人才之师的智慧性格;富有幽默、激情、朝气,积极进取,是未来人才之师智慧的表现。未来人才之师应当在师德修养中提升自身的底蕴,在教育研究中提升自己的能力,在教学反思中改进自己的教育教学方法,在实践探索中完成教育智慧的探索与落实,在自己的教育教学之路上,身体力行,率先垂范,以自身的行动来证明,未来之师就是一个教育教学中的"智者",一个有大智慧的人。

记住:投入自己的激情和智慧,以提升自己的专业理念为契机,扎实培育卓越人才,我们的师德发展才有较高的含金量。

第三节 核心：两大习惯的养成

做事,做事,做事,高速运转,高速运转,高速运转⋯⋯不知大家是否与笔者有同样的感觉,当习惯于做某件事后,由于惯性的作用,想停也停不下来。其实,惯性并非都在彰显积极的作用,当一个人总是处于惰性状态,要是没有足够强大的动力,难以彰显青春与活力。教师的专业理念和师德发展,也遵循着相同的原理:总有一部分教师在快速发展,似乎已经习惯于发展,可又总有一部分教师总在原地静止不动,似乎习惯于不发展。

拥有教育思想、主动精神,精心打造专属于自我的优质教育基地,为培育卓越人才做好充分的准备,其实并不难。对于无数中小学教师而言,哪怕已将专业理念和师德发展的步伐尘封已久,只要我们真能睡醒或警醒,敢于向自我挑战,稍稍借助外界牵引力,依然会快速地启动。当然,这也只属于那些对教育有无限憧憬的人,或上进之心从没有死的人。在本小节中,我们将全面探讨专业理念和师德发展的诱因,对"自我净化"和"自我革新"两大习惯养成进行全面的探讨。

1. 自我净化

除去浮躁,静心做一件事,这样的人还多吗? 换句话说,真心教育,心里只留存教育,能静下心来一心为了教育的教师还多吗? 大凡能承揽重担并有所作为的人,多是一些多年能持续静心做一件事的人,其目的的单一和行动的专一无不让人敬仰。成就一番事业的过程,其实就是自我净化心灵的过程。把教育当成事业来干,专业理念与师德发展想达到某一高度,净化是先决条件。

净化自我,需要的是养成习惯。把教育当事业认真对待,自我净化,做更多除一线教学之外的无功利之事,并无怨无悔,这不是一件简单的事。正所谓,养其心,心正而精气自然顺,教育让自我超凡脱俗。促专业理念和师德发展,何尝不是这样的啊?

> 元规则:中国教师最缺少的不是教育方法与艺术,而是自我净化的过程。

专业理念与师德发展,不可能立竿见影,而是长足发展的。尽管当下教育行政部门经常开展教师培训,却收获甚微,一个重要的原因在于没有引领教师把教育融入生命,把发展当作自我的事,参培的教师没有找到自我持续前行的动力。

把教育当作生命,抛开浮躁,净化心灵,其实很好理解。除去教育过程中的浮躁,是一个净化过程。只有当我们养成自我净化的习惯,专心投入某一件事,我们心中的那方教育之水才会永远清纯,自我的专业素质才会快速增长,解决问题的能力会快速提升,面对工作定然会有一个好的效果。

【现象纪实】

自我净化,其目的是让自我变得更简单。可现实中有多少人大脑净化得像水一样清纯?除了教育还是教育。如若其心灵真得到净化,最基本的反映是一生只做一件事——教育,哪怕做了更多的事——专业理念和师德发展,也只是为了把教育做得更好。

无数教师专业理念低下,一个根本的原因是无教育准备过程。试问,如若面对教育,心烦意乱,还有心思为教育去做准备吗?专业理念的修炼过程就像磨刀。在平素的工作与生活中,可以见到无数教师只有工作的过程,而并无读书学习,也无实践经验提炼,其工作的效果怎能达到卓越的层级呢?

自我净化,其价值自然攀升。有很多教师置身于教育,变得浮躁,功利思想非常严重,总希望教育能带给自己什么?试问这样的教师能创造什么样的教育价值?

净化人生,职业价值提升才有可能。那些专家和学者,他们的一生差不多就只做了一件事,做更多别的事也只为了那一件事,所以,他们的专业理念才达到了一个非常高的层级。立身教育,精于专注,高产出才会有高收入,这近乎一个铁律。

【链接 2 – 7】

唐云增:一生只为做好一件事

1983 年,唐云增参加由中国社会科学院和团中央联合召开的全国少年教育研究规划会议。在会上,唐云增做了关于"建立我国的班集体建设的理论体系"的发言。就是因为这么一段发言,形成了以教育局、教育学院、教研室和学校领导以及班主任组成的班集体建设理论探索和实践队伍;就是因为这么一段发言,在 1992 年召开了全国第一届班集体建设理论研讨会,并正式形成了全国班集体建设研究协作组,使得整个班集体建设研究迈出了重大的一步,开创了我国班集体建设理论研究的新格局;也正是因为这么一段发言,让一个当时将近五十岁的老人开始了默默行走在班集体建设道路上的征程,这一走就是 28 年!

28 年来,在无锡市育红小学有这样一个办公室,门外墙上挂着一面金色的铜牌,上面写着"全国班集体研究中心",这就是唐云增老师平时办公的工作室。作为全国班集体研究中心常务副主任、育红小学德育顾问,在这里,唐老师定期都会和育红小学年轻的班主任老师们谈心交流。也是在这里,唐老师和育红小学青年班主任一起成立了"育红新班集体建设和集体主义教育研究小组"。

28 年来,滨湖区班主任建设队伍中总有他的身影。在一次班主任讲座中,唐云增说:"这一生也只为做好一件事,让每一位班主任都学会建设班集体。"为此,他深入实际,潜心研究,笔耕不辍,先后编辑出版了《学校班集体建设辞典》《班集体发展水平的考察与验收》、"让每一位班主任都学会建设班集体"系列丛书、《中小学班集体建设经验全书》《少先队中队集体的培养》《班主任专业化读本》《少先队辅导员专业化的理论与实践》等十六部专著,共四百五十余万字。从第一届全国班集体建设理论研讨会开始到如今第二十届全国中小学班集体建设理论研讨会,唐云增只为做好这一件事!

【案例解读】

提升自我,促进专业理念和师德发展,净化自我可以肯定地说是第一需要。《瓦尔登湖》的作者梭罗说过:"一个人的生活其实所需甚少,而按照所需向这个世界索取,不仅对我们置身的大自然有好处,而且对于我们的心灵有最大的好处。一切的症结都出于人类自身的愚蠢和贪婪。人的一切最美好的创造无不来自简单和淳朴。"深信一生咬定一个目标不放松，一生只挖一口井，一生只做一件事，黾勉苦辛，朝乾夕惕，才有可能达到光辉的顶点。唐云增是如此，许多大师也莫不如是，广大为师者又何尝不是如此？

一个人只有专心做一件事情，才能把事情做得更好。"一个放弃了初衷的人，在茫茫人海间，在每时每刻的变化和流动中，他有选择的自由，但他的内心说不定是凌乱的。当然还有一些人，他们当初来到世上，就不曾抱有初衷，而只想凑热闹，现在热闹完了，也就该到别的地方凑新的热闹去了，社会永远不会只在一个地方热闹……"这是作家周涛《一个人一生只能做一件事》中的一句话。"一个人一生只能做一件事"，作为教师，有几人能做到如此这般啊？

一生只能做一件事是一种追求，是一个过程，是为了把一切做得更好；一生做的其他事都是为一件事而准备。一个人一生的追求也许并不伟大，但每个人都有一个终极的目标。多年为师，也许我们做了很多事，如果做的所有的事不是为了做教育一件事做准备，那所有的事就都不算事，只能给自己留下遗憾。很多教师伫立于教育事业之中，总在后悔不该为师，其实这种教师就压根儿没打算去做好任何一件事，只想在所有能引起他兴奋的事情中捞好处，压根儿不想能奉献什么。

人是变幻无穷的动物，很难专一地从事一件事情。很少有人能够抵制一切诱惑，两耳不闻窗外事，特别是在教育给予我们的离期望值有很大的差距时，浅尝辄止，变得浮躁而更会失去方向，甚至要逃离的人还真不少。这也许就是为什么很多人难以甘心做教育这一件事，静心于教育，而让专业理念提升的真正原因。

一辈子只爱一个人的爱是深沉而博大的，如涓涓细流，终向大海。一辈子只做教育这一件事，其实也是深沉而博大的。希望有更多的人能够想明白这个道理，早日找到自己的道路。道路只要找到了，剩下的其实就简单了——持之以恒，永不放弃，终成正果。

【行动指南】

环境可以自我净化，人也可以自我净化。净化自我，是永远不可缺少的过程。教师如果养成自我净化的习惯，定然会自然清醒而不浮躁，定然会为了一个目标而不分散注意力。今日的净化，为了明天的发展；今日的净化，是一个积蓄力量的过程。为此，给出以下几点建议。

一是增强自我净化的能力。教师保持思想的纯洁性，很重要的就是要不断增强自我净化能力，靠学习强筋骨，靠自律守规矩，靠内省常修身，永葆教师本色。

在当今科技进步日新月异、知识更新空前加快的时代，作为教师更要有本领恐慌感和学习紧迫感，真正把学习作为一种使命、一种职责、一种终身追求来对待，强化终身学习理念，不断提高自身素质，这样才能避免"江郎才尽"的结局，不被历史和社会淘汰。"为学须先立志"，"非志无以成才"。志是壮丽人生的源泉，是事业成功的动力。"有志者，事竟成。"胸怀大志者，才会努力做到学以立德、学以增智、学以创业，不断提高解决实际问题、干事创业的能力。

我们应靠自律守规矩，管住和管好自己。"八小时之外"的空间很大，面临的考验和诱惑也很多。我们只有加倍努力学习,才会知不足而上进。记住一句话:"八小时之内求生存,八小时之外求发展。"我们应经常反省自己,勤于扪心自问,善于反思自照,严于解剖自己,勇于自我反省,经常想一想自己"优点是什么、不足是什么,怎样发扬长处克服不足",并主动从他人的批评中吸取教训、纠正错误、完善自我。要有持之以恒的毅力,不能因一时教学中做得好而沾沾自喜,也不能因一事受表扬而得意忘形,更不能"三天打鱼、两天晒网"。要在净化的过程中,做到自重、自省、自警、自励和慎权、慎独、慎微,保持为师的纯洁,高标准、高质量地完成好各项任务。

二是在净化中完善自我。前面谈到一生只做教育这一件事,如果不去思考如何做好这一件事,还真难把教育这一件事做好。在净化中完善自我,是现实的迫切需要,也是发展的必然要求。我们应在从严要求中自我净化,在深化改革中自我完善,在善于学习中自我革新,把学习作为一种使命、一种职责来对待,除了学习各方面的知识,成为本领域的行家里手,还要做到学以致用,注重于理论创新,立足实践,总结经验,并将直观经验升华为理论认识。

完善自我最佳的方式是勇于在实践中自我提高。理论只有付诸实践,才能发挥作用。当前,每一个教师的发展既面临机遇,也面临诸多挑战,特别是发展的外部环境更趋复杂,发展中不平衡、不协调和不可持续的问题依然突出。必须时刻保持清醒头脑和忧患意识,以与时俱进、昂扬奋发的精神风貌和埋头苦干、精益求精的踏实作风,不断攻坚克难。

【谨记】净化自我,一生只做教育这一件事,是实现专业理念和师德发展的第一保证。

2. 自我革新

一位教师能沿着专业之路掘进多远,在于其蜕变的速度。据笔者观察,专业发展瓶颈是阻碍教师难有大成的一座大山。为什么会出现专业发展"高原期"呢?笔者在此继续沿用前面关于净化的感受给以解释。比如,一盆水长久置于某个地方,大家想想会出现哪些现象呢?这盆像一个人拥有的知识一样的水,如果没有新知的注入,一定会慢慢地蒸发,随着时间的推移越来越少,直到完全挥发;在笔者看来,还会出现另一种情况——这盆水因没有新水注入而变腐臭。这就是说专业理念需要有一个不断注入新知的过程。

实现自我的人生理想,让自我的学识不断超越,不断丰满,不断嬗变,这一切并非没有可能。在笔者看来,只要打破传统的思维定式,提升向理想进军的速度,养成一种时时革新的习惯,一切变为现实都会有可能。

> 元规则:只有养成自我革新的习惯,才拥有掌握新理念的捷径。

自我革新,实质就是一个推陈出新的过程。国内外著名学者针对教师成长给出过很多结论,最为著名的是波士纳的公式:教师成长 = 经验 + 反思;顾泠沅的公式 = 经验 + 反思 + 行为矫正。经过多年的研究,我们发现这样一个公式:丰富的教学实践 + 及时反思 + 行为矫正 + 及时提炼 = 优秀教师成长。那些关于成长的话题,是指引教师如何进行自我革新的,但关键还在于我们能否主动发展。

亲爱的读者朋友们,提及专业理念与师德发展,我们最大的希望便是能让您燃烧起第二次生命,不因为工作的劳累而忘记发展自我,不因为工作繁琐而总是挤不出革新自我的时间。要知道,"忘记发展自我是最大的忘本"。真心希望您能在净化自我的过程中,不断走出高原期,实现自我超越。

【现象纪实】

观察教师专业理念发展的轨迹,我们发现,教师发展多与"高原现象"相伴;没有"高原期"的经历,专业发展几乎无从谈起。已经取得长足发展的教师,一定经受过多轮"高原期"的折磨,并习惯性地走出困境。其实,"高原现象"的出现是极其正常的,只是不少教师因为长期处于最初的"高原期"并没有战胜它,才再没有大的发展。

处于"高原期"的教师,往往伴随着不同程度的挫折感或者职业倦怠,找不到前进的动力,专业发展因此停滞不前。不管是适应了教学的老手,或是处于成长或适应期的教师,如果不能正确认识导致"高原现象"的原因,就会让这种负面效应对自身的发展形成一定的消极影响。今天,据不完全统计,60%以上的教师都已经处在"高原期",找到走出"高原期"的办法,专业理念和师德发展才会真有突破口。

关于是否进入教师专业发展"高原期",在此提供6条标志,望"对号入座":很难感觉到像前一个时期那样快速成长,相反,发现自己做的很多事情都是在重复;能保持中等状态的教学效果,但即使更努力,也没有明显的提高,不过一般情况下也坏不到哪里去;工作内容和范围长期没有变化,自己也不知道还有什么事情可做,偶尔有一些新的尝试,但也看不见什么效果;发现自己从同伴那里不能再学到更多的东西,觉得同伴懂的自己也基本上都懂;工作热情明显下降,但能维持着基本的工作状态,不时会有工作疲惫感;开始关心教学理论,但没有哪一种理论完全可以说服自己,觉得这些理论都与自己切身的感受不一致。

【链接2-8】

徘徊在十字路口的马老师

马老师,32岁,大学本科毕业后分配到重庆市石柱县的一所重点中学。善于钻研的他,很快就在学校里崭露头角,参加市级教学竞赛连连获奖,30岁时就顺利地获得高级职称,并且被评为市级骨干教师。学校提拔他担任学校办公室副主任。马老师想把特级教师作为自己的奋斗目标,可是一打听才知道自己所在的学校名额很少,他所教的地理这种小学科就更难评了,而且教研组里论资历在他前头的还有好几位。据说特级教师评比要求很高,自己也没有多少社会背景,希望不大。在谈到自己的教学时,他说:"刚开始工作的时候,我感到教学很有意思,每天花大量的时间备课,想方设法培养学生的兴趣。可是我们这个学科90年代中期还被停止过高考,现在恢复地理高考了,可是要学生选修地理课也还是很不容易。现在上课和考试不完全是一回事,公开课是一个要求,考试又是另一回事,平时还是为考而教的多,教师和学生都成了应付考试的机器。学生选修地理的也不是都对地理有兴趣。我继续考教育硕士的一个重要原因是可以有脱产一年的学习时间,我希望给自己一些时间考虑今后的发展方向,是从事行政还是专业发展,现在还说不清楚"。

【案例解读】

"高原现象"本是教育心理学中的一个概念,指的是人类在学习过程中的一种带规律性的现象,即在学习的一定阶段上往往会出现进步的暂时停顿或者下降的现象。在图示曲线上表现为保持一定的水平而不上升,或者甚至有所下降,但在"高原现象"之后,又可以看到曲线的继续上升。1977 年,美国职业心理学家 Ference 最早提出"职业高原"概念。他认为,"职业高原是指在个体职业生涯中的某个阶段,个体获得进一步晋升的可能性很小"。"高原期"的特殊状况往往会影响教师的专业成长和职业发展。

教师作为一名专业工作者,其职业发展是一个有着阶段性特征的十分复杂的过程,案例中的马老师可说是处于"高原期"的教师的一个典型代表。其实,关于"高原期"的话题并不新鲜,但我们却忘往往忘记了一个最不该忽略的思考内容,即关于"高原期"时间长短的话题。

据笔者就教师专业理念发展的成效以及"高原期"停留时间长短的观察发现,"高原期"大体可分短期、中期和中长期三个类型:短期多为 3 ~ 6 个月的停留期,中期多为 6 个月至 3 年左右的停留期,5 年以上的停留期便可称中长期。根据对教师人群的观察发现,专家级教师在"高原期"来临后,他们停留在"高原期"的时间不会超过 6 个月便会找到新的突破;优秀教师或骨干教师在高原期来临后,他们多会停留在高原期 6 个月至 3 年左右的时间,但也有再没有走出高原期(即专业理念呈倒退)的现象;长时间停留在"高原期"超过 5 年的,在年龄 40 岁以上的那些普通教师身上较为普遍,所占比例至少七成左右。研究"高原期"的长短,真正的意义在于让我们弄清晰楚为什么我们长时间没有发展。也就是说,如果我们已经处于"高原期"6 个月左右依然还没有走出"高原期",那实是给我们的专业发展拉响了警报。

出现"高原期",与一台机器长期处于高负荷运转状态后出现一种停滞状态一样正常。其间给予必要的保养,即给予一个运转的缓冲时间,便能保证机器又可以快速地高负荷运转。作为一线教师,处于"高原期"时应该清醒,必须思考快速走出"高原期"的办法。此时,再次回到本小节所提及的两大习惯的养成,特别是养成自我革新的习惯,这差不多是无数成功教师快速跨越"高原期"的最有效的办法。

【行动指南】

优秀教师的成长需要多个阶段才能完成,一名教师需要经历多个"高原期"才可以成才。为了专业发展进入快车道,需养成革新自我的习惯,能快速找到新征程的起点。为此提出以下建议。

一是投入科研性实践。科研性实践是适合教师"二次成长"的实践阶梯。充满智慧的教育创新实践经历蕴藏着促进教师专业发展的巨大能量。科研性教育创新实践具有一些显著的特点。首先,课题的选择不是凭直觉或兴趣,而是注重教改的普遍意义。教育创新必须融入科学和理性。其次,研究工作有组织、有计划。再次,在科学方法指导下进行实践,并注重实践的合理性。

投入科研性实践,往往会经历"问题发现—剖析—解决—改进—总结"的过程,在这个过程中,问题得以解决,方法得以更新,就为快速走出"高原期"提供了可能。

二是开展系统化的反思。反思是教师专业发展的必由之路,但并不是任何形式的反思都能有效提高教师的专业水平。教学反思帮助我们解剖、批判与重构自己的教育实践,带我们走出平庸,在一个更高的平台上去创造更高质量的教育实践。

反思者通过对自己原有的态度、认知与行为方式的解构与重构过程,将其转化为一种新的态度、情感、观念或教学实践策略,内化为职业素质的有机组成部分,推动着专业的不断进步。我们在反思时,可以从对单节课(单个教育现象)、某组课文(班级整体教育)、一学期等方面开展反思,确保系统化和长远性。

三是努力赢得支持性环境。要设法取得专业的支持力,利用各种机遇赢得机会,这些机会包括学习交流、学术研讨、公开亮相和培训研修等。对此,很多名师有经验之谈,例如特级教师曾国光说:"几乎每次学校举行的公开教学展示和教学研讨活动,我都积极主动参与,争取各种实践锻炼的机会。""我深刻地发展到,无论教学展示还是教学研讨,都是一个实践自己想法的过程,也是一个学习的过程,同时又是一个提高的过程。""回顾高中数学的每一个知识,几乎每一个知识点我地都进行过公开教学,这样的过程,逐渐积累后,我对数学知识的本质有了新的理解,课堂教学能力有了新的提高,也逐步形成自己的教学风格。"

四是努力赢得专家指导。第一次成长所依靠的外部支持主要是同伴的示范,第二次成长所依靠的外部支持则主要是专家的指导。因而,需要抓住关键事件,赢得关键人物的指导。我们要能真正树立起"学而不厌"的终生学习理念,以及"诲人不倦"的仁者品质,拥抱教育的阳光和雨露冲出"高原期"。

【谨记】突破教师发展的瓶颈期,养成不断革新自我的习惯,需要的是能"紧贴地面而行"。

第四节　建议:把握好渐变过程

提及专业理念的发展过程,建议大家联系"渐变"与"突变"两个词,可能更会明白应该怎样走好眼前这一步。就像上一小节所言,已处于"高原期"很长一段时间,如若能从根本上解决思想问题,并给予自我一个妥当的人生规划,第二次人生的激情依然能被点燃。

"渐变"其实是一个中性词,在渐变的过程中,可能向着理想的方向前行,也可能向着倒退的方向前行。人们应建立一种发展性的概念模式,比如见某人能有今天的成就,应想到这是一个渐变的结果;见某人今日颓废,也应想到这依然是一个渐变的过程。"渐变"是一种归因思维,只有有"渐变"思想的人,他才会真正在学习他人中准确地习得方法。比如,向名师学习,哪怕学习其最有实用意义的教育教学技能,除了关注眼前习得,还要对名师曾经经历的过程有更多更大的兴趣,从而习得名师更深层次的东西。

在本小节中,我们将结合前面的论述,给出把握渐变过程的建议。诸如,我们主张大家能立足于最低层次的工作而不浮躁,然后不断地摸索、不断地实践、不断地总结与提炼,从而提高自我素质。大量的教师人生历程证明,当教师真能准确把握这一渐变的过程,就能缩短某一阶段的成长期,快速走出"高原期",逐渐形成独具特色的教育教学理念而让人敬仰。

1. 更新"我"的开端

为什么我们没有发展？可以肯定的是，没有发展一定相伴思想的保守——没有一个好的开端。就像笔者所指出的那样：长久呆在一个地方，没有求得好的生存环境，一个主要的原因就是保守，不敢去接近对自己有利的人；我们教师专业理念没有发展，一个根本的原因也是保守，没有去接近高素质的名师。冲破思想保守，有良好开端的最好办法，也是一个简单的办法——调整自我的人际关系圈子，重新找到利于自我发展的人。

人无发展，保守的生活圈子，保守的人际关系圈子，多年不曾有变化，这是最现实的写照。试想，如果生活中总是与同一环境的几位教师相处，大家储备的知识量几乎处于同一水准，怎又会有一新的起点？诸如传热原理一样，身边总没有高温的物质，热传递的过程几乎便可忽略。我们更多教师自我专业理念所处的层级就像那低温的物质，只有主动接受高素质的名师、专家或学者，方有可能快速地让自我得到热能的补充。

> 元规则：解放思想，才会在主动中找到新的开端，不断新生并释放教育正能量。

解决专业理论和师德发展的瓶颈问题，有良好开端的第一要义是更新教育理念。我们每一位教师其实就是一座深埋的金矿，如果没有开发的过程，几乎就无闪光的过程，甚至就是一堆毫无用处的顽石。解放自我，提高自我含金量，从引进技术到自主开发，就是一个良好开端的写照。

良好的开端，关键在于找到新的突破口，比如走出传统封闭的课堂，或把他人请进来一起探讨，或主动走出去向他人学习。这解放自我的过程，核心点在于自我思想观念的转变，能主动吸纳新知识，能主动将自我的那些腐朽的观念予以清除，而后装下更多富有活力和有生命价值的东西。提升专业理念，解放思想是大势所趋，是释放正能量的最佳方式，真希望广大教师们能在觉醒中有一个良好的开端，将自我这座金矿盘活。

【现象纪实】

使专业理念得以提升，给自我一个良好的开端，有一个最直接的方法——批判精神。敢于否定自我，敢于否定当下，指出存在的弊端，时刻保持清醒的头脑，才可言我们拥有了专业理念和提升最基本的潜质。现实是，无数教师或观点中立，或根本无观点，这很明显是缺乏用自我专业理念给予自我行动的底气。

一个人与什么样的人在一起，五年后便成为什么样的人。更新，解放，最有效的办法是认识专家级的教师。这是一个能力素质彰显的时代，高素质成为人们热捧与追索的东西。可现实是，无数教师并没有找到让自我专业素质呈现的状态。

【链接2－9】

宋运来的嬗变

宋运来，小语特级教师，江苏省中小学优秀班主任、"红杉树"园丁奖获得者。他首创"儿童漫画作文"且长期致力于"张力语文"的研究，形成了"交往中突显民主，探究中展现创造"的教学风格。

1991年，毕业伊始的宋运来走上了三尺讲台，而后久历坎坷。从10分钟的晨会课到全国示范课一等奖，从三番五次地请求上课而不得的普通教师到深受尊敬的著名教师，从不会说话、不会上课、不会写作、不会研究的"四不会型"的教师到各个方面都很优秀的全国特级教师，这种巨大的人生跨越，无疑让宋运来超越了自己，实现了"做教师，就做魅力教师"的人生追求。

魅力，从一个梦想开始。

宋运来工作5个年头时还没有参加过一次县级语文赛课，他认为这是自己专业成长史上的一件憾事。渴望成功的他，向老主任提出上课的请求。这种自信已经深深根植于宋运来生命的底蕴之中。在多次申请之后，终于，他的10分钟的晨会课、20分钟的写字小课，获得了老师们的啧啧赞叹。

但他并不满足在学校的小打小闹，他迫切地渴望得到名师的点拨与教诲。1999年11月21日，在江苏省"教海探航"颁奖会上宋运来鼓足勇气对于永正老师表达了拜师的愿望。于老师向他推荐了《教海漫记》一书，并语重心长地说："《我与李建忠》一文或许对你有所帮助。"

快速拜读了《我与李建忠》一文后，宋运来醍醐灌顶：一个人的成长，内在动力起着决定性的作用。靠他人、靠名师的提携可以少走些弯路，但关键还是要靠自己去学习、去思考、去实践与研究。

一种精神和力量在无声地凝聚，在不断地升华。

那天晚上，"做一个像于老师那样的魅力教师"的梦想牢牢地在宋运来的心底扎下了根。他明白了于老师那句话的寓意：成功要靠自己不断探索！为了实现梦想，他每天读书学习，每天思考写作，每天钻研探究……他深知：一个人一生中需要很多人帮助，但能够持续影响一生的只有几个人。"还有就是你自己，自己要能响应那样的'影响和帮助'"。

2002年，宋运来成为当时江苏省最年轻的特级教师之一。他说："一个人确立前进的目标后，不仅要有坚韧不拔的毅力，还要有创新精神与改革意识，这样才能到达理想的彼岸。"

【案例解读】

毛毛虫只要努力，就会变成蝴蝶。宋运来从一个不会说话、不会上课、不会写作、不会研究的"四不会型"的教师发展成为各个方面都很优秀的全国特级教师，他的发展历程更进一步证明了良好开端的重要性。2013年6月26日，《中国教育报》的名师栏目以《宋运来：从漫画习作到童漫作文》为题，用一个整版的篇幅对宋运来的事迹进行了报道，这是多么难得的一个推介以及对宋运来成功人生的肯定。其实，只要我们认真探究就会发现，宋运来成功的主要原因是一次又一次找到新的起点而后超越。一个人如能像宋运来那样，一生只为做一件事而努力，并有一个好的开端，怎能不成功呢？

良好的开端是成功的基础。如果说成功是一座摩天大楼的话，那良好开端则是大楼的基石。纵观无数名师成长的轨迹，会发现他们的成长都源于开端的一个课题或一节优质课，源于他人给予的指引，方才让路越走越宽。

"千里之行，始于足下。"良好的开端是成功的希望，我们需要主动去点燃希望，开启成功。事实也是这样，希望就在于开端。没有良好开端哪有俞伯牙常奏的期盼？哪有贝多芬走向命运交响曲的希冀？但良好的开端并不意味着全部的成功。现实生活中许多真实的例子告诫我们，即使你拥有良好的环境与惊人的天赋，但如果不把握专业理念发展的机会而刻苦努力，成功也会与你擦肩而过。开端似灯火，看似微弱，我们必须主动追求，方才可能让我们把持于手中，从而照亮通往成功的大门。

人们说："万事开头难。"敢于冲破险阻，闯过头一关，你就会发现，在开端背后，原来是"柳岸花明又一村。"良好的开端也源于自信和积累。积累越厚实，就越有自信；不放弃积累，就会有成功回报你。一个良好的开端，是一柄开山的斧，是一把开启智慧之门的钥匙，是为你迈向成功做准备的铺路石！把握住开端这束馨香之花，就等于把握了开启成功之门的钥匙。拥有它，就离成功不远了。

【行动指南】

通过冷静的自我剖析和理性的思考，对自己的个性特征及未来有一个更透彻、更全面的认识，更能给自己一个良好的开端。为此给出如下建议。

一是理清成长"路线图"。良好的开端无不蕴含着智慧，因为表面上看众人成功的路线有千万条，而真正属于自我的仿佛一条都没有，如果没有睿智的眼光，是很难在前行的路上给自己画出一条明晰的路线，搞得不好就会"东一榔头西一棒槌"，有时流于浅薄，有时又过于跟风。此时，最好的办法就是大胆实践，于实践中发现适合于自我发展的方向。比如笔者本人，在努力前行中发现自我创新能力超人，为此便着手教育研究，沿此路线前行至今十余年，才感觉路更宽。建议那些立志于专业成长的教师，在还没有找到前行之路时，不要犹豫，只要有敢于经受挫折的勇气，不久便会真正找到一条适合自我的路——可能还是一大教育空白点。

二是必须走好眼下两步。成功者之所以成功，在于做人的成功；失败者之所以失败，在于做人的失败。广结善缘，学会让贵人喜欢，努力做到谦虚、好学，是良好开端的第一步。可以肯定的是，无数没有专业理念提升的教师，他们的失败几乎全可归结为做人的失败。因为，在我们前行的路上，自己往往并不是最了解自己优点与缺点的人，如果说我们总能以求助者的身份，虚心向身边的人求教，当打开彼此心灵的那一道闸门时，定能得到指点。第二步，就是把自己的专业做到最好。无论是对行业的认识、对专业的理解还是对业务的精通，都是你提升专业理论的基础，就像前面小节所言那样，最好能打造出属于自我的优质教育，并以培育卓越人才为己任。

三是在"关注"中得到"关注"。在开端处如何让专家、名师及领导注意你？答案是唯一的——以业绩引起领导的注意。领导对业绩较好的新教师会给予更多的关注。另外，经常向领导请教不仅表示对他们的尊重，可以得到领导的直接帮助和指导，还能引起他们的注意。同时，也可以将自己的闪光思想向外界展示，通过教研、上公开课、发表文章和参与网络教育论坛等方式发表自己的观点，从而引起专家学者的注意。还可以利用外出听课、培训等机缘，让专家自然而然地关注你。在你外出听课中专家点评这样的大家互动的时刻，不妨抓住机缘展示自己对教学的思考与见解。当然,这些机缘的获得,还需自己平时强化对教育教学的思考与关注。

四是寻找成长中的贵人。在专业理念发展的过程中,建立人脉网络是极其重要的一项内容,而觅得能够给予自己引导的"导师"是关键。确定你的人脉群体时,首先,要想好你准备在哪个领域集中全力一展身手,是语文学科还是数学学科,是班主任研究还是其他方面?然后,根据这些指标列出一份联系人名单——其中不仅要包括选定的学科专家,还应包括任何对你的兴趣和专长领域有所帮助的人。然后根据自己的计划,有礼有节、有的放矢地与名单上的每个人取得联系。

【谨记】在良好的开端处,只有当明白自己到底需要做什么,专业理念方才会随之逐级发展。

2. 渐变的人生与规划

谈到人生的渐变,笔者某日参与培训偶得一组数据,在此先摘抄望能引起读者朋友的思考。

$$0.9\text{ 的平方} = 0.81 \leftrightarrow 1.1\text{ 的平方} = 1.21$$
$$0.9\text{ 的 }5\text{ 次方} = 0.59049 \leftrightarrow 1.1\text{ 的 }5\text{ 次方} = 1.61051$$
$$0.9\text{ 的 }10\text{ 次方} = 0.3486784401 \leftrightarrow 1.1\text{ 的 }10\text{ 次方} = 2.5937424601$$
$$\cdots\cdots$$

试看我们的教师人生,何尝不像这一组数据中的 0.9 和 1.1 一样?有些人做一件事情,每次总提高要求,总好那么一点点,有些人做事每次降低要求,总差那么一点点。其实,第一年两者比较,差别还算不太大,可随着时间的推移,5 年、10 年呢?两者再进行对比,成倍的差距无不让人惊讶! 20 年呢?其结果简直无法比,推算的结果是 1.1 的 20 次方已经是 0.9 的 20 次方的 50 余倍。

为何教师之间素质总有那么大的差距?也许这一组数据已经给出了一个解答。拥有今天的成就,或身感今日的失败,如果真要追究责任,也只能说这些都是自己造成的。我们如果真能看清问题,还得有发展的眼光才行,哪怕曾经荒废多年,如果什么时候能从"1.1"的要求开始,只要坚持,依然可以获得成果丰硕的人生。

> 元规则:沿着做好老师、教育专家和名师的目标渐变,才会真正出现"士别三日"之后的场景。

教师专业理念与师德发展,是教师人生发展中的一个系统工程。上一小节,我们特别指出抓好专业引领开端的重要性,其实我们还应关注一大问题——专业发展的持续性,即如何让前面数据中"1.1"的几何级数变化持续 5 年、10 年、20 年。

在本小节中,将专业理念发展规划纳入专项研讨,全因为规划在我们所关注的秩序领域里占有重要的席位。正如笔者曾感言:"秩序顺了,一切都顺了;秩序乱了,一切都乱了。"其实,教师专业发展也如此,"计划顺了,幸福着;计划乱了,幸福没有了"。规划定位着我们的人生走向,影响着明天的发展与幸福,为此,在后面的引述中,我们依旧将从元规则的特殊视角,审视我们的教师人生,希望能给你以指引,能让你从现在开始学会从长计议,让你不再因专业理念低下而感觉人生荒芜。

【现象纪实】

教师的一生,20 岁左右开始工作,到 55 或 60 岁退休,其职业生涯差不多有 30~40 年。试问真正能对自我职业生涯进行规划的有几人? 能针对自我专业素质提升进行设计的有几人?

在人生的每一阶段,需求的高度实是规划的高度。所以,谈及教师人生则更多地指向于人生的需求(或某阶段的需求)。

一名教师的专业成长离不开给自己制订人生规划。眼下,之所以无数教师在工作中形成被动的局面,根本原因就在于他们没有对自我专业理念与师德发展提出具体的要求,更不用谈他们是否付出努力。

【链接 2 –10】

郑立平教育人生"八五计划"

郑立平何许人也?

郑立平,特级教师、全国十佳班主任、全国(民间)班主任成长研究会创始人、山东省班主任专业委员会副主任、山东省十大创新班主任、齐鲁名师建设工程人选、班主任国培专家、山东省教师培训课程专家,已出版著作《把班级还给学生》《教师必须掌握的教育惩戒艺术》和《做一个聪明的班主任》等 8 部,参编《班主任工作实务》等七部,应邀在全国各地做教师成长、班主任培训、课堂观摩、教育科研、亲子成长等专题讲座二百多场。

郑立平曾说:"成长的方法和途径很多,但不管哪一种途径都必须建立在教师内心具有强烈的主动学习欲望的基础上,这样才会真正实现自身的专业化发展。"借鉴许多名师成长的经验,他给自己的教育人生设计了八个"五年计划"。

发展规划	阶段特征	事业追求	主要任务
第一个五年计划	模仿与创新阶段	定位	正确认识自我,确立职业方向
第二个五年计划	创新与徘徊阶段	立足	扎根教育教学,获得环境认可
第三个五年计划	徘徊与突破阶段	出色	注重创新开拓,拿出优异业绩
第四个五年计划	突破与成熟阶段	成功	提升专业能力,自信面对工作
第五个五年计划	成熟与升华阶段	拓展	丰富教学艺术,寻求理论创新
第六个五年计划	升华与充实阶段	收获	提炼成长经验,形成教育思想
第七个五年计划	充实与超越阶段	新生	快乐读书学习,坚守教育梦想
第八个五年计划	超越与沉醉阶段	完美	享受精神富足,追求幸福人生

郑立平指出:"我们要给自己一个比较符合实际又有挑战性的定位,同时,从时间和项目两个角度,把职业生涯划分为不同的阶段,在不同的阶段确立不同的目标和具体任务。"发展

目标要突出自已的状态改变,切忌空泛,必须有明确的量化指标和自我惩罚措施;既要按任务驱动去订规划,又要形成自已真正的"自我需求"去规划自己的发展,把规划变成"承诺",让"承诺"变成行动,用行动创造结果。

【案例解读】

郑立平老师的规划证明了什么?

一个人的职业生涯是平庸、颓废、迷茫,还是成功、幸福、快乐,不仅取决于环境、机遇或他人的影响,更取决于自己是否具有职业规划的意识与管理能力。亲爱的朋友,在日常生活中你是否能静下心来"规划"一下自己,是否认真思考过一些简单却深刻的问题:今日的我是一个什么样的教师? 明日的我要成为一个什么样的教师? 如何由"旧我"羽化成"新我",其方法和途径是什么? 是否在教育生涯中不断地设计着自己的专业成长理想? 是否有一个美好的人生愿景并孜孜以求?

你今天站在哪里不重要,你下一步迈向哪里非常重要。你今天是个什么样子不重要,你明日成为什么样的人很重要……所以,做好职业规划非常重要,因为这直接决定着你明天的位置和样子,决定着你一生幸福指数的高低。

我们身边也不乏这样的鲜活的例子。很多处于同年龄段的人,从同一个学校毕业,具有同等的学历,甚至相当的才华,刚开始一两年没觉得有什么不一样,都是职场"菜鸟",然而5年、10年后,他们之间的距离就会逐渐拉开,有的阳光十足、小有名气,有的灰头土脸、处处碰壁。究其原因不难发现,其差异表现在——方向明不明确,有无计划意识与规划能力。

哈佛大学有一个关于目标对人生影响的跟踪调查,对象是一群智力、学历和环境等各方面都差不多的人。调查结果表明,27%的人没有目标,60%的人有较模糊的目标,10%的人有清晰而短期的目标,只有3%的人有清晰而长期的目标。25年的跟踪结果显示,3%的人25年来都不曾更改过目标,他们朝着目标不懈努力,25年后他们几乎都成为了社会各界的顶尖人士;10%的人,生活在社会的中上层,短期的目标不断地被达成,生活状态稳步上升;60%的人,几乎都生活在社会的中下层,他们能够安稳地生活与工作,但似乎都没什么特别的成就;27%的人,几乎都生活在社会的最底层,25年来生活过得不如意,常常失业,靠社会救济,并常常抱怨他人、抱怨社会。从哈佛大学这一则调查你感受到了什么?

当然,也许有人会说:"现在我都30岁(40岁、50岁)了,早已错过一生规划的黄金时期,弥补也来不及了。"所谓的"黄金时间已过"不过是个借口。我们要说的是,人生也许会有很多个起点,但也有更多的拐点。幸福的人,赢在转折点,赢在终点,而不是赢在起点。做好专业发展规划,是创造个人幸福成长的转折点和辉煌的终点,所以,不论新入职的菜鸟,还是职场"老兵",都应以积极的心态补上这一课——计划幸福的一生。

古人云:"凡事预则立,不预则废。"这里的"预"就是准备、计划的意思。适切的规划会使我们的生活处处充满诗意,人生遍布幸福的芬芳。无论你处于人生的哪个阶段,是荣是辱,是进是退,是年轻还是年迈,都需要有自己的目标,都需要有自己对未来的规划。教师职业生涯的规划与开发,只要起航,永远都不晚;只要心中有规划,只要向着目标勇敢地迈进,相信自会有进步,自会拥有属于自己的一方天空。

【行动指南】

一是把握职场规律,科学规划 40 年。一般来说,从二十多岁参加工作,一直到 60 岁左右退休,其间大约 40 年的时间要在职场度过。25 岁、35 岁和 45 岁是每位教师必经的几道坎。25 岁,制订规划要立足岗位,学会站稳脚跟,走好人生的第一步。35 岁,是蜕变的年纪,是打出自己品牌的时期。此时应利用天时地利人和,进入一个快速成长的通道。这个阶段是职业生涯规划最重要的时期,这一时期的职业基础和平台,将直接决定以后的职业高度和成就。制订规划要学会修订调整目标,看一看自己所选择的规划路线、所确定的人生目标是否符合实际,是否一直努力却无结果,是否偏离正确的航道。在这个阶段,要学会反思,如发现不适,应尽快修正。45 岁以后,无论是工作的热情还是接受新事物的能力,无论是个人精力还是进取心,已远远不如年轻人,多数人的事业、职位和名利等在这个阶段可说是大局已定。对于到了这个年龄仍一事无成、庸庸碌碌之人,在制订规划时,需要先给自己的职业发展来一个全面的盘点,从自身方面深刻反省一下原因何在,从而找出阻碍你进步的症结所在,为自己制订明确、可行的职业规划。

二是把个体成长计划融入教育大发展的背景中。教师要想为自己创造一条良好的职业发展道路,就要时刻把个人成长计划与教育发展紧紧连在一起。树立"和教育一起成长"的与时俱进的职业规划理念,这样才不会被飞速发展的教育所淘汰。所以教师要确立职业生涯总体目标,就要实现个人生涯计划与教育事业规划的统一,把个人的追求融入到教育的长远发展之中。这就要求教师多关注教育,多学习党的教育发展方针、路线和政策。如结合《国家中长期教育改革和发展规划纲要》来制定自己一生的教育行动计划。

三是做不折不扣的规划执行者。中国不缺少雄韬伟略的战略家,缺少的是不折不扣的执行者。执行是目标完成的关键,没有很好的执行,就不可能实现预期的目标。管理好时间,建立时间坐标图,计划中的每一个目标都要有两个时间坐标:一个时间坐标是开始→预期实现的时间,即什么时候开始为实现这个目标行动,到何日达成计划;另一个坐标是围绕目标的每一项工作安排实施的时间。

做好"行"的事,即按照预设的目标一步步地去执行。在执行的过程中,需要不断地改变自我,如,改变固有的思维方式,积极寻找解决问题的办法,试用不同的方法达到预期的目的。

做好"评"的事,即评估调整,把目标置于每天的日程安排中。建立一个"黄金反思的时辰"——每天晚上 8 点给自己留出 30 分钟时间去反思当日工作,反思是否达标,有何偏失,以随时做好调整。

【谨记】人生是一步步实现未来美好愿景的计划的过程,计划的主人是自己,唯有早制订计划,科学计划,有效实施计划,才会收获幸福的生活。

第三讲 综合素质发展的内在要求

——专业知识发展

"语文教师在课堂里好像集体性地患上了专业知识的失忆症！"

这是王荣生教授在《听王荣生教授评课》一书中语重心长地告诫我们的一句话。这并非危言耸听。集体性地患专业知识失忆症，又何止是语文老师，教师专业知识没有发展甚至呈倒退的现象更是触目惊心。

专业知识如何发展，做教师的如何用自己的专业知识来直面和支撑教学，这是摆在我们面前的两个亟待解决的问题。

（一）

突破专业知识发展的瓶颈，如若教师缺少自我内在的要求就只能是空话。无数教师努力地工作着，最终却变得不学无术，原因何在？原本装满知识的一个瓶子，知识之水随时间的推移总在不断向外流逝，却没有新鲜的或是源头性的知识之水予以补给，怎能不是这样一个结果呢？学生在变，教材在变，时代在变，观念在变，而我们应对这些变化最重要的"法器"就是专业知识的发展。专业知识重在更新，这是多么简单的一个道理！

（二）

必须明白的是：没有用前瞻性的、与时俱进的学科知识更替旧有的学科知识，没有用发展后的教育学、教育心理学知识替代旧有的教育教学方式，教师知识专业化发展便无从提及。我们还必须明白：知识的时效性，是其有用性最直接的见证；不断更新知识及知识结构，方能与时代同步，培养出时代需要的人才。

（三）

教师的专业知识发展，更多地体现在规则的重组、结构的更新以及对新知的敏感并努力去掌握。走在专业化成长的道路上，我们必须明确发展的重点——重构专业知识发展的体系。朝向学科知识发展，朝向通识知识发展，是专业知识发展体系的两条主线。专业知识发展实则"惯性发展"理念的重建。习惯性的更替新知，进一步的研讨专业知识传承的秩序，才能促进教师专业知识有序发展与提升。

（四）

专业知识的发展，需要我们有一种使命感和责任感。在本讲中，我们将进一步研讨承揽专业知识发展的两大利器，一是主动赢得课堂，二是展示精品课堂。课堂始终是我们专业知识得以验证的场所。主动赢得课堂，课堂需要什么我们就主动发展什么，让我们的专业知识静静地流淌在课堂，浸润课堂，把精品课堂当成自我的追求，不断更新专业知识。在课堂里用专业知识实现人生意图,通过对专业知识发展与教师人生意图的衔接,促进教师抓住课堂这一大舞台,从而实现最大化的发展。

第一节　前提:突破专业知识瓶颈

专业知识是指一定范围内相对稳定的系统化的知识。教师专业知识包括通识性知识、本体性知识、条件性知识、实践性知识和操作性知识。教师的"通识性知识"包括深厚的文化基础和广博的文化视野。教师的"本体性知识"是指教师所教学科的专业知识。教师的"条件性知识"主要由帮助教师认识教育对象、教育教学活动和开展教育研究的专门知识构成。教师的"实践性知识"是指教师在实施有目的的行为中所具有的课堂情景知识以及与之相关的知识。

教师的"知识结构"有别于其他专业人员,并显得相对复杂一些。正如有人曾经打过的比方:通识性知识、本体性知识和条件性知识是教师知识的三块"桶板",而实践性知识是"箍桶"的"铁条",这三块"桶板"只有通过"铁条"的整合才能内化为教师自己的专业素养。

不知大家有没有发现这么一个现象:相对于通识性知识,传授所教学科(内容)知识、进行教学的"如何教"方面的知识的发展,就像给建筑物打下基础,它可以将教师深厚的文化底蕴、高品位的人文修养和艺术美感融合在一起,以形成饱有学识的智者气质。现实是,不少教师缺乏基础构建的过程,致使"建筑物"难以无限向上发展。突破教师专业知识发展的瓶颈,我们更应该明白,扎实基础建设的第一性,才能完善建设的第二性,我们也才可能真正成为一位合格的学科教师,并向着优秀学科教师或学科专家的方向发展。

1. 专业知识的更新

教师发展(包括占有重要比重的专业知识的发展)是一个永恒的主题。相对于当今知识更新速度之快而言,专业知识更新成为必然要求;对于教师自我发展而言,没有知识的更新永远不能成为一位卓越的教师。道理虽简单,但无数教师深陷专业知识发展的瓶颈却不知所措,无方法,无切入点。

新知习得的过程,更是教师外显精气神的过程。考究教师专业知识的发展,必须深入所属专业知识结构加强分析,方才看得更加透彻。诸如,无数教师习惯用功于教材,但因不注重通识性知识的学习,其教学虽然精准却显得单薄和干瘪。只有各种专业知识的均衡与和谐发展,才能助力教师的大发展。只要深入到教育专业知识结构的里面观察,便会发现,每一种知识是发挥支撑作用的柱子,几根柱子共同发力才能支撑起整个教育天空。

> 元规则:努力工作却不习得新知识,无异于只劳动而不进行营养的补充,这对教育的危害更大。

教师专业知识发展重在更新,每一位教师要有习得为师所需要的新知识以及习得何种新知识后将其转化为教育教学的营养的能力。

专业知识发展是一个理智的过程。只有将专业知识的更新转化成为内在的要求,才会有自觉行为的产生。当然,教师的专业知识是一个综合体,而非只进行某一专项知识点的学习便能彻底改变自我的知识结构。这就要求我们每一位教师要明白自我知识结构的优劣,而后有针对性地读书与学习,才会真正学到有价值的知识,从而提高自我知识的有效性。诸如对"学科教学知识"的习得,它表现为如何以最佳方式呈现特定的教学主题;还表现为教师对学生学习该主题前的情况和困难的了解,以及帮助纠正学生错误的策略等方面。不难看出,如果每一位教师只是将全部的工作精力用于常规性知识的传授,而少有元认知方面的习得,少有或忽视学科教学知识的习得,很难突破自我专业知识发展的瓶颈,专业知识的发展就是一句空话。因为,学科教学知识是学科教学专家必备的重要知识,通过它将学科专家和教师区别开来。

【现象纪实】

教师专业知识的更新,是教师之所以为教师的重要筹码。虽然我们倡导终身学习,然而整个教师群体没有突破发展瓶颈却是一个非常严重的现象。教师无发展,很大程度上是无专业知识的发展。教师专业知识的欠缺,其真正原因在于教师内心没有发展的需求,特别是没有获取专业新知识的需要。更多的在于教师没有突破自我新知识习得的方式。

提升自我的专业知识,真还不能让工作繁忙成为不再学习的理由。只有让自我的学习变得像吃饭一样,习惯性的一日三餐,才会真正让自我的新知识始终处于更新的状态。

【链接 3 -1】

阅读《二十四史》的夏昆

刚到子弟校时,所有语文老师中夏昆名列倒数第二。他最迫切的愿望就是能够在短时间内迅速提高自己的教学水平,更期望的是老教师能够把自己的"绝世秘笈"毫无保留地传授给自己。

就在这时,他结识了何瑞基—— 一位极具传奇色彩的老教师。

到何瑞基登门拜访时,夏昆提出的第一个问题就是:"要把书教好,有什么捷径吗?"

何瑞基的一句话让夏昆醍醐灌顶,同时又愧不可当:"有什么捷径? 唯一的捷径就是读书!"何瑞基告诉夏昆,他自己是初中毕业,如今成为全校最受敬重的老师的原因是读书。何瑞基推荐他看《二十四史》。

《二十四史》共 3 249 卷,4 000 万字。一个语文老师,为什么要花这么大精力去看历史著作? 何瑞基说:"任何知识都是有根的。文史不分家,很多文学知识其实就植根于历史中。"从 1998 年开始,夏昆给自己定的目标是每天至少看一卷。到 2000 年,夏昆已经读完了《史记》《汉书》《后汉书》《三国志》《晋书》《北史》和《南史》。2005 年开始读《宋史》时,他已经明显感觉到以前散乱的知识凭借着历史的线被串在了一起。历史像一棵根深叶茂的大树,所有的语文知识都能在这棵树上找到自己合适的位置,不再是孤立静止的一个点。

夏昆说:"读史让我找到了语文的根。"

14 年来,夏昆陆陆续续写下了十余万字的读史笔记,结集成书,定名为《一本不正经》。

读史更使夏昆在另一个爱好——诗词上有了本质性的突破。2008 年,夏昆出版了第一本专著《唐诗的江山》,以唐诗发展的轨迹为线索,对唐诗进行知识性解读。紧接着,他又写了一本《宋词的家园》,目前正准备出版。

(节选自《中国教育报》人物栏目)

【案例解读】

教师教育教学行为质量的高低是专业知识厚薄的反映,而专业知识是教育教学行为的支撑。专业知识更新是一个自觉行为,造成当下教师不学习的原因在于没有从学习中获取到工作的支撑。

不能急于求成,专业知识更新是一个浸透的过程。士别三日之理,其间蕴含着的是非一日之功,更多的则是多年习得知识的综合体现。新知识与旧知识的转化,实质是一个点滴渗透的过程,通过不断地点滴更替,逐渐将旧有的知识融汇、排挤,经过这样循环往复的过程,便能使专业知识始终处于更新的状态。这一过程需要长时间的坚持,才可能彻底地将旧有的知识结构更新。值得注意的是,如果没有沉下心来以长期的努力作保证,不可能有脱胎换骨的过程。

在专业知识更新的过程中,方法也非常重要。教师几乎不可能独立于教育教学之外去习得更多的知识,解决工学之间的矛盾是提高学习效率的前提。

专业知识更新的过程,也是一个知识储备的过程。教师与教师间的差距原本是不大的,因学习的努力程度不同、关注的学习点不同,才使教师间因知识结构不同而拉大差距。自我知识习得的过程,实质就是一个对自我知识结构清晰的认识过程。唯其如此,才可能找到学习的点,才可能真正达成更新。能根据自我对通识性知识、本体性知识、条件性知识以及学科教学知识等的认识,去有目的有策略地习得前瞻性知识,弥补自己的不足,才会真正有知识储备的过程。

【行动指南】

"流水不腐,户枢不蠹。"教师专业知识只有不断更新才会像流水一样充满活力。为了找到提升自我专业知识学习的效度,找到更新的起点,给出如下建议。

一是要寻找适合自己习得的种子(专业知识)。一个教师的专业成长,就好比一粒种子,种豆得豆,种瓜得瓜。其实,只要认真审视那些因注重专业知识提升而获得发展的教师,便会发现其今天的发展与当初学习某一专业知识的抉择有着很大关系。像案例中的夏昆老师一样,很多教师凸显出来的非常强的专业素质,几乎都来源于所学的内容。夏昆自封为"国子监四门博士",他给学生教"诗歌鉴赏""音乐鉴赏"和"电影鉴赏"3 门课。从 1998 年开设这 3 门课到现在,已经 14 年了,这些其实都与他立志阅读《二十四史》有着很深的渊源。一位教师想要获得更大的发展,就要有一个宏大而系统的学习计划;而只在某一个点上深入学习,特别是系统构建新的专属于自我的知识体系,其发展只能称作小打小闹,很难让自我独秀于林。

到底需要习得哪方面的知识，或者要着重哪方面知识的强化，必须结合自己现有专业知识的实际以及自己任教的学科及发展规划，弥补短板与强化长板相结合，从而让自己的专业知识结构更趋于合理，更有助于达成学生和自我的成长。

二是要寻找习得新知的实验场。在新知的习得过程中，可能最初只朝向某一个点学习，多有摸着石头过河的感觉，而真正给自我新知识学习动力的，多半是所习得的知识被派上了用场，感受到了新知识中蕴藏的正能量，从而激起更大的学习欲望。在习得新知识的过程中，我们除了应努力寻找适合新知识展示的舞台，同时也应及时抓住自我的兴奋点，能及时找到继续学习的方向和下一步需要习得的新知识。学习新知识其实也是一个融入智慧的过程，只有真能把握住学习的时机，并且找到适合自我习得的内容，才会真正有利于自我的快速发展。但我们必须注意的是，给予新知识展示的机会和获得人们的认同并不是非常容易的事，只有通过新知识的运用让自我变得更加强大，机会才会"主动"走向我们。比如，管建钢找到了自己作文革命的点，他顺着这个点走下去，深入研究下去，他成功了；朱文君找到了自己对古文特别感兴趣这一点，着力于小古文课程的研究与开发，创建了自己的小古文课程，她也成功了；刘敏威老师凭着对《红楼梦》的无限热爱，引导学生对"小红楼"进行追问，最终，引领学生由读红楼到建立自己的"小红楼"课程，她也获得了成功……

三是力求使所学新知识体现专一性和互补性。当下新知识产生与更新速度之快超乎寻常。而对于精力和体力有限的教师而言，在一个相对固定的时间段，能进行专攻于某一点的学习显得十分重要。但现实并不乐观，一个主要原因就在于浅尝辄止，很多教师习惯于进入某一领域了解新知识，而当只习得皮毛还没有达到渗透的效果时便将注意力转向其他点，结果是所学虽多而无一真有适用的场域。在新知识习得和更新的过程中，专一性是提升新知识层级达到一个新高度的不二路径，但还应注意所学内容的互补性：往往单一的知识习得达到一个层级后，想再提高到高一层级非常之难，最佳的办法就是能找到与之相邻的知识而习得，以达成相互帮衬，相互弥补，相互促进。打个不恰当的比喻，这就像一座高山一样，世间真还难找到单一的高峰，往往都因一个接连一个向上突起，方才会在一个层级之上再次构建起更高的山峰。在专业成长过程中，一位强大的教师往往需要多种知识给予支撑，这样其教育教学才会游刃有余。可以说，只有长期坚持学习，才会像垒土一样逐渐建立起自我专业成长的高台。

【谨记】只有加强专业知识的习得，才会使教师有走向强大的可能。

2.专业知识的自主化

什么是专业知识？虽然众说纷纭，但我们完全可以说："我的知识即专业知识。"传授知识永远是教师工作中的重点，甚至可说像吃饭时的主食与副食一样，主食是基础，副食提升生活质量，没有主食的丰足几乎就没有副食的地位。作为教师必须清楚：传授知识所带有的自我烙印程度，决定着我们是在做教书匠还是人类灵魂的工程师。我们更应该明白专业知识的发展并非是一件艰难而神秘的事情，关键在于我们在知识面前的态度，能否对知识有深刻的自我理解,而不只是仅限于传递。

教师专业知识带有非常强的倾向性。考查教师的专业知识,完全可以通过其输出的知识对学生影响的大小与多寡而判断其自身专业知识的优劣,通过输出知识的情状而追溯其习得和输入知识的过程,从而进一步探究其专业知识形成的原因。比如,教学某一汉字,最传统的教学即输出汉字让学生识记,而有的教师因为对汉字有着自我独特的研究,便会根据对某一汉字音、形或义等的理解进行加工,而后以一种专属于自我的理解方式传授给学生。其实,这种把教学内容经过教师的加工处理而后传授给学生的实例,在每一学科教学中都普遍存在。这一过程仿佛就像一块原本就有的石头,在打磨的过程中将自我的思想与观念融入其中一样。

> 元规则:虽有丰富的专业知识却无文化传承的行动,就永远摆脱不了匠气,这样的教师只会成为"书呆子"。

在本小节中,我们研讨的是专业知识转化的方法。深入了解专业知识的结构以及如何提升知识传承的效度。在这一小节中提及的专业知识多有传承文化的成份,这表明,知识发展到一定程度时,其便是文化的折射。人们在平素里判断教师是否呈现匠气,便是对其自我知识储备以及对应的文化印象进行推断,看其是教书本知识还是教"我的知识"。为此,我们必须清楚,强大的教师必须有强大的知识储备量来支持其文化形象。

探讨教师专业知识的习得,我们可以转换角度于教师的综合发展。让教师不做教书匠不是一件容易的事,因为自主化发展更多的是一种悟性的习得。悟性何来?它有一个积淀与思考的过程。教师若能抓住一切学习、实践和反思的时间,就能打破知识的束缚,在知识面前变得更有主见,变得有选择,并能创新自我的知识体系,这样,"自我的知识"才会在宽泛的知识场域中彰显。每一位教师如果想有大的发展,就不能只成为知识储备的容器,要将所储备的知识不断转化为"我的知识",如此,才会让自我因文化的浸染真正脱离书呆子气。

【现象纪实】

在习得专业知识的过程中,教师必须清楚自我知识发展的层级。目前看来,教师专业知识习得的自主程度多可分成以下三种类型。

一是无学习无目标型。这一类教师多以完成教学任务为主,把自我的工作定位成能准确无误地将教材内容传授给学生为最高标准,平素里少有主动对新知识的学习。此类教师无自我发展的目标,无发展思路;有的是在等待观望中失去新知学习的机会,也有的是因长期无发展而让自我在新知的习得上落后于他人。

二是学习实用型。学习而生疑,教学而生困。这一类教师习惯于努力工作并能结合自我在教学中所产生的困惑去寻找适合于自我发展学习的内容,从而弥补自我知识的不足。"实用"是这一类教师学习的出发点,他们往往以传授精准的知识为他们习得知识的最高目标,以让学生达成高效学习为自我学习的动力。但这类教师最大的不足是少有"我的知识"的呈现。

三是学习创新型。这一类教师学习目标非常明确,即为了打造"我的知识"而主动吸纳新的知识,对一切富有前瞻性的新知识总能充满极大的热情,其新知识的学习既与教育教学相结合,又以提升自我的综合素质为出发点。他们在习得新知识的过程中,往往能结合自我的理解创新自己的见解,进一步丰实自我的新知识,让自己变得更加理性。

第一类教师多是新知识更替缓慢的普通教师,第二类教师多是负有教学责任的优秀教师,第三类教师多是一些向着专家学者方向发展的教师。但必须明确的是,三个类型的教师并没有明确的界限,是可以相互转化的。

【链接 3 – 2】

改　变

2011 年 12 月 5 日,第二期"江苏人民教育家培养工程"在扬州开班。我有幸成为 50 个培养对象之一。

有了更高的追求

1988 年初登讲坛,我的梦想就是成为一名特级教师。1998 年梦想成真,我居然成为当时江苏省最年轻的小学语文特级教师。

在语文教学中,我凭着多年的磨炼,形成了"清简、睿智、厚实"的教学风格,常常忙碌于全国各地的邀请中,成了赶场子的所谓"专家",往往讲完了便走,连别人讲的课都来不及静下心来听一听。如此折腾,名气似乎越来越大,但底气却似乎越来越虚。隐隐之中,我觉察到这样的"专家"终究会有山穷水尽的那一天。

直至成为教育家培养对象的那一天,在填写那份五年发展规划的时候,我才静下心来,认认真真地回顾成为特级教师以来所走过的路,从自足中找到了不足,从成就中看到了缺憾。导师杨九俊先生在我们讨论各自的五年规划时告诫我们:"你们应该有更高的追求!"

有了更深的思考

杨九俊先生是我们导师组的组长,他经常说的一句话是:"关起门来,静下心来,好好读几本书。"孙孔懿、金生鈜、周川和董洪亮等导师,给我们列出了一年的阅读书单。被逼无奈,我选择了阅读巴西教育家保罗·弗莱雷,选取了其《被压迫者的教育学》《解放教育学》和《希望教育学》三本专著,试图全面解读弗莱雷的教育思想,并进行自己的理解。阅读,不断地阅读,不断地丰富与充实自己,真的可以让人聪明起来。

除了读书,我们还有一个任务——阐述自己的办学思想。我们一起读书交流、思想过堂,"痛并快乐着"!

有了更新的视界

短短的一年中,我们聆听了导师杨九俊先生的《理解儿童》、孙孔懿先生的《教育的隐喻》、周川教授的《教育的两种基本价值取向》以及顾泠沅教授的《课堂视野中的教师及其指导者》、彭刚研究员的《教育科研的三个问题》等报告,更多的是在活动中,专家导师的即兴评述,给我们打开了一扇扇通往教育真理的窗户,使我们看到了教育的一处处风景。难怪有人曾经这样感叹:"教育也是个圈,你圈在什么样的人群里,就会看到什么样的教育世界。"我们都很幸运,"圈"在了这个满地都是金灿灿学术思想的圈子里。

其实,无论是听专家的讲座还是阅读专著,都让我们的视界开阔了、深远了,讲座和专著中提到的、引用的那些人和书,又给我们打开了第二道视界,如此,一道道的视界相继在我们的眼前展开……渐渐地,我们就与别人有了一些不同。

改变,正是这样悄悄的。我想,这也正是人民教育家培养工程的初衷吧!

(节选自特级教师薛法根 2013 年 3 月 8 日的博客《改变》)

【案例解读】

一个教师所能达到的高度,取决于他习得新知识后转化为"我的知识"的优异程度。教学若被视为一种专业,需要教师具有专门的知识与能力;教师既要掌握"应该教的知识",又要掌握"如何教的知识",还应该掌握系统的教育教学知识。从某种意义上讲,教师专业发展的过程就是支撑教师专业的知识体系不断更新、演进和丰富的过程。

从上面案例中,我们看到的是江苏省吴江盛泽实验小学薛法根校长的成长轨迹。是什么使他能够这么快从一个普通的师范生跨越到特级教师的行列中呢?是因为他的勤奋,不但注重从书本、导师身上习得新知,而且注重将所学新知转化为"我的新知"。他为了教好学生的作文,买来贾志敏教作文的光盘,反复揣摩:哪里该怎么启发学生深入思考,哪里该开启学生的思路,哪里该在细节方面指导一下,哪里该在语句方面予以点拨……

现代教师教育研究普遍认为,教师的专业知识不是线性成长的,它是广泛的,具有整合性、多功能和多元化的特点,其中有四种知识被视为教师知识的基石和研究的焦点,即学科知识、一般教学知识、学科教学知识和情境知识。这几个方面的知识应该是相互结合和交融的,并共同构成教师的知识结构。

从某种意义上说,教师专业发展的过程就是自身知识不断转换和创新的能动过程。一位教师走专业发展道路,应从吸纳新知识开始,注重知识的转换。新知识在大脑中重新编码的过程,也是新知识的转化过程,更是与学生知识间的相互作用和相互转换的过程;这个过程,能优化教师的知识结构,增强教师的教育创新能力。

【行动指南】

专业知识的发展只有讲究策略,才能因为知识的强大而彰显独立的人格,才能带给自我更大的发展空间和学习资源,才能让我们在专业知识发展的道路上走得更加坚实、更加高效。为此,提出如下建议。

一是给知识打上专属于自我的标识。掌握最基本的学科知识,这是为师的根。但只专注于教材,会导致深陷于发展瓶颈而不能自拔。可能你会问:"一位教师究竟要掌握多少知识才能胜任教师这个职业呢?"其实,一线教师在多年的教学之后,具有了丰富的教学经验,已有了较为丰富的学科知识。但是,要想获得专业发展,还需要什么样的知识结构呢?大家都知道,教师专业发展离不开阅读,可是在有限的时间内究竟该阅读什么书呢?是广博还是精深?还是两者兼而有之?每个人都有自己的选择,也有自己的困惑。教师一般都了解学科知识的重要性,而衡量教师学科知识的含金量主要看教师对于学科知识是否能够融会贯通,是否将其用自己的思维方式、自己的语言传授给学生。而教学知识,则是教师在学生心理、学习理论和教学方法等诸方面的专门知识。一线教师缺乏的是对这些专门知识的认识、学习和掌握。正是因为缺乏对学生发展心理规律的学习,忽略了对学习理论的研究,以及对教学方法梳理的不足,导致教师始终停留在自己的教学经验之上,难以跨越自我的"高原期",而且在反思教学行为时缺乏理性剖析的思路和角度。

有关学者调查发现,教师的教学知识最重要的来源是教师"自身的教学经验和反思"、"和同事的日常交流"以及"专业培训",可是如果在大家都缺乏一定的理论基础的情况下,反思、交流很难深入,培训又往往流于形式,教师常常喜欢听专家做的半天或者一天的故事化的讲座,被感动、被震撼、被启迪,但是自己的独自思考的能力并没有太多提升,理性分析的能力仍旧缺乏理论的支撑。因此,教师必须主动建构自己的知识结构,通过有针对性的阅读理论书籍,进行有主题的研讨,结合自己和同伴的教育教学问题,一点点丰富自己的教学知识,并将其运用于实践中,这样,理论结合实际,方能使自己的专业水平得到切实的提升。

二是努力促进专业知识朝向素质转化。有知识并不表示自我有较高的素质,只有当习得的知识真正成为带有自我标识性的,才会彰显出较高的专业素质。但是有一点我们必须明白,只有明确专业知识发展方向,其专业素质才会由低下逐渐提高。时代在发展,社会在前进,素质教育和新课改对教师的专业知识素质提出了更高的要求,那么,社会发展要求教师应具备哪些专业知识素质呢?

教师的专业知识素养包括精深的学科专业知识、广博的科学文化知识和教学理论基础及教学实践经验和教育智慧。广博的科学文化知识,主要包括人文素养和科学素养方面的人文社会知识、科技类知识、工具类知识、艺体类知识和劳技类知识等。基础教育课程改革加强了学科间的联系,加强了科学精神与人文精神的渗透与融合。丰富的学科专业知识,即本体性知识,主要包括学科基础理论知识、学科教育知识和教学策略知识等,是教师从事教育工作的基础。马卡连柯说过:"学生可原谅老师的严厉、刻板甚至吹毛求疵,但不能原谅他的不学无术。"苏霍姆林斯基也指出:"只有教师的知识面比学校教学大纲宽广得多,他才能成为教学过程的精工巧匠。"对老师来说,不仅要熟悉所教教材的基本内容,形成完整的知识体系,还要加强业务进修和广泛的学习,跟踪学科学术动态,了解新观点,掌握新信息,不断更新知识,站在学科的前沿,完成由经验型教师向科研型教师的转化。

教师要具有系统的条件性知识,即教育形态的知识,包括教育学和心理学知识、学生身心发展知识、教与学的知识和教育评价知识等,它是教师从事职业行为的重要保障。教师必须把学科知识心理学化才能让学生理解知识、掌握知识,也才能发展教师的个人智慧。教师要有丰富的实践性知识,实践性知识是教师在教育教学行为中所具有的课堂情境知识以及与之相关的知识,也就是教师教学经验的积累。实践性知识是思想教育知识、文化知识、教育理论知识和教师职业情感与职业技能的综合表现,是对教师各种知识和能力的综合实践训练和检验。

知识是实践者个人的主观建构,专业知识的获得是基于对自身职业实践的反思、探究以及与同行的交流。在发展专业知识的过程中,我们必须明确,教师不仅仅是知识的消费者、传递者,还应该是知识的创造者和生产者。而这一切,需要教师主动去习得,主动去转换和转化。

【谨记】哪怕头脑中装有很多的知识,如若不主动进行转化和建构,定然不会有专属于带有自我标签的知识,那么,综合素质的发展依然会遥遥无期。

第二节 关键:专业知识发展理念拓展

前面我们从方法入手重点探讨了如何习得新知促进专业发展,以引领教师抓住发展的时机而获得新生。下面将分块论述专业知识,以求对专业知识特性、所属范畴、最佳习得时间和习得注意事项等方面进行研讨。

在全面认识自我专业知识的构成要件前,应率先构建自我的"知识观",即对什么是知识、为什么习得知识有充分的认识。向前发展的时代需要相匹配的教育价值观。对于学科知识的认识,如果没有正确的知识观,自然就不知道同一知识点在新一轮改革中新的内涵,难免会出现穿新鞋走老路的现象。为此,在本小节中,我们将全面探讨专业知识点的内涵与外延,助你努力构建起有价值的"知识观",让你的专业发展更多一些清醒和力量。

1. 教育知识的发展

世界在向前发展,教育在向前推进,教育知识发展与更新的速度异常迅速。从当前教育的情势看,每一位教师如若达成综合素质发展,就必须有两种前卫的认识:一是能认识到"教育知识≠教学知识",教育和教学不能混为一谈,两者内涵与外延各不相同;二是主动构建教育知识发展的理念,继而认识到,在某一时期,教师的教育知识能引起社会的革命,反之,社会的革命就会引起教育学的全面更替。作为教师,也只有认识清醒、方向明确,才会在构建自我知识体系的过程中不迷途,才会对教育知识有深入的理解,并将其纳入自己的成长视野着力构建。

专业知识习得的最佳捷径是学习他人的思想,而后构建自我的专业知识体系,或构建自我的专业知识思想,以解决某一专业知识点出现的问题。习得所涉及的面是非常广的,诸如,教育基础知识和基本原理、课程、学生学习心理、德育、学生发展心理、班级管理和心理辅导等一系列的内容。习得教育新知,我们必须明白,所有新知的产生都是以解决最现实的教育问题为出发点,并在解决问题中得到整合和更新。只有当一位教师的教育知识储备量达到一定的程度时,他方有能力解决教育教学中相关的问题。当然,只有在教育实践中对于更多问题不再麻木,不再熟视无睹时,才能主动而有针对性地习得所需要的知识。

> 元规则:教育知识的时效性,是其有用性最直接的见证。只有不断更新教育知识,才能与时代同步,培养出时代需要的人才。

一位教师教育知识储备量的多少,体现在对教育行为理解的深度和实际的教育行为对学生成长的影响。"穷则变,变则通,通则久。"置身于社会中的教育,总会受到社会发展的冲击,掀起的多轮课程改革便是其最真实的见证。其实,每一位教师在迈入教育职场之前都已经储备了无数的教育知识,有的是从教育心理学的书本中习得,有的是从当学生时期所受的教育习得,因为所谓"丰富",才导致教师再次习得新知的麻木,从而失去学习的动力和时机。还有一个容易被忽视的原因,教育知识的发展除了有更多的承继特性,它的更替速度往往呈现阶段特性,即在某一时间段才会有新的教育知识产生,它不像教学知识的更新那么明显,正因为其更替时间之长导致刚刚进入职场的教师没有对其予以足够的重视。

教育知识是游离于教育行为之外却又给教育行为以指导的知识,是一种源于行动、指导行动的知识。诸如,对国内外著名教育家的代表性著作及主要教育思想的了解,而后引申到对自我教育行为与思想的思考;了解不同课程流派的基本观点,包括学科中心课程论、活动中心课程论和社会中心课程论等;理解课程开发的主要影响因素,包括儿童、社会以及学科特征等;理解教学的意义,了解有关教学过程的各种本质观,才会给予自我教育教学时理论的指引……总之,教育知识是一种能给为师者教育自信的知识。检验此类知识量是否丰富,最明显的标准莫过于教师由此而产生的教育自信、理念自信和实践自信。这自信,不但能让自我为下一步的教育行动找到充足的支撑理由与方向,而且更能使自己在面对教育抉择时更清醒。

【现象纪实】

提升自我的专业知识素养,很多教师都曾有相同的感觉:所学的教育新知(教育技术、教育理念和教育策略等)不能快速地转化为自我的东西,不能有效地为自己的工作服务。这是为什么呢？原因在于,教育知识是习得其他知识的基础,当教育知识匮乏时,其他知识的习得就缺乏根基。习得教育知识的必要性往往易被忽视,这也是一部分教师总希望能在短期内让自我能力素养提升,却总不能达到目的的原因。通过大量的观察发现,一位教师如若想大发展其他专业知识,首先必须进行教育知识的习得,让自我有丰富的教育知识,即厚实自我的专业知识基础。如果没有3~5年的努力学习,很难让自我变得内秀和优秀。

一位教师在教育领域里能走多远,能取得多大的成就,教育知识发挥着基础性作用。教育知识是教师专业知识的基础,永远发挥着支撑作用。教育知识的习得往往能为其它专业知识的习得保驾护航,促进其他知识在教育实践中充分发挥应有的作用。只要深入研究当下教师的综合发展情况便会发现,成长速度的缓慢根本在于对教育知识习得的忽略。为什么有的教师与其他教师相比总感觉底气不足,感觉自我的教育教学缺乏应有的内涵？主要是教育知识的匮乏,忽略基础性的东西,发展眼光短浅,只追求自我发展的短期效应。

【链接3-3】

一次问卷与测评的尴尬

河南省济源市的教师阅读也存在着领导重视却收效不大的问题。"我们缺乏理论指导"这类牢骚充斥耳膜的同时,我们也听到"理论书籍难读"的实话。2009年,我所在的济源市教育局名师培养工程办公室曾对全市半数以上的乡镇进行了教师专业阅读调查。结果发现：85%以上的教师自入职以来，几乎没有自掏腰包购买过教育理论方面的书籍；60%左右的教师，只是被动地按照学校的要求，阅读一些统一征订的报刊杂志，而对那些教育经典著作极少翻阅。同年冬季，我们在启动"名师培养工程"时对参选教师的专业阅读质量进行了测评，其中出了一道论述题："请尝试概述你所知道的三位教育家的基本教育主张，并就其中一位的教育主张进行阐述。"就是这样一道看似简单的"阅读题"，却几乎难倒了所有参加笔试的教师：有的把教育家的名字记混写错，有的把教育家的主张张冠李戴，有的把国家的教育方针安放在自己熟悉的教育家名下……

尴尬的现实使我们陷入了沉思：是我们对教师的专业发展不重视吗？不是，这些年我们出台了各种措施。是我们对教师读书活动投入的资金不足吗？也不是，我们从2006年起就启动了"读百部教育名著，做研究型教师"的活动，并出资几十万元为教师购置成套的教育经典。我们用了心、出了力，为什么经过几年的推进，教师的阅读水平仍在低位徘徊？

其实，早在2008年，我就给自己设计了一个"解剖麻雀"的脚本——想超越学校层面，集中优势资源，采用合理方式，为优秀教师专业水平的提升探路；以一种虚拟团队的形式，避免学校固有文化土壤的制约，在一种自然、自觉、自我、自由的团队文化氛围中，寻找区域教师专业成长的理想途径。其基本运行方式是以教师专业阅读为基础，以有效教学为目标，以观课议课为手段，以幸福工作为核心愿景，直面教师专业发展中的一些难点问题，为今后区域教师发展的整体推进探路。

（摘自常亚歌《阅读助力教师专业成长》）

【案例解读】

专属于教师自我的教育知识，可用一个不太恰当的比喻"脚力"来类比，只有强大的脚力才可征服更多的高山与峡谷，只有我们真正能将自我的教育知识发展并壮大时，我们才能真正带着我们的教育理想走得更远。提升自我教育知识的途径便是有目的地阅读。在一个人的身上所储存的知识只有不高于1%的是自我创新的知识，99%的是靠直接习得，习得知识更多的是通过阅读从书籍中获得。在现实的学校里，几乎都像案例中所呈现的那样，"85%以上的教师自入职以来，几乎没有自掏腰包购买过教育理论方面的书籍；60%左右的教师，只是被动地按照学校的要求，阅读一些统一征订的报刊杂志，而对那些教育经典著作极少翻阅"。试问，一位教师没有让自我"脚力"得到训练，又怎能让自我通过发展而变得强大呢？

著名小学语文特级教师于永正说："没有书晚上就睡不着，这么多年一直都这样。我的专业成长之路就是伴着阅读、思考与实践一路摸索，并没有其他的秘密。我啊，爱极了当一辈子小学教师，注定了要当一辈子的读书人。"所以，阅读是教师提升教育知识最快的捷径，也是教师专业成长必经的路径。在我们知识储备不够多时，最需要的是带着目的的有选择性地阅读，也可称作是对症下药式的阅读。诸如，当自我当前教育理论阅读量还不够大时，需要的是广泛阅读古今中外涉及教育理论方面的书籍，以求知晓。对于每一位教师而言，教育知识涉及面非常广泛，课程的、教学的、学生心理的以及班级管理等都要涉猎。当然，我们还应该明白习得新知的秩序,从依靠外力到自觉,从自觉到自为。但是,现实生活中真正能自觉阅读的教师只占不到20%,更多的教师依然处于一种被动的状态中。最可怕的是,当教育行政部门发现更多的教师忘记阅读时,会像案例中的河南省济源市那样发起读书活动以期拉动教师的发展,但大多数教师却依然无动于衷。

主动习得教育知识,还需要坚持。只要我们能坚持3周,便会发现自己身上有明显的变化。我们衡量自我教育知识的多少,可以用教育理论书籍进行自我检测,当发现有读不懂的教育理论书籍,便可说是自我教育知识贫乏。当然,我们还可以自我教育行动的盲从而缺乏方向感等为切入点验证自我教育专业知识的多少。值得指出的是,只要清醒地认识自我,而后积极进行相应的弥补行动,便一定能打破当下教育知识习得的瓶颈,并在其中感受到超越自我时无穷的力量。

【行动指南】

教育知识,还可以理解成是自我发展中的生态性知识,只有当自我习得教育的生存环境变得和谐,能助推自己可持续发展,才可能给自我带来职场的舒心。为此,我们给出如下建议。

一是努力提升自我的教育常识。教育常识是教育知识中最常见的部分,一位教师教育知识丰富与否通常可由教育常识的储备量来体现。很多教师就因为对教育常识知之甚少,才在本很慎重的教育面前显得轻薄,在本应科学的教学中显得无规矩。提升教育知识,从提升教育常识开始,其实也是提升自我的教育学识的体现。教育常识从何而来?从古往今来的教育思想中来,从丰富的教育实践中来,从个人的感悟中来……如果要刨根问底,对人的理解和认识,是教育常识得以产生的根源。当下的教育需要让我们认识到教育常识的原点就是关于人的常识,是对人的天性的认识和尊重,能够进行深层次的思考、质疑,并在实践中完成对自我教育常识的建构。

二是提升"造血机能"。提升教育知识,倡导有目的的阅读,目的在于提升教师人生的"造血机能"。当下教师的专业成长虽受多种因素的制约,但最根本的问题还是源于教师自身。阅读是一个漫长的内涵化过程,由吸纳性质的"读"到外显性质的"教"之间有一个"中转站",这便是"造血"。教师的发展与学生的发展一样,教师自我发展的终极目的是通过一个时期、一定手段的培养,让自我慢慢具备强劲的"造血"能力,让自我在提升职业认同感的同时,享受成长、认识自我。这就要求我们每一位教师要学会给自己把脉(如自我不能准确地号脉,便可向身边的导师或向专家请教),从而进一步认识自我,找到适合自我阅读的第一本书,以医治职场"贫血症"。

三是构建适宜自我提升教育知识的环境。当今社会,浮躁之风盛行,功利之心蔓延,在这样的环境里,文化的代言人——教师,也不可避免地沾染了这样的风气。改变自我的成长环境,这是让自我能用心学习的强大外因。教师不仅是文化的拥有者,还应当是知识的守护者与完善者。达成提升自我专业知识的途径有很多,但可以肯定地说,有一个适合于自我发展的环境,才会倾注全部精力去学习。现实是,教师的自我成长环境并不理想,这就要求我们去主动改变,如和一群优秀而有上进心的人在一起,或主动从这样那样无关的圈子撤出来,而后专注于读书学习。构建自我良好的成长环境,应融入理性,特别是要在自我教育知识微薄而影响力小的时候,能用睿智的眼光选好跟从的目标。当自我力量逐渐彰显时,便以更加积极的姿态厚实自己的教育知识底蕴而成为他人跟从的目标,如此,才会因为环境的优越,而总让自我在第一时间里拥有教育知识的习得信息与习得方向。

【谨记】教育知识往往不会置于其他专业知识的前台,但它往往发挥着支撑作用和不可替代的作用。

2. 学科知识的发展

一个教师所习得的学科方面的专业知识是其具有的"学科知识"。学科教学知识是指经过一天天的教学逐渐形成的相对稳定的内化了的策略和技能以及特有的、个性化的课堂组织模式、方式或方法和案例分析与知识、情感态度价值观等,即一整套怎样教学、分析教学和研究学生所应具有的知识,我们统称为"教学知识"。

学科知识主要指"教什么"的知识,学科教学知识指"怎样教"的知识。需要批判的是,人们多会简单地把学科知识定义为某一学科的书本知识,机械理解教科书上的知识为学科知识,教师的职责就是能准确地传授教科书上的知识,这是一种死板的学科知识观念。熟练掌握教材内容本是最基本的目标,结果却被不少教师理解成了终极目标。

> 元规则:每一轮改革更多的体现于规则的重组,将其视为新知识而立刻学习,是其睿智的表现。

学科知识不等于教材,超越教材才能提升学科知识。打破学科知识等于教材知识的理念,实为当下教师走向优秀的第一要务。要知道,教科书在某一时间内保持相对的稳定,但却不能和其学科知识的内涵等同,而且不同教师的学科知识往往存在着明显的层级,特别是普通教师与名师间的差距会更明显。诸如,适合小学一年级的一首儿歌,可以作为中学的教材,也可以作为大学甚至研究生学习的教材,只是不同的层级有不同的要求,同时相伴不同的理解与教授结果,所以,不同教师学科知识发展的观点影响着学科知识的摄入量。

探讨学科知识,需要我们有发展的学科知识理念、发展的教材观,并相伴创新的教与学。综观每一轮新课程改革,都包涵对学科知识发展所提出的与时俱进的要求。我们必须清楚地认识到,衡量一位教师学科知识发展的主要标准在于,"今天,你又习得了多少新知"。当今是知识快速更新的时代,教科书中的内容永远滞后于新知识的发展和更新,甚至可以说从其产生的那一天起,便已经是过去时。我们的教师只有真正打破教材的束缚,能习惯性地吸纳新知于自我的知识结构体系之中,才能真正感受到知识"生长"的速度,触摸到自己专业发展的"心跳"。学科知识是教师知识结构中最核心的部分。

【现象纪实】

当下众教师对学科知识习得方向不明,导致学科知识结构优化艰难,这是影响当下教师发展的一个主要因素。学科知识的习得包括两个方向,一是新信息的习得,一是传统固化知识的深层次习得。

知识其实就是一种信息,学科知识是一种教什么的信息。学科知识被泛化,将教育知识、学科知识和学科教学知识的概念相互混淆,是当前呈现出来的一种较为严重的现象,它直接导致知识结构中的学科知识僵化,少有发展的内涵。学科知识完全富有一些信息的特征,比如教材,其中很多内容早已是过时的信息,然而今天教材仍在使用,就必须对其中的一些信息加以发展。当前,众教师信息更替的速度缓慢,一个根本的原因就在于无数学科知识信息流没有得到更新,而教师依然无知地认为自我拥有无数的学科知识。

学科知识的习得是一个永远需要朝向更深层次挖掘的过程,当一个教师将自我停留在原有知识的某一固定点时,该教师的知识结构便已经退化。由于对学科知识概念理解的局限,很多教师把学科知识当成为师最根本的条件,甚至认为只要掌握原始的固化的知识,便可为师。这就是缺少发展观念的认识。

【链接 3 – 4】

高处着眼　低处着手

《全日制义务教育数学课程标准(实验稿)》第一次将平移、旋转、中位数、众数和可能性等内容纳入小学数学课程,对小学数学教师的数学素养提出了更高的要求。在教学实践中,小学数学教师本体性知识欠缺的问题逐渐暴露出来。"要给学生一杯水,教师就要有一桶水"的观念经过一次又一次的实践证明,再次成为数学教育界的共识。

由于过去的师范教育中没有设置解析几何和概率论等课程,很多小学数学教师从来没有接受过"图形变换"与"统计和概率"等知识的系统培训。还有一些教师,过去虽然学习过相关课程,但由于没有机会再次接触,久而久之,逐渐淡忘。以下的这些教学片段就表明仍有相当一部分教师的数学专业知识结构不能完全满足新课程的要求。

[片段 1]

教师给学生举出一些生活中常见的旋转实例时,举了房门开关的例子。(事实上,中小学数学中所涉及的图形变换都是在同一平面内讨论的,教师应该意识到两种"旋转"有着本质的区别。)

[片段 2]

教师引导学生观察方格纸上一个轴对称图形的特点时,总结出"对称轴的两边共有五组对应点,每组对应点的连线和对称轴垂直且到对称轴的距离相等"的结论。(看似准确的结论却在不经意中传达给学生一个错误的信息:对称轴两边只有五组对应点。这仅仅是一个口误,还是教师缺乏应有的数学敏感?)

[片段 3]

在"数据收集"一课中,教师让学生以小组为单位,调查听课的几十位教师分别喜欢什么小动物。小组成员分别找了一些教师进行调查,然后把调查结果在小组中汇总。(热热闹闹的小组合作学习方式难掩教师统计知识的薄弱,因为同一小组的学生对听课教师进行了重复调查,汇总后的结果并不能准确地反映实际情况。对此,执教者竟浑然不觉。)

从以上案例可以看出,如果教师缺乏深厚的数学功底,全面培养学生的数学能力就只能是一句空泛的口号而已。因此,需要通过多渠道的学习和培训让小学数学教师尽快补上这一课。首先解决"教得对不对"的问题,再解决"教得好不好"的问题。一方面,教师需要不断提高自己的数学修养,以更高的视角来看待小学数学的内容,即"高处着眼"。另一方面,由于我们的教育对象是小学生,教师又应以一种平易近人、通俗易懂的方式呈现数学知识,即"低处着手"。有了"高处着眼",才能高屋建瓴、统揽全局。但若没有"低处着手",就不能化繁为简、寓教于乐,培养学生的数学素养和数学精神更无从谈起。

——(选自丁国忠发表于 2009 年 3 月 6 日《中国教育报》上的文章,有节选)

【案例解读】

课程改革以来,随着课程内容的变化及学生主体地位的大大提高,越来越多的教师意识到自己缺乏相应的学科知识。与此同时,很多教师虽然认识到学科知识的重要性,但不知从哪些方面提高以及提高的基本途径。

教师应具有什么样的学科知识? 一般认为,教师所具有的特定的学科知识,包括具体的概念、规则和原理及其相互之间的联系,这种认识是片面的。需要明确的是,教师的学科知识不仅仅等同于单纯的知识量的多少,更重要的是质的问题。那么,学科知识"质"的内涵是什么呢? 对于中小学教师而言,需要的是真正建立起对所教的学科的知识整体的把握,体现系统性和关联性。具体来说,学科知识主要包括知识的内涵及多重表示、知识的发生和发展过程、知识之间的联系以及知识所蕴含的学科思想和思维方式。如果能在这四个方面获得对于知识的深层理解、结构化组织以及灵活转换与应用,教师就具备了比较完善的学科知识结构。

这里需要说明三点:第一,以上四个方面不仅仅包括了学科知识,而且部分具有了教学内容的知识。第二,从广义上说,学科知识还可以包括教师的教学观,即对什么是学科知识的认识。第三,教师需要对自己应具有的学科知识有比较全面的认识,不能把知识简单等同于量的累加;教师学科知识的提高是一个循序渐进的过程,不可急于求成。

【行动指南】

系统整理自己的学科知识,并在此基础上构建学科知识发展的计划,是教师丰富学科知识的首要任务。教师可以按照课程内容,特别是增加的内容,从诸多方面逐项进行分析,寻找其中的盲点和薄弱点,设计弥补的计划注(包括需提高的内容、提高的方式及时间安排等),做到了解自我、有的放矢,从而提高效率,及时见到成效,树立自信心。

一是在备课—上课—反思中增长学科知识。如果能在平常的工作中自然地增长学科知识,不仅会减轻教师教学的压力,还会使教师轻松地走进教学,提高教学的效率。但笔者在参加一些学校的集体备课与课后反思活动中发现,老师们较少对教学内容所涉及的学科知识进行呈现与交流。其实,对其进行必要的思考和交流研讨是极其重要的,这种在具体的教学内容中自然地渗透学科知识,更有利于对其的掌握。为此,在常规的教学和教研活动中,完全有必要引出相关的学科知识,而教师在习得的过程中,也应有意识地对已有知识进行不断的改进或进行必要的重组。

比如,小学数学老师在备课中应该关注对有关学科知识的分析,并且提出具体的目标。这里要特别强调的是,基于教学内容的数学核心思想分析,其目的是促进教师不断追问所教内容的核心概念、与此相关联的数学研究及蕴含的数学思想,使教师能在比较大的视野下看待小学数学教学,为促进小学生获得对数学的更好理解提供生长点,提升数学素养。

二是针对具体内容进行专题学习。除了在日常教学和教研中不断增长学科知识,学校和教师还可以有针对性地、比较系统地进行专题学习。这对教师培养和教师培训提出了巨大的挑战,要求在培养和培训教师的学科知识上,克服片面性认识与简单化的做法(即培训内容单一,只重视学科知识量的积累,忽视了对学科知识各个方面的必要整合;培训方式单一,只采用讲授的方式,忽视了学科知识学习与教师自身教学经历的有效连接等)。

由于专题学习的关联性很强,所以,在学习中应从最基本的知识出发,向相关的研究领域靠近,既深入又浅出,从而对相关学科知识有系统的把握。这才是习得学科知识的有效途径和积极的态度,如此,才能在教学中做到游刃有余。

三是同伴互助均衡知识结构。学校要充分发挥每位教师的特长,注重教师个体之间、个体与群体之间以及群体与群体之间的互动,通过形式多样的教研方式,鼓励教师进行学科专业知识的讨论,实现优势互补,均衡学校教师团队整体的学科知识结构。均衡知识结构,却不是平均,教师之间的互补,最终呈现的是教师学科知识结构的多样性。

需要指出的是,单纯地强调学科知识并不能保证有成功的教学,老师们还应认真做好"作为科学的学科知识"向"作为教学内容的学科知识"的转化,并将学科知识和教学知识有机结合起来,将对学科知识的深刻理解与教学的合理设计很好地结合起来。

【谨记】学科知识是教学有效性的重要保证,它的习得要有量更应重质。

第三节　重点:专业知识发展体系重构

教育知识、教学知识、学科教学知识和通识知识是重构教师专业知识发展体系的重点。本小节中,在论述"为什么教"、"教什么"的知识的同时,进一步论述"如何教"的知识,以及全面认识学科教学知识和通识知识,并对教师专业知识结构中教师知识理论的核心进行阐述,从而认清朝向专家型教师跨越的必经之路——重构强大的学科教学知识发展体系。我们还将对教师知识结构拓展提出"专而不限"的要求,以让大家明白打好专业发展的底色才可描绘一张蓝图——重构博大的通识知识发展体系。

专业知识是指一定范围内相对稳定的系统化知识。充分认识专业知识发展的轨迹,可以为教师人生定好位、做好科学的规划。本小节所论及的两个小点,实则是容易被教师忽略而又非常重要的专业知识体系中的两大支撑。

1. 学科教学知识的发展

教师的知识是教师进行教学的基础,合理的知识结构是提高教学效率的有效保障。如何发展教师合理的知识结构是一个值得我们重点关注的问题,也是教师进行教育研究的需要。自美国教育家舒尔曼首次提出这个概念以来,它经历了学科教学认识以及教师教学建构的演变。一个对综合素质发展有需求的教师必须看到,自我拥有的学科知识(教什么)、学科教学知识(怎么教),其重要程度远远超越自我所掌握的学科内容知识对文本使用和讲解的影响。强化自我在学科教学知识方面的发展意识,力求找到真正的突破口,才会有可能成为卓越的教师。

学科教学知识是教师在教学过程中融合学科与教学而形成的知识,由所教学科知识转化成怎么教的知识。教师是发展学科教学知识的认识者,也是学科教学知识的直接生产者。学科教学知识是一种知道怎么教的知识,来源于教师对所教学科课程的"公共知识"的理解、概括与系统化,并通过与教育实践行为之间的不断互动、不断调整以及不断否定与重生,而逐步内化为自己所拥有的、真正信奉并在实践中实际应用的知识。这种知识是一种内在的思想过程及其结果,存在于教师的头脑里,并通过实际的教学行为使它们凸现。

> 元规则:实现从知识到认识的转化,学科知识才会转化为"我的教学内容"。

理解学科教学知识,必须全面理解学科知识,这其间涉及认识转化的过程。我们都知道教育总是与价值相关联,可以说,教学的过程就是价值传播以及价值接受的过程。这不仅表明学校教育课程内容中含有价值性的因素,而且从学科教学的角度来说,它更多的是代表教师个人的价值观念在教学中的体现。同一篇课文,教师 A 会大量讲解生词,教师 B 会强调文化背景,教师 C 会关注文本的语言价值,这就是同一篇课文会上出不同的效果和教师产生不同的教学风格的原因所在。教师的价值观不仅影响了教师把学科知识转化为学科教学知识的建构,教师发展同样还影响了教师在课堂中的教学策略。

在具体教学中,教师并不是以头脑中储存的学科知识的原始形式来进行教学,而是把学科知识转化为学生易于理解的、容易接受的学科教学知识。教师对学科知识拥有越多的表征方式,且能较好地了解学生的学习困难,就越能有效地发展自己的学科教学知识,实现学科知识向学科教学知识的转化。因此,舒尔曼强调教师的知识转化,主张教师把学科知识具体化、场景化,把概念知识改造成具有可教性的具体知识,以使学生充分地理解这些知识,即实现学科知识向学科教学知识的转化。

【现象纪实】

学科知识与学科教学知识的混淆,可以说是当前影响教师专业发展的一个重要原因。学科教学知识是一种教师独有的知识类型,是教师专业发展的前提性条件。将学科教学知识从教师知识结构体系中抽取出来加以认识,是希望你能把学科教学知识与自己的其他知识进行明确的区分,即引起你对"怎么教"进行深入的思考,从而使学科教学知识真正成为

"我的知识"。广大中小学教师学科知识的发展,由当下的模糊状态走向明晰是打破发展瓶颈的第一步。需要指出的是,无明确的学科教学概念,会导致无明确的学科知识发展的追求,更无科学的发展路径。教什么,影响的是学生所学;怎么教,影响的是教师所学。对什么是学科教学知识,以及对其特性的了解,掌握提升学科教学知识的方法,是众教师规划自我发展路径时最基本的需要。

1986 年,美国著名教育家 L. 舒尔曼最早提出了教师专业知识结构中处于核心地位的是学科教学知识。学科教学知识理论一经提出,立即引起美国教育界的高度关注,它是区分学科专家与教学专家的分水岭,是衡量新手教师和专家教师的分界线,并成为制定学科教师专业标准和设计教师教育课程指南的重要依据。

L. 舒尔曼曾指出教师专业知识分析框架包括 7 个版块:①学科知识,②一般教学知识,③课程知识,④学科教学知识(教学内容知识,Pedagogical Content Knowledge,简称 PCK),⑤学习者及其特点的知识,⑥教育情境知识,⑦关于教育的目标、价值以及它们的哲学和历史背景的知识。

学科教学知识(PCK)成为教师教育的重点。早期强调教学内容知识;近年关注一般教育学方法的有效性(课程、教学、作业评价等);现在,认为学科教学知识和教学内容知识同为关键。P. L. 格罗斯曼将学科教学知识解析为四部分:①一门学科的统领性观念——关于学科性质的知识和最有学习价值的知识,②学生对某一学习内容理解和误解的知识,③特定学习内容在横向和纵向上组织和结构的知识,④将特定学习内容昂示给学生的策略的知识

如今,教师知识基础框架(尤其是其中的核心成分 PCK)明晰化之后,利用 PCK 解决问题的教学技能也渐渐被开掘,这大大理清了世界各国对教师资格的认证以及对教师专业知识和技能培养的向度。

【链接 3 -5】

小学数学专家型教师与非专家型教师 PCK 差异比较

教学时发现,学生在做异分母加法时出现了一个典型的错误:3/4 +4/5 =7/9

非专家型教师:虽然发现了用错分数加法法则,未发现学生受"整数加法的负迁移",直接从加法法则入手纠错。强调记住法则,要学生学会运用。

专家型教师:也强调分数加法法则,但更注重从分析学生错误概念本质入手,让其进行深层理解。

特定学习内容只有与学生思维特点结合,才能转化为教师的学科教学知识。

12 + 24 = 36　　(相同整数单位的整数,可以直接相加)

0.5 + 0.8 = 1.3　(相同小数单位的小数,可以直接相加)

1/5 +3/5 =4/5　　(相同分数单位的分数,可以直接相加)

1/2 +1/3 =3/6 +2/6 =5/6　(不同分母分数相加,先要转化为相同分数单位的分数才可以相加)

【案例解读】

通过大量的对比发现,学科教学知识最能区分学科专家与教学专家、高成效教师与低成效教师间的不同。学科知识作为学科教学的基础,是教师学科教学知识的生长点。教师在进行教学前已拥有一定数量的学科知识,但我们不应注重单纯地对教师学科知识数量的分析,而应更关注对相关知识的掌握情况,即其是否真正建立起对相关知识的综合的、概念性的理解。因此,要实现学科知识向学科教学知识的有效转化,促使教师学科教学知识的生成与发展,首要条件是教师对学科知识应具有深刻的理解。它强调的是教师对学科知识的理解程度,从理解的深度、广度和贯通度等三方面来刻画它。

教师对学科知识理解的深度是指教师把相关题材内容与更为基本、更为深刻的思想方法进行联系的程度。对此可用讨论法,让教师阐述某一学科知识的理论依据。

教师对知识理解的广度是指教师对某一学科知识横向联系的理解的广泛程度。对此可用绘制概念图的方法,通过制作与分析某一知识内容的概念图,从计算与此相联的概念、命题的数量和其所涉及的其他领域的知识的情况这两个维度来确定教师对此知识理解的广度。

教师对知识理解的贯通度是指教师在各种知识成分间思维迅速转换的程度。对此,可用概念图中的"交叉连线"的情况进行考查与发展,培养职前教师知识的融会贯通的能力。

【行动指南】

构筑学科教学知识,实现学科内容与教学内容无痕融合,是一个漫长的过程。当前,抓好学科知识的转化是一个非常重要的发展过程,为此,提出以下几个建议。

一是全面把握好学科教学知识形成的三个阶段。舒尔曼在研究学科教学知识时指出,学科知识向学科教学知识的转换,主要包括解释、表征和适应三个阶段。通过这三个阶段,教师对学科知识进行归类和解释,确定呈现学科知识的表征形式,并依据具体教学情境随时调整,以满足学生的个性特点和需要。

解释阶段:这是知识转化的第一阶段,教师需要对所要教授的学科内容进行归类与解释。教师需要把学科知识内容中的重要原理、概念和技巧与方法进行层次上的区分,对学科内容知识的重要性和结构组织有基本的理解。

表征阶段:这一阶段是指教师对学科知识的表达和呈现,是知识转化的关键环节,是连接教师的理解与学生需求的桥梁。对于某一学科知识,教师应拥有一个表征结构,这种结构可以由隐喻、分类、图解、活动和举例等组成。

适应阶段:教师需要根据学生的能力、性别、先前知识和前概念来选择、分配各种材料,确定课堂中知识的表征形式,以满足学生的认知特点和需求,使知识易于被学生理解和掌握。因此,这个阶段的适应是基于对学生的理解而形成的,同时也因为适应学生而能有效地使知识得以转化。

二是正确处理两方面的关系。一方面,处理好教科书在教师知识转化中的地位。教科书在教师知识转化中起着不可小觑的作用,是决定教师知识转化的重要因素之一。我们在知识转化时必须关注教科书对自己的影响。另一方面,把握好教学表征与教师知识转化的关系。学科知识转化主要指教师内在知识结构之间的转化,具有内隐性,因此,我们可以通过了解自身内在知识转化的外在表现形式来研究转化的一些具体方法。教学表征是课堂教学中教师所使用的知识的表达和呈现方式,它既需要考虑特定内容知识的本质,体现教师对学科知识的理解,又反映对学生特点和需求的关注,因此,它是教师内在知识转化的外在表现形式。我们必须切实关注自己的课堂教学,从而真切把握自我内在的知识转化过程,以及其对教学的影响。

三是抓好学科知识的发展源。按照其重要性的不同可分为重要的来源和一般的来源。重要来源包括"教师自身的教学经验和反思"以及"和同事的日常交流"两方面。自我反思有时难以深入,因而还需要交流反思。交流反思是群体之间反思火花的碰撞。"教师个体通过语言,将自己对某一问题的思考与解决过程展现给小组的其他成员,在充分交流、相互诘问的基础上,反观自己的意识与行为,可以加深对自己的了解,并了解不同的观念。"交流反思是在自我反思的基础上展开的,交流反思又能使自我反思更深刻、更敏锐。所以,我们应该充分重视和同事日常交流在自己成长中所起的重要作用,它既促进我们 PCK 的发展,还使我们在教学工作中越来越成熟。

学科教学知识的一般来源大致有"作为学生时的经验"、"有组织的专业活动"、"教科书与教学参考书"、"在职培训"和"阅读专业书刊"等几个方面。例如,"旁观学艺",在这一历程中,教师所习得的不仅是学科教学知识,还包括教学态度。又如,有组织的专业活动,用来提高教学知识和促进学科教学知识的发展。

【谨记】学科教学知识是教师独有的知识类型,正是因为它才凸显了教师的专业性,让教师与学科专家有了本质的区别。

2. 通识知识发展

通识知识,即非职业性和非专业性的知识,它是一种关于人类所有学科的准确的、一般性的知识。通识知识丰富的人,往往具有远大眼光、通融识见、博雅精神和优美情感。关于通识知识的主张,源远流长。《易经》中主张"君子多识前言往行";《中庸》中主张,做学问应"博学之,审问之,慎思之,明辨之,笃行之"。《淮南子》中说"通智得而不劳"。《论衡》中说,"博览古今为通人","读书千篇以上,万卷以下,弘扬雅言,审定文牍,以教授为师者,通人也","通人胸中怀百家之言"。通识知识通达可产生通人,或者称之为全人。一位教师若能博览群书,知自然人文,晓古今之事,博学多识,通权达变,通情达理,兼备多种才能,就能成为通才。

当下,过分强化专业教育,忽视通识教育;强调如何做事的知识学习,忽视如何做人、如何生活的人格教育。过于看重人的工具性价值,而忽视人的主体性和人格价值,带来许多负面的影响,如:过弱的文化陶冶,使自我的人文素质和思想修养不够;过窄的专业教育,使学术视野和专业领域受到局限;过重的功利导向,使基础训练和全面发展受到影响;过强的共性制约,使个性发展受到抑制。可以说,学会做人、学会学习、学会做事、学会生活、学会发展,做和谐发展、全面发展的人,我们依然任重道远。

> 元规则:通识知识虽是副食,但只有具备广博的通识知识,我们的教学才会真正驶入发展的快车道。

提升通识知识,实是一种教育思想、一种教育理念、一种教育境界,其目的是努力让自己成为自由、和谐、全面发展的人。通识知识的广泛性和非功利性,导致其不直接为职业准备服务。明末大科学家、中西会通第一人徐光启说:"欲求超胜,必先会通。"相对于专业知识而言,通识知识彰显的是"博通";而专业知识彰显的是"精专",通识知识与专业知识没有明确的界线,"博通"到一定程度以后,必然走向"精专"。但可肯定的是,高素质的教师将两者很好地结合起来。我们在追求坚实的教育知识、丰厚的学科知识以及严谨的学科教学知识的同时,拥有更广博的通识知识,才能真正让自我从知识堆里解放出来,获得人生的洒脱和教育的自由,甚至能让自我在"精专"的道路上走得更远更好。

【现象纪实】

在我们的教育生活中,通识知识是一种高雅的知识,更是一种见识。教师拥有丰富的通识知识,往往更能体现出博大风雅、博学文雅、博闻儒雅、博古典雅、举止优雅以及志趣高雅之谦谦君子风度。我们必须清醒地认识到,通识知识指专业知识外的知识储备,但实则是更多具体学科学习的反馈。我们教师在业余生活中缺乏见识其实是缺少某一方面的学科知识的体现。通识知识的分类,涵盖外国文化、历史、文学与艺术、道德修养、自然科学和社会分析等六大板块,只要真能涉足,便会达成古今会通、中西会通、文理会通和科哲会通,能集思想大成,彰显为师的灵性与情感交融。

相对于专业知识,通识知识窄化现象越来越严重。特别是随着时代的发展,过度的专业化教育显现出了极大的弊端。通识知识的重要性没有被广泛重视,这近乎是教师在职场中面临的最为严重的一个问题。

一个人对通识知识掌控的水平,其实更是其社会生存适应能力的综合反映。每一位教师必须明确,自己首先是一位社会人,而后才是职场人,会生活才会工作,加强通识知识自我提高的学习,我们才能摆脱书呆子气。

【链接3－6】

讲座·着装

生活中处处都充满着学问,比如关于着装,据调查便是无数教师感兴趣的学习内容。

1.了解并遵守西装的正确穿着方法

(1)拆除销售时的商标。穿西装时,要注意在着装之前,务必将位于上衣左袖袖口之上的商标、纯羊毛标志等先行拆除。

(2)衣扣的系法。在一般情况下,坐着的时候,可将西装上衣衣扣解开;站起来之后,尤其是需要面对他人时,则应将西装上衣的衣扣系上。西装上衣的衣扣有一定的系法:双排扣西装上衣的衣扣,应当全部系上;单排两粒扣西装上衣的衣扣,应当只系上边的那粒衣扣;单排三粒扣西装上衣的衣扣,则应当系上面两粒衣扣,或者单系中间的那粒衣扣。穿西装背心时,最下边的那粒衣扣一般可以不系。

(3)穿西装时,最好不要内穿厚毛衣。万一非穿不可时,则只允许穿一件单色薄型的"V"字领羊毛衫。

(4)穿长袖衬衣时,需要注意的问题。衬衣下摆在正式场合一律要束在裤腰或裙腰之内。袖管不仅不可以挽起来,而且袖扣还一定要系上。不穿西装上衣,或是穿西装上衣未打领带时,衬衣领扣则通常可以不系。

(5)打领带时,领带夹儿位置大致是在衬衫自上而下数的第四和第五粒衣扣之间。领带的标准长度,应当是下端正好触及腰带扣的上端。

2.要了解并遵守着装的搭配技巧

男士在正式场合的着装,必须遵守"三色原则"。所谓"三色原则"是指全身上下的衣着,应当保持在三种色彩之内。

女士在正式场合的着装,人们往往关注于一个细节,即她是否了解不应该使自己的袜口暴露在外。不仅在站立之时袜口外露不合适,就是在行走或就座时袜口外露也不合适。穿裙装的女士,最好穿连裤袜或长筒袜。

各种颜色的皮鞋,可配以近似色调的裙或裤。原则是鞋的颜色应深于袜子,鞋的颜色与裙子或裤子的色彩接近或相似才最为得体。女士穿鞋还应特别注意举止,如不要在他人面前特别是异性面前整理鞋子,不要用手脱鞋、用脚跐拉着鞋或将脚从鞋中偷脱出来透风等等,这都是非常不文明的行为,在公共场合绝对不允许。

3.教师的服装禁忌

夏季着装时,男教师不宜穿短裤上课,以穿长裤为宜;不宜穿无领无袖上衣上课,即使短袖上衣,也应是有领的 T 恤为佳。女教师穿裙装上课,以长裙为宜,不能穿短到膝盖以上的短裙;上衣领口不宜过低。室外体育课教学,女教师不可以穿裙装。穿凉鞋时要穿袜子,不可以光脚。

【案例解读】

以上关于着装的常识,只是通识知识中非常微小的一部分。可以肯定的是,如果一位教师不深入进行除专业知识之外的知识的学习,那么,生活中不只是没有情趣,失态也会是常有的事。我们只有认真进行专项学习,才可保证我们在某一方面有新见识。通识知识的习得彰显的是教育的自由。通识知识的习得过程中,我们鼓励反省求真,追求心灵的成长和人性内在的精神解放,在真正的学习和探究中,展现个体的潜能,体悟生命的意义,诠释生活的真谛,实现对功利的超脱、对自我的超越。

通识知识,"通",即通晓、明白;"识"即智慧、见识。对于通识知识的理解,追溯到教师的幸福指数,更易让我们认识其在教师知识结构中所占的比重。我们完全可以说,通识知识深厚者无不是优秀教师;相反,浅薄者则往往缺乏准确的判断,在生活中意识更显狭隘。通识知识传递给人的力量,使教师心灵更自由,发展更"理性",教学内容所包含的知识范围更广泛,教育更显人性。丰富自我的通识知识,往往更会促进自我道德情操和审美怡情等方面得到全面的发展,使自己达到会通的境界。

清华大学原校长梅贻琦在《大学一解》一文中写道:"通识,一般生活之准备也,专识,特种事业之准备也。通识之用,不止润身而已,亦所以自通于人也。信如此论,则通识为本,而专识为末……偏重专科之弊,既在所必革,而并重之说又窒碍难行,则通重于专之原则尚矣。"明确提出了培养"通识"人才的目标。梅贻琦的通识教育观包括以下几个主要内容:一是生活大于专业,事业不过是人生的一部分;二是通识是一般生活的准备,专识是特种生活的准备;三是从社会需要来看,也是"通才为大,而专家次之"。

通识知识是支撑幸福的知识,是支撑理性生存的知识,是丰富生活情趣的知识。当前,情商与智商的不匹配、人文与科学的互不理解和基本道德共识的逐步下滑等等,都表明这不仅压抑了个人的全面发展,还阻碍了社会共同体的建构。加强通识知识的习得,更能陶冶情操,克服功利。

加强通识知识的习得,我们更应明白其知识的价值在于无用之用。"用"可分为"有用之用"和"无用之用"。通识知识本身不具备实用性、专业性和职业性,也不直接以职业准备为依归。通识知识充分体现老子"有之以为利,无之以为用"的思想,其"无用之用"主要体现为:一是彰显人的目的性,回到"人之为人"的根本问题上,使人活得更明白、更高贵和更有尊严。二是有助于打好人生底色,完善人格,提升合格公民的素质。三是有助于形成知识的整体观和通透感。恰如杜威所言:"教育必须首先是人类的,然后才是专业的。"需要注意的是,博学不能"杂而无统"(朱熹),"每件事都知道一点,但有一件事知道得多一些"(约翰·密尔)。通识教育应当将博与专统一起来,而各学科专业知识的简单叠加无助于学生形成通透、系统的知识体系。四是有助于发展智能素质。习得通识知识,陶冶性情,崇尚真理,发展学生的理性、良知和美德,这些比掌握一门具体的专业技能更本质、更重要,并能产生最大的溢出效应。

【行动指南】

通识知识发展,因其内含着"知识即美德"的价值观,能够引导受教育者超越简单的功利主义,在走向"精专"的专业化方向上更加深入、更加持久,从而更有利于实现专业教育的目的;它能够引导人们克服暂时的困窘和抵制媚俗性适应社会的诱惑,保持人格和精神的独立,心无旁骛地专注于学术的发展和自身知识结构的完善,从而在"精专"的专业化方面更加深入持久。为此,提出如下建议。

一是充分认识通识知识发展后的功效。通识知识的发展往往能教会你如何思考,诸如培养你的思考能力、条理性和各种实用智慧。许多学科都以不同的方式帮助学生养成有序思考的习惯,能帮助你学会从不同的角度去思考,理顺教学中的关系及教学与生活的关系。从通识知识习得的教育中获得众多知识和掌握的考察和分析工具将使你拥有自己的意见、态度、价值和观念,更重要的还在于因通识知识的丰富,世界往往也会变得可以理解了。一旦你拥有了对众多事件、哲学、程序及可能性的知识,就会发现生活中的各种现象变得连贯有序和可以理解了。

通识知识的发展往往教会你如何学习。通识知识往往会像一部望远镜——学的东西越多,你能学习的东西就越多;它还会使你通过旧知识理清新知识,让笼统的知识增强创造性。通识教育为所有知识提供了背景,通识知识的发展会让你看到事情的全部。

二是系统地习得通识知识。教师可根据自身的具体情况,扎实推进通识培训与学习,最好能坚持通识教育与专业教育的结合。当然,通识知识的习得应是严谨的,不是松散自由的,需付出艰苦劳动;习得通识知识,并非放弃专业知识的习得,只是需要我们把专业教育的时间根据加强通识教育的需要进行合理的安排。

通识知识的习得是"自求"的,不是"受"和"施"的,我们必须真正进入"自我"状态,通过"自求"至"自得"进而成为"自由的人",方才可能成为"至善"境界中完整的人。我们必须把原本应是"养成"式的通识教育变为自我"开发"式的教育,要注重激发和调动自我的激情、兴趣、好奇心和探索冲动,像陶行知先先强调的那样,解放自我的"头脑、双手、眼睛、嘴巴、空间和时间",这样,我们才会能想、能干、能看、能谈,不受任何禁锢地学习和发展。

【谨记】如果没有通识基础的教师,结果不是兴教,而是误人。

第四节　建议:把专业知识发展变为利器

能力在做事中彰显强弱,知识在应用中体现价值。全面提升自我的专业知识厚度,优化知识结构,明确发展方向,拥有呈现的舞台,是专业知识发展的利器。

整个章节中,众知识点的习得,近乎都可以集中于课堂这一个点而给予展示。在本小节中,将进一步探讨习得知识的应用与发展过程,找到在应用中提高的路子。诸如,全面探讨知识于课堂中呈现的规律,力求突破课堂传统固有的只是知识输出的观念,把教学相长的道理具体化。当然,我们所倡导的主动赢得课堂,其内涵可解释成于课堂教学中主动应用知识与发展知识,把自我素质的提高真正纳入课堂实践中,从而增添主动发展的因素。

拥有丰厚的知识,是每一位教师的向往。找到新的发展点而后勇往直前,是最明智之举。在本小节中,我们将提出抓好精品课堂的建议,在课堂里用专业知识实现人生意图。

1. 主动赢得课堂

探讨主动赢得课堂,实则反映出无数教师于课堂中处于被动。其实,所有对课堂的探讨,都可回归到最基础的一点——用知识去赢得课堂。打造高效的课堂或卓越的课堂,如果课堂缺乏知识的支撑,可以肯定的是一切都只能为零。优化教师的知识体系,对赢得课堂起着最基础性的作用。

赢得课堂,从优化自我的知识结构开始,将优化后的知识融入课堂,并从中得到价值呈现,这才是教师个人赢得发展的体现。大量事例证明,无数教师缺乏主动性的根源在于自我发展的方向不明,不知道发展的基点是什么,即对专业知识缺乏理性与实践的认识。在此,我们再次强调,主动应用专业知识打理课堂,至少包含三方面的内容:一是善于创造性地将教育知识、学科知识、学科教学知识等应用于课堂,不让自己的课堂陷入不实的泥潭之中;二是善于在课堂中实现人生规划或生涯设计,用自我的知识为自己争取发展的机会;三是像蚂蚁一样自强不息,遇到任何障碍都用知识"给力",从而找寻到新的出路。

> 元规则:主动将新知转化为课堂教学价值,才会让课堂与人生找寻到存在的根。

　　用知识改变课堂,让其转化成教师的专业智慧,是赢得课堂的基本要求,但这并不是容易的事,因为知识不等于智慧。用专业能力让知识成为激活智慧的正能量,才能使专业智慧得以彰显,并为课堂教学中知识理念的发展提供强大的智力支撑。深入课堂我们发现,因为有智慧的融入,更多的知识才在课堂中自然地转化为课程智慧,或自然生成教学策略。当然,课堂是所学知识的练兵场,只有当我们拥有大量的新知与信息的储备,才有可能在课堂中用智慧点燃知识,并最终转化为人格魅力以解放课堂、征服课堂。只有拥有发展倾向的教师,才会具有向上的精神面貌,并主动去赢得课堂,其知识才会真正变成决战课堂的利器。

　　在赢得课堂的过程中,知识最终会变成一种专业智慧,更会让教师富有专业个性,其课堂也带有独特的倾向性。诸如刘良华曾说:"一个真正有个性的教师是不会容忍没有个性的教材的。他一定要将教材变得有他自己个人的精神痕迹。"课堂教学中将教材个性化的过程,实则是把学科知识向学习教学知识转化应用的过程,只是无数教师缺乏知识的支撑,不但没有赢得课堂,没有从知识(教材)中解放出来,反而被教材知识"奴化"。为此,习得大量的教育知识、学科知识、学科教学知识以及通识知识等,依然是我们除了工作之外不能遗忘的事,只有这样,我们才真有"遨游"于课堂的勇气和底气,才会真正让自我在课堂中滋生灵气,放飞崇高的教育理想。

【现象纪实】

　　一个教师拥有的知识储备对课堂影响所占比重大小的定论,不需要更多论述。但是,无数教师却忽略了一点,即用新知识影响课堂更能成功。每一个教师可能都有这样一种印象,当第一次教学某一新的知识点时,由于是刚习得的新知识第一次运用,所以,对自我课堂的关注以及课堂教学的激情都非常高,教学效果自然不错。当再次拿着同样的教材到另一个平行班上同样的教学内容时,便会发现其效果并没有先前的好。这更充分说明新知信息是赢得课堂的先决条件。在课堂教学中,即使我们对教材知识很熟练,但缺乏新信息构建的过程,新知识便会瞬间进入旧知识的行列。教学时,能将教材知识转化为带有个性的学科教学知识,特别是融入一些新的信息,补充进一些新的元素,它们才会真正变成征服课堂的利器。

　　缺乏对知识习得的理性认识,缺乏发展知识的理念,这依旧是广大中小学教师一个较严重的缺失。当下,众多教师原本拥有很多的知识,但那些知识并没有转化成课堂的需要,反而成为了包袱,让课堂失去了应有的活力,让自我对教师职业失去了信心。所以,无数的知识成为过时的知识,又缺少新陈代谢的过程,怎又不会让自己在课堂中举步维艰呢?改变自我的知识结构,并不是难事,关键在于自我是否拥有发展的要求,特别是对新信息的不断吸纳,以充实到课堂所需要的知识点上。这样,你的激情与智慧便会重现于课堂,你便会在让课堂充满活力的同时,让知识得以更新,渐渐充实于大脑中。

【链接3-7】

发挥自身魅力

索菲亚·罗兰是久负盛名的国际巨星,是一个名副其实的充满魅力的人。在她传奇的一生中,她曾给我们留下了这样的忠告:"美丽,使你引起别人的注意;睿智,使你得到别人的赏识;魅力,使你难以被人忘怀!"在课堂上,如果学生被老师的个人魅力所吸引,那么学生不仅会喜欢这名老师,更会因此而喜欢上这位老师所教的课程。

湖南省怀化市靖州苗族自治县第一中学优秀教师满家云,就是一个充满魅力的人。在生活中,满老师时刻为学生树立优秀的榜样,激励他们不断努力学习,不断提升自己;在课堂上,满老师的个人魅力更使课堂讲解精彩纷呈,引人入胜。

在学习《扁鹊治病》一课时,满老师为学生们演绎了这样精彩的一幕:

在进行课文总结的时候,满老师发现很多学生已经松懈下来,课堂气氛明显没有先前活跃。如果这样继续下去,学生的听课效果一定会大打折扣。

为了改变这一状况,使课堂讲解重新变得精彩,满老师装成古代私塾先生的样子,一边背着手走来走去,一边说道:"学完了本课的内容,各位扁鹊的'粉丝们'有何收获和感想吗?"

满老师幽默的话语引得学生们哄堂大笑,课堂气氛一下子变得活跃起来。

满老师也笑了,继续说道:"扁鹊是历史上的名医,学完《扁鹊治病》,难道各位同学不觉得他也可以称之为偶像吗?反正满老师已经是名医扁鹊的忠实'粉丝'了,难道你们不是吗?"

学生们异口同声地回答道:"是。"说完,大家又心照不宣地笑了起来。

满老师笑了笑,又问道:"那么,大家在这篇课文中得到了什么收获呢?"

教室里立刻变得小手林立,学生们争先恐后地回答问题。

……

正当大家陶醉在课文的精彩意境中时,满老师突然话锋一转,说道:"大家都佩服扁鹊的高超医术,认为蔡桓公不应该不听别人的劝告,最后落得悲惨的下场。如果扁鹊当时没有跑到秦国的话,结局又是怎样的呢?"

……

满老师问道:"同学们,大家认为扁鹊应该怎么办才是最好的呢?"

……

在这节课中,满老师利用幽默的语言充分激发起学生们的学习热情,使课堂氛围重新活跃了起来。而她对学生的宽容与信任,又使他们尽情发表自己的观点,不仅开阔了学生的思路,而且使原本平淡的课堂讲解也因满老师的人格魅力而变得更加精彩!

【案例解读】

作为一名优秀教师，拥有渊博的知识，让课程充满智慧，才会有人格魅力的彰显，从而达成用自我的学识赢得课堂的目的。教材上呈现的信息流含量是非常有限的，教师如若不再照本宣科，其课堂更会是教师全部知识的集中体现，包括他看到的、听到的以及他几十年的经历，都会不断转化为课堂上的内容，那么，他讲的内容就会非常丰富。这丰富不是杂多、杂乱，而是让学习者感觉到有足够的信息量，从而让学习变得充盈起来、流动起来。我们平时观察课堂，很多时候是在看教师对教材的处理而逐一认识其背后给予支撑的东西，诸如吃透教材、补充教材、更新教材等与学科知识有关的学科教学知识的演变。

知识的获得、能力的培养，只有成为主体意识里的自觉行动，教师才可能真正拥有课堂。教师得心应手，才能深入浅出，课堂教学才能智慧、高效。对以上案例进行研讨便不难发现，教师对教材的解读也非常到位。因为当课程进行了一段时间后，满老师发现学生们开始慢慢变得松懈下来，课堂氛围也远没有先前热烈，如果再这样继续进行下去的话，学生听课的效果一定会受到影响。综观无数的课堂，可以得出这样一个结论：当发现出现问题时，无不透露出教师需要增添新的信息才能有解决的捷径。表面上，案例中的满老师有强大的教育智慧，事实上，是她拥有了强大的知识储量，才有了解决问题的真功夫。比如，满老师学着古代私塾先生的模样，用幽默的话语对学生们进行提问；在接下来的课堂教学中，满老师发现学生的回答富有很强的开拓性，只是还需要老师进行进一步点拨，于是便通过提问、引导、鼓励将学生对知识的理解引向更深层次的探讨。而在这整个过程中，无不体现满老师对新课程所倡导的三维目标之灵活的把握。试想，如果一位教师没有对一切新知的习得，其课堂又会是怎样一种情形呢？

知识在课堂中转化成人格魅力，就能征服课堂、赢得课堂。教育家乌申斯基说："在教育工作中，一切都应以教师的人格为依据。"事实上，能否赢得学生的尊重与爱戴，并不是教师某一方面能力就能决定的，而是取决于其学识、能力、性情、品德、修养等综合素质，是教师自身魅力所决定的。但我们应该知晓，面对枯燥的知识，教师幽默的语言、亲切的笑容、渊博的学识，无疑都会成为学生眼中的亮点，成为他们崇拜、模仿的对象。可以说，教师的魅力对学生有着极其深远的影响，它在课堂教学中深深地吸引学生，使枯燥的知识因为教师的魅力而变得精彩。

【行动指南】

综合习得知识，全面彰显自身魅力，使课堂讲解更精彩，是赢得课堂的关键。那么，怎样使教师拥有吸引学生的魅力呢？建议注意以下几点。

一是用渊博的学识和能力提升自我的魅力。知识的魅力是无穷无尽的。课堂中教师能够吸引学生的魅力，首先来源于渊博的知识和教书育人的能力。只有具备这样的条件，才能在教育教学中游刃有余，妥善处理、协调跟学生之间的关系，创造积极、和谐的学习氛围，从而散发出智慧、自信的魅力，令学生信服。学生们在这样的老师身边成长，不仅可以学到渊博的学识,更能获得终身受益的做人的道理,进而熔铸道德的丰碑。总之,教师发挥学识魅力更能吸引学生。大量事实证明,现代的学生不喜欢那种古板、单一的教师,而喜欢那些不仅学识渊博而且兴趣广泛、多才多艺的教师。

二是用自我的知识创设独特的课堂文化。所有名师,一定都有其与众不同的地方。名师的课堂一定会体现出其个人独特的教学风格。诸如窦桂梅的主体教学、宋运来的漫画作文和吴勇的童化作文等,都因教师自我知识结构富有独特的个性,并转化为一种独特的课堂文化,从而使他们的课堂带着深深的文化烙印。其实,正是因为名师独特的课堂文化,才造就了名师独特的魅力。

课堂文化是教师知识优化后的最高追求,体现着教师运用所学知识处理教学的内容,包括教师进行教学活动的根本理念、价值追求,展开教育活动的基本思维方式,以及维系师生交往活动的人际氛围和精神氛围等等。要像名师一样赢得课堂,在优化自我知识结构的同时,我们必须尽快明确课堂文化的发展方向。

【谨记】强大的知识往往在超越教材后展现,先进的课堂理念往往是知识优化的结晶。

2. 抓好发展点

除了给出用知识赢得课堂的建议,我们将进一步探讨优势发展这一话题。知海茫茫,每一位教师成为通才的可能性不大,可这并不影响教师的专业知识发展。正如夸美纽斯在《大教学论》中指出的:"近来有几位有能力的人,因为怜惜一般学校的徒劳无功,想找出这样一种艺术,不过他们的技巧各不一样,所以成就也不相等。"事实也是如此,同样在更新知识,同样在锤炼技巧,同样借助课堂这一平台,但因为教师素养各异,最终成就就不同。在全面发展理念的引领之下,优势发展是每一位教师理应慎重考虑的建议。

习得什么知识,成为什么样的人。每一位教师除了获得有用之人的认定,更需要找到自我的立足点。教育职场中原本也有有知识与技能的教师,但他们最后成为普通之人,这值得深思。这不是因教师群体数量众多而让一些人被埋没。事实是更多的教师除了具有普通的知识与技能外没有专属于自我的或超强或特有的东西。由此可见,改变知识结构,抓好自我的专项发展,改变人生价值,进而改变命运,这是每一位教师求得大发展的明智之举。

> 元规则:并非所有的知识都改变命运,并不是所有的知识都有用。

习得知识体验成功,任何人都有再发展的动力。在人的内心深处,都有一种根深蒂固的需要,就是希望自己是一个成功者、胜利者。无论工作多苦多累,压力多大,只要能不断体验到成功的乐趣,获得心灵上的愉悦,那么这份工作就不会让人心浮气躁或精疲力竭。对教师而言,打造成功点是最难的一件事,但这是任何想获得成功的教师不能绕开的。必须明白的是,除了习得基础性的知识,还必须朝向某一点采用攻坚战术方能求得发展。

习得知识体验成功,无数的知识本身没有个性特色,只是因为不同的人习得并外化为不同的行动才烙上了个人特色的印迹。只要在习得之前找到专属于自我优势发展的成功点,在习得的过程中找到适合自我发展的新知识(尤其是能弥补自己先天缺陷的新知),而后再通过实践将其打上强烈的个性色彩，如此，我们才算找到了发展点，自我的价值才能最终得到认定。

【现象纪实】

因有专长而被认定为人才的教师并不鲜见，仰慕者总以仰望的姿态朝拜，而少有人采用更理性的方式去分析那些专家与学者能脱颖而出的原因。只要深入观察便会发现，更多的人能成功多因多年在某一点上经营，诸如一课成名、写作成名、教研成名、技艺成名……专家学者之所以能"露一手"，除了他们能集中于某一点突破，更在于他们敢于体验"板凳要坐十年冷"。

理想有多大，舞台才有多大，成就才会有多大。关于习得知识促发展的话题，必须探讨教师的抱负。综观无数成功教师的发展历程，自然便会发现获得发展的空间无不是昨天习得相应层级知识的结果。其实，这些只是进一步反映出理想与追求是我们习得新知的方向，人们也多会因为理想与追求的不同而习得不同层次的知识。

【链接3－8】

让每一位教师都能"露一手"

新学期，我校结合教师素养的实际，有意识地增添了以下几项课外活动。

吴老师是一位灯谜爱好者，学校专门为吴老师量身定做了一场校园灯谜活动，由吴老师主持，一切工作均由吴老师负责，教师都要听从吴老师指挥。吴老师为此忙得不亦乐乎。结果，这次灯谜活动非常成功。

曾老师是一位刚毕业的音乐教师，精力充沛，做事大胆、泼辣。11月底，学校决定由他全权负责，组织初一年级班际歌咏比赛活动。曾老师接到任务后，进行比赛规程制订、选歌、训练、挑选主持人以及彩排等各项准备工作，忙得不亦乐乎。12月17日那天，在学校礼堂上演了我校有史以来第一次集体歌咏比赛，赢得了师生的好评。

李老师是一位"风筝迷"，对放风筝情有独钟。学校授权他组织全校学生进行一次放风筝比赛。李老师很卖力地完成了任务，并且完成得非常出色。

……

每一位教师都渴望得到学校的承认和肯定，他们都是有思想、有智慧的个体，只有把他们的智慧集中起来，每个人才会有发展的潜力和空间。几位教师在活动过程中"露一手"施展才华，"旧貌换新颜"，得到了学校领导和同事的赞赏，同时也使学生改变了以往的一些负面看法。

（节选自林金炎发表于《中国教育报》上的文章）

【案例解读】

在学生面前"露一手"赢得学生，在教师面前"露一手"赢得教师，在社会面前"露一手"赢得社会，"露一手"并不是件简单的事。通过观察可以得出一个结论：能"露一手"的教师所占比例不超过20%,80%的教师因为没有"露一手"的知识而进入了普通教师的行列。在一所学校里,能"露一手"的教师其获得成功的机率往往是普通教师的四倍以上。

阿基米德说过:"给我一个支点我就能撬起地球。"翻阅教育专家和名师的成长历程,我们发现,每个人都有自己独特的"支点"——教师专业成长的"生长点"。比如,一代名师李吉林从情境教学入手,贾志敏老师从素描作文起步,窦桂梅老师从主题教学切入,都取得了不凡的成就。做"专家型教师"和"学者型教师"应成为我们自觉的追求。可以这样说,做一个有特色的教师,是广大普通教师最切实可行的成长之路。工作了五年之后的教师,要关注自己的特色发展。看看"齐鲁名师"工程人选,其中就有参加工作仅七年就进入了这一行列的佼佼者。仔细思考,不难发现,如果没有找到自己发展的"支点",他们怎能会在短短的七年间就进入名师的行列?

更多优秀教师因选定了正确的发展点,才拥有了之后的成就。譬如,上海市杨浦高级中学名誉校长、著名语文特级教师于漪、北京大学数学科学学院教授姜伯驹、天津市电子计算机职业中等专业学校高级教师徐英杰、福建省三明市特殊教育学校校长黄金莲、江苏省南京市北京东路小学附属幼儿园园长吴邵萍、湖南农业大学教授石雪晖、河南省林州市横水镇卸甲平村小学高级教师王生英、在山区学校任教的汪金权、西藏日喀则地区仲巴县仁多乡完小校长等。"水滴折射太阳的光芒",从他们身上我们看到的是鲜明的个性和独具的风采。如果追溯其成功之源,定然会发现他们因找到专属于自己的成长点,聚沙成塔,获得让人仰慕的成就。

每一位教师都需要得到成功的认定,才会得到立足的空间。构建自我的成功点对于每一位教师而言,除了教育教学成绩,其他的都会各不相同。通过学生成绩而得到认定,这几乎是一个短效和短视的行为,学生的成绩只能代表很小的方面,如果再不努力定然会全速下降让自我颜面荡然无存。发展自我,优化自我的知识结构,并找到自我的成功点,即用自我的努力,朝向自我选定的修身养性的成功点吸纳新知,才真会给予自我"露一手"的可能。

读过《列子》一书的读者,大概都不会忘记书中"薛谭学讴"这则脍炙人口的故事。"薛谭学讴于秦青,未穷青之技,自谓尽之,遂辞行。秦青弗止,饯行于郊衢。抚节悲歌,声振林木,响遏行云。薛谭乃谢求反,终身不敢言归。"虽只寥寥五十余言,读来却意味隽永。尤其对负有教书育人之任的教育工作者来说,则更有不尽的启示。我们在赞叹秦青"声振林木,响遏行云"的演唱技艺的同时,更为他那种欲"擒"故纵、以"技"服人的教育方法所深深折服。关键时刻"露一手",远胜过道理万千。薛谭闻之而"乃谢求反",乃至于"终身不敢言归",应该说正是由于他倾慕于秦青一曲"悲歌"中所表现出的不凡的艺术造诣。

人生能取得成功,构建自我成功点是"露一手"的前提。每一位教师只有找到适合自我的发展点,让计划、出色、超越成为关键词,才会找到新的发展方向,并通过多年的努力实现转型。我们还需要明白着眼于当前,为明天的发展奠基的重要性。正如《创业史》作者柳青所说:"人生的路尽管漫长,但要紧之处只有几步,尤其在年轻的时候。"

【行动指南】

想要找到发展点,必须思考清楚我"现在在何处、要到哪里去、将如何到那里去",以及思考清楚我"想做什么,未来希望做什么;能做什么,适合做什么"等,而后再清醒地向前发展,习得相应的知识。为此,笔者提出如下建议。

一是找到精神立身的发展支点。认识自己是一个深奥的哲学问题,也是一个极为现实的问题。希腊戴尔城阿波罗菲神庙的入口处上方有这样一段著名的铭文:"认识自己!"正确认识自己的外表和体质状况、兴趣爱好及潜力所在,才可能找到适合自我的发展点。我们要正确地看待自我,坦然地接受并认真审视,合理面对。童话大王郑渊洁读小学的时候,有几门功课成绩非常不好,数学老是不及格,很多人认为他将来是他们班最没出息的人。然而,郑渊洁却不这么看自己,他觉得自己还是有许多长处的。比如:自己很富有想象力,一个小茶杯、一把钥匙也能编出一个故事来;自己的作文写得也可以,有时还被老师当成范文读给同学听。因此,他坦然接受自己的不足,并着重在自己擅长的方面培养自己。刚开始写童话的时候,他创作了《黑黑在诚实岛》。他把这篇童话寄给了某出版社,过了一段时间,编辑把他的稿件退了回来,并附上了一封信,信上说郑渊洁实在没有写童话的天分,应该多看看文学名著。这位负责的编辑还给郑渊洁列出了一大堆文学读物的名单。出师不利,但郑渊洁并没有对自己的能力产生怀疑。他始终相信自己一定能在童话创作方面做出成绩来。后来,《黑黑在诚实岛》果然受到一些童话编辑们的称赞并获得发表。他终于成功了,还成了著名童话作家! 我们必须认识到,弥补短处固然重要,长处的优势更要展示出来。如果你的长处还未明显地显露出来,就需要抓紧时间分析比较,找出可能会成为自己的长板的方面,制订目标,而后集中全部精力于一点,尽可能找到对应的新知而学习,这样就会真有让自我强大而安身立命的本领。

二是制订目标,稳步前行。有这样一个故事:唐太宗年间,长安城的一个磨坊里,一匹白马和一头黑驴非常要好。白马被唐玄奘选中,跟随他去西天取经。17年后,白马凯旋后看望驴友。老朋友见面,话自然格外多。白马说起一路上的风险和半生的体验,驴子非常羡慕,吃惊地说:"太神奇了,这么远的路,我想都不敢想。"而白马却说:"其实我们走了差不多的行程。我向西域前进的时候,你也一步没有停止。不同的是,我有一个遥远而清晰的目标,而你却被蒙住了双眼,一直围着磨盘打转。"同样"远"的路程,一个由于有清晰的目标而"闻名天下",一个因为没有目标而"原地踏步"。所以,目标就是指导行动的纲领。

习得新知的过程也是一个如马拉松比赛一样的过程,真正的赢家并不是一开始跑得最快的人,而是有后劲、能持续学习,从而最终赢得胜利的人。所以,在习得新知识时,能真正将立足解决当前问题与着眼长远发展统一起来,保持后期发展后劲才是上策。为此,我们必须学会并做到以解读自我、找出差距和确定坐标为基点,以加强读书学习、拓展知识视野和打好知识储备为支撑。

【谨记】找准自己能深入研究的支点,付出汗水和智慧,才能换来自己所祈盼的愿景。

第四讲　综合素质发展的根本保障

——专业能力的发展

关于"力"，形象的理解莫过于生活中的实例，有人能提着 20 千克的水登山，而一般人则难以企及。在比较中，我们便能感知到"力"的大小及差异，感知到"力"所呈现出的状态和动态。结合"力"的理解，再感知专业能力的内涵，便会想到教师之间的比较在于能否完成某项与教育相关的事务，能否持续地为教育教学的发展注入正能量，这是判断教师专业能力大小的尺码。

教师的专业能力实是一个有机的能力体系，是综合性的，并非某项单一的能力。比如教育教学设计力、组织实施力、激励与评价力以及反思和发展力等，只有这些作为一个整体体现于教师职业生涯中才算是教师有了专业能力，其中的任何一种充其量只是"教师专业能力"的一个必要的组成部分。教师综合素质的发展，专业能力的发展是根本保障，所以在本讲中，我们将重点笔墨放于教学设计力、组织实施力、激励与评价力以及反思和发展力这几个方面，其宗旨是为提升与发展教师的各种能力给予引领。

（一）

探讨教师综合素质发展四大维度之一的专业能力发展，支撑点在哪儿呢？笔者认为，影响教师专业能力发展效果的因素，依然遵从"力"的三要素——力的大小、力的方向和力的作用点。在本章中，我们将全面分析教育教学设计力、组织实施力、激励与评价力以及反思和发展力产生的根源，并进一步探讨每一种"力"应用于教育教学时的施力方向以及作用点等，以便在提升能力素养的同时，生成好的教育教学效果。

（二）

需要提醒大家注意的是，不能孤立地理解和看待教师的专业能力，它必须与专业理念、专业知识以及后面章节所阐释的个性化知识形成一个统一的整体，才会真正发挥其作用。它们是相互关联、相互制约和相互促进的。我们在提高专业能力的时候，虽然可以采取缺乏某一专项能力弥补此专项能力的措施，但若不从掌握与之相关联的最前瞻的理念、知识着手，即使一时有所发展，但很快又会陷入渺茫而倒退的境地。

在实践中，我们可以采取各个击破的办法，采用实用主义的策略，即缺什么就弥补什么，通过下一番苦功，在一段时间里集中攻坚，实现跨越式的发展。在能力提升的过程中我们还得清醒认识到，持续发展并不是一件容易的事，会有瓶颈或危机的感觉。摆脱迷茫与危机的最佳办法是，学会融合与转化，即将某项能力提升的点转向另一项亟待提升的能力，实现两种能力的交汇，以求有新的突破；当其他能力也达到一个新的层级后，我们便会发现先前的某一专项能力也得到了加强。其实,各项专业能力之间的关系,就像几段较长的纸条,当它们相互交织时,其可承受的力几乎呈几何级数倍增。为此,我们必须明确,学习提升的过程是永恒的过程,是动态的过程,是持续的过程,是螺旋式上升的过程。如若我们真想有大的发展,在某一阶段必须明确地知道自我当前努力的方向和努力的途径,要知道,这才是最有价值的努力之点。

(三)

提升专业能力,讲究作用的发挥以及效用的产生,最好组建一个学习共同体,通过相互间的帮助、竞争、激励或互评,让教师明确自己的现状和位置,这样才更有利于其自我的发展。建议在提升的过程中,我们应该主动向影响自我发展的机构或组织靠近,主动接受他们的考评,认真听取他们的意见和建议,借助评价机制,我们才会有一个较大的发展空间和取得与之对应的发展资源。

如果把教师的能力比喻成一张桌子,教师自身的修养就犹如擦拭桌子的手帕。用脏手帕去打理,桌子难以真正干净。发展的秘诀,在于必须经常清理发展过程中的垃圾,将那些废弃的、过时的东西予以清理,这样才会呈现出一方新的桌面。

(四)

教师综合素质的发展依靠强大的专业能力。专业能力指向教师的教育教学工作,教育教学工作综合性很强,对教师的要求很高。专业能力也是综合性很高的能力,妄图通过一两种能力的提升来标榜自我综合素质的发展无异于自我毁灭。教学设计力、组织实施力、激励与评价力、反思力和发展力或是同步、交替上升,或是在相互融合与相互促进中上升,同时专业理念与专业知识同步更新与融入,唯其如此,专业能力才能得到持续发展的"力",才有持续发展的"源头"和"活水"。

第一节 基点:全面提升教育教学设计力

教育教学设计力,是指教师直面教育和课堂教学的一种潜能的发挥,即对"如何教"和"如何育"进行总体规划设计的一种能力。在教师的所有能力中,教育教学设计力无疑是需要最先发展的一种能力,因为它直接作用于教育对象并影响育人的效果,并间接反映师者的教育教学水平和影响教育者对人生价值的评判。

教育教学设计力,是教师综合素质发展中的第一生产力,是教师教育思想的反映和教育行动的规划。相反,在现代教育中,教育教学设计力近乎是一种被忽略的能力,无数教师兢兢业业从事教师工作几十年,可这项能力不但没有得到提升,相反却随着教龄的增加出现下降趋势,这是一个极不正常的现象,它的提高要像体力训练一样,需要天天勤学与苦练。

1. 教育设计力构建

教育设计力即对教育内容的全部思考。论及教育设计力之前,我们必须先搞清楚教育的内涵与外延等问题。在本小节中,我们探讨的教育更多的是一种狭义上的教育,即教给学生学科知识以外的一切活动,更多地指向于教育目标,思考教育者的全部使命。我们可以明确地说,教育设计力即是对"教什么"的思考,这并不是说"如何教"不重要,只是强调"教什么"更是内核,作为一位教育工作者,我们必须清楚,培育出合格人才才是我们工作的重心。

并非身为教师便有非常强的教育设计力,它需要朝向正确的方向去积极锤炼。针对某一教师而言,衡量其教育设计力作用之前,完全可以追溯职场价值,或通过考察其教育对象素养的高低给予价值判断。从探讨教育设计力的角度论证一位教师的成就并非出于功利,其更能让我们思考教育设计力的重要性;要想培养更多高素质的学生,我们就必须尽全力打造属于教师自我的专业能力——教育设计力。

> 元规则:致使学生上进的过程设计,是教育设计力的重点工程。

关于能力与素质的探讨,长期以来笔者秉持"教师第一,学生第二"的观点。当然在本小节中,全面论证如何提高教育设计力才是重点,其除了对教育内容的关注,还需要对学习过程的分析,如此才能真正搞懂教育设计力的重要性。正如哲学家费尔南多·萨瓦特尔在《教育的价值》一书中指出的:"我们本该生而为人,但却只有依靠他人人性的感染和自我不断取得进步,才能成为真正的人……人类的特别既不是自觉,也不是学习他人,而是由他人来教育……"教师如若不下一番苦功,不去学习和锤炼,自我教育设计力的提升只能是空谈。

教育设计力是立足于当下而指向未来的一种潜能,是一种动态的发展力,其目标是培养出有令人尊敬的道德观和爱国热情的卓越的人。这不是一件容易的事,学生的差异性是一方面,更多复杂的因素对教师提出更高的要求;我们完全可以厚实自己的专业能力储备,这储备源于教育设计力。我们此时采用放大的方法,其真正的目的在于全面看清教育设计力对教育对象的影响,并以此触动教师的神经,让大家明白我们曾经重教育过程却忽略了行动前的准备,尤其是缺乏周密而持续的设计。为此,我们必须明白提升教育设计力是一个需要从长计议的事情,是需要坚持不懈的事情,是需要融入智慧的事情。

【现象纪实】

教学为何没有培育出国家和社会所需要的学生?其根本原因就在于把教学等同于教育。现实中,我们的教师更多的是缺乏教育设计力。为此,我们便在教师的专业能力发展方面提出对教育设计力的打造。

教育设计力虽被忽略,但其实可称为教师的第一核心能力。现实是,熟知教育设计力的教师非常有限,据调查,有百分之八十的教师无教育设计力的意识。他们认为只要把该教给学生的知识教了、教案写了、作业批了,所有要求他完成的业务量完成了,而且所彰显的"质"也不错,那就算完成了作为一个教师的使命。一句话,无数教师没有明确的教师观和学生观,或把教育过程简单化,或把教学等同于教育,较少有促使学生上进的过程设计和使学生综合素养和谐提高的内容构想,这种情况下他们的教育设计力又怎能不被忽略?

说到教育设计力,就不得不思考作为教师到底该给学生的成长打下什么样的烙印。教师对学生的影响,要么是有意识的,要么是无意识的。一种任其发展而不加引领的影响,只能说是一种放任自流;有人也许会说对学生的影响需要潜移默化,但是潜移默化的初衷必须是利于学生的成长。对于学生来说,教师是引导者和促进者,只有有意识地加以影响,方能达到理想的效果。

【链接4-1】

如 果

多萝茜·洛·诺尔特

如果一个孩子生活在批评之中,他就学会了谴责。

如果一个孩子生活在敌意之中,他就学会了争斗。

如果一个孩子生活在恐惧之中,他就学会了忧虑。

如果一个孩子生活在怜悯之中,他就学会了自责。

如果一个孩子生活在讽刺之中,他就学会了害羞。

如果一个孩子生活在妒嫉之中,他就学会了嫉妒。

如果一个孩子生活在耻辱之中,他就学会了负罪感。

如果一个孩子生活在鼓励之中,他就学会了自信。

如果一个孩子生活在忍耐之中,他就学会了耐心。

如果一个孩子生活在表扬之中,他就学会了感激。

如果一个孩子生活在接受之中,他就学会了爱。

如果一个孩子生活在认可之中,他就学会了自爱。

如果一个孩子生活在承认之中,他就学会了要有一个目标。

如果一个孩子生活在分享之中,他就学会了慷慨。

如果一个孩子生活在诚实和正直之中,他就学会了什么是真理和公平。

如果一个孩子生活在安全之中,他就学会了相信自己和周围的人。

如果一个孩子生活在友爱之中,他就学会了这世界是生活的好地方。

如果一个孩子生活在真诚之中,他就学会了头脑平静地生活。

【案例解读】

以上是美国心理学家诺尔特的一段发人深思的话。面对这么多"如果",我们更应该想清楚它们来源于哪里,谁才是这些"如果"的真正缔造者。想要成为一名合格的教师,有必要弄明白"来自哪里""要到哪里去"和"需要做什么"等问题,而后才会自然地在工作中以这些"如果"为起点设计自我的教育内容、自我的教育过程,才可能将学生带到理想的彼岸。

古语曰:"经师易得,人师难求。"人师是教师修养的最高境界,人师有丰厚的人格魅力,不仅教书,而且育人,能以其高尚的人格塑造学生的人格,对学生心灵的影响深刻且久远。人师本身就是一部非常生动、丰富和深刻的活生生的教科书,是具有巨大教育力量的榜样。

人师达到了高于并超越教材的境界,能够给予学生远比教材多得多的东西。人师对学生的心理了如指掌,能够想学生所想,想学生所疑,想学生所难,想学生所错,想学生所忘,想学生所会,想学生所乐,懂学生之所懂,以高度娴熟的教学技巧和机智,灵活自如、出神入化地用自己的思路引导学生的思路,用自己的心灵呼应学生的心灵,用自己的灵魂铸造学生的灵魂,培养出一个个具有高尚人格的人才。只有这样才能更好地育人,培育卓越的人才来奉献社会。

通过如何成为人师的思考,可以肯定,提升教育设计力是成为人师最直接的捷径。因为提升教育设计力的过程,是教师选择或打造切合学生成长的教育内容,并引领学生持续成长的过程,在这个过程中,教师的教育设计力和学生的和谐成长都能获得一种持续的正能量,教师也逐渐在成长为人师的道路上走向成熟,而反过来又助推教师的教育设计力向更深处漫溯。真正的人师,其教学已经进入最高的境界——不教之教。不教之教就其内容而言,教的不是书本里现成的事实知识,而是无法物化在书本中的一种人生智慧。人生智慧是一种心灵的彻悟,是一种有美感体验的豁然洞见。学生一旦获得了人生智慧,其对学问和人生就会有一种全新的感受和深层的把握,生存境界就会更加崇高。

【行动指南】

近年来有一个响彻云霄的口号回荡在教育上空:"不让一个学生掉队。"试问,作为一名教师,你有什么本钱不让一个学生掉队呢?其实,真当教师提升了教育设计力,回答此问题便有了底气。关于教育设计力,笔者认为如果真能实践"一个学生就是一个课题"之理念,一切有关教育的设计便会自然生成。为此提出如下建议。

一是从做思想的导师开始做好教育设计。第斯多惠说过这样一句话:"教师本人是学校里最重要的师表,是直观最有教益的模范,是学生活生生的榜样。"作为一名教师,首先应该明确自己在学生中的导师地位。教师是学生行为的导师、思想的导师,同样也是学生品格的导师。"十年树木,百年树人。"每个学生都是有着独特思考和鲜明个性的人,要能成为学生思想的导师,就必须走进每一个学生的心灵,去发现他们心灵的原野最需要什么样的营养,这是教育设计中必须予以关注的点,如果不有的放矢,教师一厢情愿地进行教学设计就可能会使学生产生抵触情绪,这样,不但教育目标难以达成,教师的教育设计力的提升也是遥遥无期。在中小学教育过程中,我们的教师都存在着定位的问题,只把自己当成一位教师,少有人把自我当成引领学生走向成熟人生的导师。可能在我们的印象中,真能对学生发展有所影响的,只有那些大学校园里的导师,但事实上,中小学教师也已成为了千万学生成长过程中最重要的他人。我们从做教师转向做导师,给予学生成长以有力的指引,方可以说我们在提升教育设计力的路上迈出了第一步。

二是将教育的大爱倾注于教育设计之中。教育设计之中,有可能包括教育知识性的东西,但只有真正把教师的大爱融入教育之中,其设计才会得到学生心灵的感应。"教育植根于爱。""爱",这个永远也不能在教育中消失的字眼,对教育及学生的成长无不起着积极的推动作用。教师的爱能感化每一个学生的心灵,有爱的教师能理解学生,能鼓励学生,更能尊重学生。当学生失去老师的关爱,空虚、自卑、迷茫和堕落等负面影响都会随之而来,这也正印证了那句话:"没有爱,就没有教育。"我们深信,有爱的教育设计才会有内涵,才会有高度。作为一名教师,应该反复思考陶行知先生的两句话:"先生不应该专教书,他的责任是教人做人;学生不应该专读书,他的责任是学习人生之道。""道德是做人的根本。根本一坏,纵使你有一些学问和本领,也无甚用处。并且,没有道德的人,学问和本领愈大,就能为非作恶愈大。"教师有"爱",才会站在学生的角度来进行教育设计,实施时便于让学生融入其中,成为强有力的参与者。因为积极的参与,学生才有所获,自然,教师也能通过这样的设计与实施提升自己的教育设计力。

三是习惯于将每一个学生当成一个课题加以教育设计。问题即课题,做课题是从问题开始的。因为每个学生都是具体的,有个性,提升教育设计力就要求我们的教师善于发现学生呈现在我们眼前的问题,用我们的奉献精神和充满智慧的举动,切实关注每一个活生生的生命,本着为他们的成长负责的态度,把他们呈现出来的问题当成课题,提出解决问题的假设,并把精力投入更多琐碎而富有挑战性的工作中去,从而给予长期性的关注。我们深信,当我们每一位教师真能给予学生成长过程的关注,我们的教育之力就会变得更加强大,无数可塑之才也就会随着教师有意识的培育脱颖而出。当关注学生这一课题成为一种习惯,那么,提升自我的教育设计力也就会成为习惯。

【谨记】教师手里操纵着幼年人的命运,也便操纵着民族和人类的命运。

2. 教学设计力构建

何谓教学设计?何谓教学设计力?在本讲中,我们在每一小节所涉及的关键词后都加上了后缀词——"力",一个主要的原因在于我们以为"力"是可发展并可保持相对较长时间的矢量。在我们看来,在教学设计的后面加上"力",更接近于教师综合素质呈现时的状态,更利于教师看清教学设计能力的强弱,也更能激起教师科学探寻的热情与愿望。但必须明白的是,我们更应该清晰地理解教学设计力是一个可以持续发展的过程,也是一个可以持续产生影响的过程,还是一个动态发展的过程。

我们发现,很多教师对教学设计的理解似乎非常简单,因为他们自己每天都在承揽着相应的教学任务,教学前也必须进行教学设计,即根据教学对象和教学目标,确定合适的教学起点与终点,将教学诸要素有序、优化地进行安排,并形成教学方案。如何理解教学设计与教学设计力之间的关系?在笔者看来,教学设计更多的时候指向从事与教学相关的工作,而教学设计力是对其工作进行探究。教师只有经历了长期的教学设计研究,才可能形成能力,其教学设计力才会有明显的效果。

> 元规则:做最优秀的学科教师,修炼教学设计力是其走向成熟的基点。

教学设计力实是一位教师教学思想的闪现,是教师在进行教学设计时融入智慧与恒心的过程,而探讨其如何提高的过程,可能比探讨如何进行一堂成功的教学设计更利于教师专业能力的提升。真正要提升自我的教学设计力,并非是一件容易的事。教师专业素养的提升,特别是对课堂的考证,很大一部分都源于教师教学设计力。正如特级教师支玉恒说的那样:"一个课堂的成功,其中85%都可以归功于课前的预设。"在我们的教学中,相信不少教师已经感受到,教学设计已成为我们专业素养的凭证,但我们也无不感受到,一些获得赛课一等奖的教师,其后来在课堂教学上却再没有较大的发展,原因何在?原因很简单,是他们没有再进行后续的锤炼以形成"教学设计力",而一切都只是昙花一现。不管怎么说,提高教学设计能力并非一朝一夕的事,只有那些能长久坚持对教学进行研究与改良的人,他们才会主动修正自我的教学设计,也才会在主动修正的过程中去伪存真、积累经验,从而提升教学设计力。

教学设计力如何才能提升呢?关于教学设计力,在我们看来依然遵循瞬间就可展露的特性,就像是一台吊车一样,在人们眼前吊起物品的同时便会很快地被世人分辨出其功率的大小,教师在教学中的表现也能让人们分辨出其教学设计力的高低。综观一些大师的教学,常常让我们自叹弗如,但只要深入其形成的背后便会发现,教学设计力必须讲究提升的方法,并遵循循序渐进原则,而后再经过长时间磨炼才可得到提升。诸如,其力的大小通常会通过其掌握的教与学的理念而给量化,只有不断地对具有前瞻性的教与学的理念进行深入的学习,才会在应用时得心应手;只有不断地对系统方法加强研究,在设计时才会将有效的教学资源信息给予最佳的呈现;只有积极投身教学实践,并不断总结与反思,才会给予教学智慧与灵感,让教学的知识源像生命一样扩张。

【现象纪实】

有人曾对一组教师的教学设计力展开调查,结果是令人沮丧的。100%的教师上课都备课,80%的教师通过抄写教学参考书而完成教学设计,真正对某一教学进行稍许设计的教师所占比例不到20%,对某一教学内容进行全方位设计的不到5%,并且多是在上优质课和公开课时。没有一个训练的过程,又怎能提升教学设计力呢?

可以肯定地说,应用教学参考书,已是众教师显现出惰性的一个主要原因,也就是说,教师无不是采取拿来主义的办法,最终在教学设计时囫囵吞枣。我们众教师在备课时,如果老是采用捡便宜的态度,哪怕再抄十年,其教学设计力依旧是低下的。这种有设计,而少有教学设计力提升的过程,实是教师专业成长中的第一大尴尬,是教师工作中第一个应该被"打假"的现实问题。

在当下,关于提高教学设计力,笔者以为,甩开教学参考书更利于专业能力的提升,或者开展专题学习,或向名师学习备课……坚持这样做下去,哪怕只做三个月,就一定会比抄写教案十年强。

【链接4-2】

刘发建如何"亲近鲁迅"

刘发建何许人也?在百度百科上查询,有如下的记载。

刘发建,湖南人。浙江省课堂教学能手。浙江省鲁迅研究会会员。就职于浙江省某学校。长期致力于小学语文教学研究,先后在《人民教育》等刊物发表论文一百余篇,出版《亲近鲁迅》等教学专著。近年来以"播撒鲁迅种子,培育民族精神"为己任,应邀到全国各地给小学生讲鲁迅二十余场次,受到广泛好评。

刘发建,一个因教学教材中鲁迅文章而走远的人,在此,摘录其《我的伯父鲁迅先生》(以下简称《伯父》)的文本解读(有删节)。

由"伯父"到"鲁迅"

《伯父》是周晔在鲁迅逝世九周年时所写的追忆伯父鲁迅的纪念性文章。文本基本上是站在童年的视角,追忆和伯父在一起的快乐时光。文字具有浓浓亲情和款款童趣。最近几年我陆陆续续听了几节《伯父》,发觉我们的教学却恰恰忽视了侄女和伯父之间的浓浓亲情,忽视了鲁迅在侄女面前的风趣幽默、和蔼可亲。我们一味地把对鲁迅的敬仰之情和横眉冷对的斗士形象渲染到极致,一味地在孩子的心田播种鲁迅的伟大。结果呢? 教师越是使劲,鲁迅就离孩子越来越远。

我仔细阅读《伯父》,发现文章前后出现了 34 次"伯父",而"鲁迅"——作为一个伟大文学家的名字,仅仅是在课文的第一句话中出现了两次,加上题目中的"鲁迅",也不过三次。这发自心底对"伯父"的声声呼唤,字里行间浓缩了伯父和侄女之间的深切情爱。

读这篇课文,应该怀有一种一个普通的侄女对一个普通的伯父的追忆和怀念的情感。如果我们怀着"这是一个文学青年对大文豪鲁迅的思念和赞美"的想法,去揣摩文中的微言大义,那就糟了。只有用平常心,把鲁迅看成最普通的人,我们才能接近最真实的鲁迅的世界。孩子们在心底里把鲁迅定位为自己的伯父,那么鲁迅那和蔼可亲的形象就自然鲜活起来。课文中每一次"伯父"和"我"谈话的时候,都是"笑了笑说""微笑着问""笑着说"和"哈哈大笑",面对这样一位慈祥和蔼的"伯父",我们谁不想钻到他的怀里去享受那充满温情的爱抚呢?

当然,如果我们仅仅把鲁迅视为一个普通的伯父,那是远远不够的。我们还必须从"伯父"的平常的故事中,引领孩子们去感受鲁迅的"非比寻常"。从一定的角度讲,鲁迅的伟大,在于他留下了丰厚的文学遗产,也在于他对旧社会的痛恨。这些,对于一个小学生来说,是那样的深奥和遥远。但鲁迅对国民的互相冷漠的痛恨,在我们的现实生活中,依旧具有积极的现实意义。放眼我们当前的社会现实,我们国民的冷漠甚至是落井下石的心态,依旧泛滥。课堂里,当孩子们感受到"伯父"的"叹息"是为那些"匆匆忙忙只顾自己赶路"的人群的冷漠自私而愤恨的时候,鲁迅就活在了我们的现实生活中了。这样,"伯父"的恨,就有了明确的指向。更重要的是,"伯父"的那种忧国忧民的形象,深深地影响着孩子们对眼前现实生活的思考倾向。

缺乏童心,是无法让孩子们亲近鲁迅、读懂鲁迅的。鲁迅从来不在孩子面前"横眉冷对、怒发冲冠",如果鲁迅真的在天有知,看到我们还拿他的伟大来吓唬孩子,恐怕他真的要对我们"怒发冲冠"吧? 因为鲁迅,他是最爱孩子的。

【案例解读】

刘发建其实是一位非常普通的教师,他享有的殊荣,莫过于《中国教育报》以整版篇幅对其著作《亲近鲁迅》进行的报道;莫过于著名人文学者,鲁迅、周作人研究专家钱理群能为其著作写序,称赞刘发建这样一位小学教师开启了一项拓荒性的试验与思考,称赞其教学"回到鲁迅,回到儿童,回到语文";莫过于全国著名特级教师,教育专家周一贯将其收编为关门弟子。

如果读者朋友有机会能读到刘发建的书和他所撰写的文章,你必然会为他所下的课前预设之功所折服,我们从这篇关于《由"伯父"到"鲁迅"》的解读中,可以感知到他于课前所下的文本解读之功,感知到他在教学设计时跳出原来思维的局限,立足鲁迅本位的立场,保持一种儿童的视角去解读鲁迅。

提升我们的教学设计力,可以肯定地说,其功夫在课外。没有课外的投入,课堂就会得过且过。这就需要我们能像刘发建那样勇于思考,找到适合自我的个性化的文本解读,从而去预计自我的教学。当然,提升自我教学设计力之路不只有像刘发建这样一条,可以肯定地说,每一位教师都有属于自我独有的发展之路,但关键是要行动起来,实实在在地去做,在实践中积淀教学技能,生成教学理念和教学思想,这样才能得到属于自己的教学设计力的提升。

教学设计力的提升需要长久坚持,需要我们抛开浮躁,静下心来,认真对待每天所从事的教学工作,保持一颗像流水一样不断净化而不腐朽的心,从而把每一天所承揽的教学任务都当成新的征程,当成难关给予攻克,从而在孜孜以求多年之后,随着素质的提升而凸显一位优秀教师的内涵和气质,于课堂中拥有强大气场,彰显属于教师的独有的霸气。

【行动指南】

教学设计力的提升非一日之功,它承载着智慧,承载着一位教师的奋斗史。我们必须用发展的眼光,理解教学设计力的提升进程,给自己指明正确的奋斗方向,让教学设计力得到真正的提升。为此,给出如下建议。

一是教师对教学过程的设计要从模仿优秀的教学设计开始。笔者曾经提出过一个观点:"5年前与什么人在一起,5年后就会成为什么样的人。"教学设计力的提升,虽然可从模仿开始,但向谁模仿,这值得深思。现实是,我们无数教师成为了诸多教学参考书的信徒,而那些所谓的教学设计虽然承载着一定的教学设计艺术,可观其内涵不难发现,最具前瞻性的理念难见其踪影。我们必须清醒地认识到,教参中所提供的诸多设计,差不多在其产生之时就已经开始落后,如果真能参考,我们只能是借鉴性地使用教参,而不是全盘照搬。为此,我们初学者如若进行教学设计模仿,最有效的办法就是向名师模仿,而不能只是模仿其间的某一次设计,而应该是像跟随明星一样及时跟进,跟踪其一段时间(最好是一年的设计),其方式最好采用研修的办法,这样才可能真正悟透教学设计的精髓,感悟其成长轨迹,从中悟得自己成长的门道。建议教师们的模仿从跟进走在最前沿的名师开始,5年后你便会像他们一样拥有超强的教学设计力。

二是提升教学设计力必须做足课外辅助支撑之功。通读一篇高质量的教学设计，除了获得一种由设计者创新所带来的享受，我们还应该看到其背后的支撑。很多优秀的教学设计，其实体现的就是对先进教育理念的传承，当然也更带有个人倾向性，尤其是个人的奋斗历程，像王崧舟的诗意语文教学设计。诸如一些教学模式的呈现以及文本解读的技巧等，如果我们每一位教师都只采用反思、探索、总结的方法，是很难快速达到新的层级的，因为"独学而无友，则孤陋寡闻"。为此，最佳的办法就是主动向一些研修团队靠近，主动接受他们的教育理念与思想，即"站在他们的肩膀上"主动地接受改良，这样既不会在实际的教学中"误入死胡同"而不自知，又会因有一个团队的帮助让自我走远，这样，我们在教学设计力提升的路上才不会因孤单而迈不开前行的脚步。

三是提升教学设计力必须勇于接受实践的检验。教学设计力是否强大，只有通过一线课堂教学的认证才可能得出结论。特别是有一个较开放的课堂环境，更易于让教学设计力一览无余地展露。不知大家发现没有，公开课和优质课是无数教师提升教学设计力最佳的场所。为此，当我们在有意识地靠近名师或融入研修团队而锤炼自己的教学设计后，要敢于直面开放的课堂，把自己的教学设计呈现于阳光下，接受实践的考证，而后在不断修正的过程中让自我的教学设计力获得提升。当然，这需要我们拥有主动精神，能主动走向优质课，主动走向公开课，这样，教学设计力的提升才会突飞猛进，一条跨越式专业发展之路才会呈现出来。

【谨记】抄袭十年的教参，抵不上甩开膀子来一次彻底的教学设计。

第二节　关键：不可忽视组织力与实施力

提升教师的综合素质，我们忽略了很多方面，比如组织力与实施力。如果把教师的专业能力比作一块责任田，那么，除了前面第一小节所谈的"种什么"和"怎么种"，还有必要搞清楚"以何种方式种"以及"种后如何管理"，只有明白其中的奥妙，才是一位称职的农民。对于教师综合能力的提升来说，如果只有教育设计力和教学设计力，而没有组织力与实施力的提升，这样的教师只是一位只会纸上谈兵的人，其综合素质会大打折扣，甚至可以被忽略。

组织力与实施力，是优秀教师素养中非常重要的两种能力。组织是指由诸多要素按照一定方式相互联系起来的系统。对教育环境、资源等的识别、改造、利用和整合等的能力便可称其为教师的组织力。研讨组织力，会从中发现教育世界里的无穷乐趣，它就像古代战场上的排兵布阵一样，阵法不同便会有不同的战果；甚至也像斗室里的几盆花卉一样，四季摆在不同的位置，便会带给你不同的心情。在教师群体中，组织力强的教师所处的位置定然也会与众不同。组织力强，一切会有序而有力地发展，且会呈螺旋上升的态势，有发展的后劲；组织力弱，纷乱中虽有发展，但那只能是暂时的。提升组织力，构建适合教育发展的秩序，适时发挥自身调用和整合教育资源唯我所用的才能，让自己的专业能力发展更多一些胜算，这是一位教师跨越优秀之门的必经之路。

实施力,讲究的是战略攻防,对于某一任务来说,就是能抓住一切有利时机给予专业发展以强力推进。实施力实质就是对自己所作规划的强力执行,讲究的是实施,杜绝纸上谈兵。教师组织力与实施力只有达到一定的层级后,其本人才可被列入优秀之列。为此,在提议教师需要加强组织力与实施力打造之时,我们更是希望天下所有的教师朋友们能先有一个自我发展的过程,有一个自我储备能量的过程。

1. 组织力构建

组织与组织力两者间的区别主要在于:组织回答的是"组织是什么";组织力回答的是"怎么提高组织效果",是一位教师长久训练所练就的本事。考察教师组织力,不是纸上谈兵,而是其强大的组织潜能通过合适的渠道外显时,才可看出其强弱。教师的组织力的发展,是一个持续的过程。就像水笼头和一桶水之间的关系一样,需要通过一定的时间进行转化:很可能是一滴一滴地积攒,用了一晚上的时间方有了一桶水;也有可能是哗哗地流,几秒钟就已经快速地将水桶装满。也就是说,通过考察对象能否快速地达成预期的效果,便能判断其组织力的强弱。

组织力,即组织结构的把控识别能力,它与号召力、感召力和魅力等的转化有类似之处。此项能力是通过多次有目的、有意识的训练而形成的一种带有专业化的特殊才能。只要为师,就必须具备组织力,缺少教师的组织力便很难说是现代教育。只是因为于学习、生活与管理时,人们更多地将视线转向对结果的关注,为此,才经常出现对教育设计力、教学设计力的重视,而忽略了其背后的支撑——组织力。

> 元规则:教育人文环境的打造,是组织力提升的重要途径。

教师不只是教书;教学不是教育生活的全部,也不是最核心的内容。相对于教师的组织力提升来说,通过笔者多年的观察,其内核可锁定在对教育人文环境的把控上,甚至可演化成教育秩序的把控能力。在现实生活中,一位教师除了完成教学任务,还承揽着其他事务或担任一定的职务,其实,这些多是根据教师组织力大小给予的决定。

教师的组织力,属于提升管理能力的一部分,属于教师能力部分的顶层设计。在准教师学习的过程中,教育心理学里几乎不涉及个人能力提升的知识,成为教师走上讲台之后,组织力差不多是一个拿来就用的能力,为此,组织力的大小与优劣,仿佛只是天赋。其实,真还不是这样,组织力的提升更是一个需要不断提升的能力,诸如其中设计技巧的掌握以及相应综合知识的运用,都可以通过一段时间的磨炼而得以构建。

【现象纪实】

组织力有时是一种导演能力,有时是一种随机应变能力,它是一位教师组织才能的综合体现。比如,给定同样一群教育对象,给定同样一个活动任务,组织力强者往往能用自己的智慧化混乱为有序,用掌握的知识去感染被组织的对象,无形中便会有一股向上的正能量"附体",从而形成一股强大的向心力。

组织力是有优劣之分的。在一个教师团队中,通常有 5% ~ 10% 左右的教师富有非常强的组织力,其余教师其组织力近乎被忽略。如果我们想成为综合素养与能力非常强的教师,不去对组织力的提升有所追求,有所谋划,有所实践,可以肯定的说,在向前发展的路上,便会少有成功的机会。

其实,组织力在教育教学工作中无处不在,教学中需要组织教学,在班级管理中需要进行组织管理,在开展的系列教育活动中需要有组织地推进等。人们对于一位教师的组织力的判断并不陌生,只是人们只关心组织力的表现,并不去思考组织力是一个提升的过程,这是造成教师间组织力差距大的真正原因。如果我们真想要提升自我的组织力,就应战胜自我那随心所欲的心理,多去探索,多去实践,有意识地在相应的活动与任务中去表现自己,那么,我们的组织力便可迅速地得以提升。

【链接 4 - 3】

钱梦龙的育人智慧

实际教学中,钱梦龙老师把一堂堂语文课当成了一件件艺术品,去精心地雕琢、刻画;他的学生,也把他充满智慧的语文课堂看成了自己的乐土。

有一次,学习新课《人民英雄永垂不朽》。课前他把十幅挂图不分次序地挂在黑板上,然后又制止了拿书准备"自读"的学生,告诉大家不要看书。上课了,他要求学生仔细观察挂图,根据画的背景、人物,分析是什么历史事件,再给各幅画加上标题,并按时间顺序排好。学生觉得太难,要求看书,但老师故意不让步,最后经过"讨价还价",允许他们只准看书十分钟。于是,像占了便宜似的,学生们高兴而紧张地忙开了。这样,真正从学生出发,精心构思教学步骤,课堂效率当然就高了。

有一次,他接了一个初二的"双差班"。第一篇作文的讲评课上,同学们拿到作文本后,发现都得了较好的成绩。平时常"吃"不及格的他们,认为老师开玩笑,老师却严肃地告诉他们:"大家的作文完全符合老师提出的两项要求;得 90 分以上的作文,还超出了老师要求的标准。"原来,这次作文,老师只对文章的标题格式和分段格式提出了要求,提完要求,钱老师还表示:"非常担心大家没能力做到这两点,以后每次作文,都要提一两点要求。只要一点一点地努力去达到这些要求,成绩保证不会比别的班差。"这样,这个班出现了转机。

【案例解读】

组织的力量似乎无处不在,任何教育都是组织过程。以上案例,是著名特级教师钱梦龙老师在教学中组织力达到出神入化境界的一个体现。钱老师对于成绩差的学生,他采用的是"激励、唤醒、鼓舞",可能我们在教育教学中,也经常采用,可效果却有很大的不同。只要细心体验,我们便能从他的作文教学中,找出他组织力体现的因素,感知他处理环境信息和人与物之间的资源配置技巧,感知到他所呈现给我们的应变与决断能力。

组织力其实是工作中的一种艺术力,我们所指的组织力,就是设计组织结构和配置组织资源的能力。在我们的班级管理中,强大的组织力往往会创生出更多与人文环境优化相关的一些活动,从而引起学生参与的积极性,以达到最佳的育人效果。

马克思主义认识论认为认识来源于实践,实践是检验真理的唯一标准。实践、认识,再实践、再认识,循环反复以至无穷,这是人类认识客观世界的总规律。我们也只有通过不断的实践和再认识,组织力才有可能得到提升。人的内在思想(如感觉、感受、想法和思想等)和外在行为的关系是复杂的,在组织力提升的过程中,我们只有消除主观障碍、心理障碍、环境障碍和表达障碍,才可能打破组织力提升的瓶颈。只有拥有主动精神,积极参与,关注组织中的"人",从"人"的实际出发,以"人"的成长为立足点统整资源,才会突破障碍。

【行动指南】

根据马斯洛行为学原理,人的行为出自动机,而行为结果的优劣,对指导该行为的新动机会产生重要影响。好的结果能加强动机,促使行动良性发展;反之,则削弱动机,减少行为出现次数或使行为不再出现。我们如若要提高自我的组织力,就要有非常强的提升动机。为此给出如下建议。

一是在组织力提升之前需要有确定的目标。教师要明白自己到底需要什么真不是一件容易的事,哪怕明确地有打造自我组织力的主张,也需要诸多的睿智;如若能有一个总目标和一些阶段目标,并且能体现出科学性,那将是打造组织力的有力保障。比如,所确定的目标必须同单位和个人的利益相联系,并认识到实现目标不仅对整体,而且对个人都有促进作用,从思想上得以统一,目标所带来的效值就大。又如,目标应体现合理性,要适当、可行。目标定得低,激励作用就小;目标定得过高,又会使人望而生畏,缺乏实现目标的信心。最好的办法是结合自我的教育环境、个人的实际情况拟定目标,减少随意性,增强科学性。另外,还要时刻关注目标的实现进程,做到及时反馈,定期自我检查,于实施中调整自己的行动路径,用内在的自我控制力敦促目标的达成。

二是在组织力提升之中要有勇气参与并积极投入。组织力提升的机会,除了自我的本职岗位,更多的时候需要自我有勇气,最好是能积极去争取。这就好比在面对一些活动时,我们不但要求成为活动参与对象,更要成为活动规则的制定者和把握者,甚至是领头羊。通常,组织能力强的人,多出现在各类活动的最前面,就像跑步一样处于领旗地位。有人进行过能量消耗对比,发现处于前沿的人往往比其他人多消耗掉三分之一的能量。为了提升组织力,相比那些只需要参与的人而言,我们要更多一份角色要求,即成为组织者。为此,也只有敢于努力追求之人、敢于去表现之人,才会敢于担当重要的角色,从而获得组织力提升的诸多机会,并由此增长自己的组织才干。

三是组织力提升要从结合统筹环境要素开始。一个正确的方略,不仅可以起到凝聚人心、统一思想、统一意志和统一行动的作用,而且还可以给教育对象带来诸多好处。作为一名组织者,要了解全局,明确自己应该做什么和不应该做什么,从而做好全盘计划和制定实施策略。当接受任务时,既知其然,又知其所以然。这样组织起来,就会顺理成章、得心应手,就会于不知不觉中达到统筹全局的目的。值得注意的是,还需要提高紧急应对能力。俗话说,"计划赶不上变化",计划实施中总会发生一些让人措手不及的事情,这就需要我们提高紧急应对的能力,提前作出应对的策略,否则,当屡屡受挫时,信心就会丧失,提升组织力就可能变得艰难。只要统筹安排,全面兼顾,就会多一些成功的几率。总之,多参加一些活动的组织过程,慢慢就会上手;如果同时再看一些这方面的书籍,实践起来就更多一些底气,组织力的提升会不偏离航向。

【谨记】缺乏组织能力,我们的教师人生便会缺少一个展示和提升自我的平台。

2. 实施力构建

如果说组织力是一种谋划能力的体现,实施力无疑便是一种执行能力的体现。在教育教学中,实施力是存在的,诸如某种决定或意图呈现以后,也就是说行动的方案已经拟定(不管是自我参与拟定的方案,还是别人拟定的方案),而这将以任务的形式交由我们承担,能否很好地完成相应的任务便是对其实施力的考验。它有时就像总部下达了战斗任务一样,不但要领回任务,更要打一个漂亮仗。

实施力是一位教师应有的基本能力,它同样也有强弱与优劣之分,也依然是一种通过努力才可提高的能力。提高教师的实施力,需要教师多种能力的融入,诸如思考力、道德素养和各种基本功等等,这些都是能否完成任务的先决条件。为此,在我们的现实中出现了有超强实施力的教师,一般便会给人留下好的印象,因为这表明该教师有较强的综合素质。我们的教师如果想成为一位优秀的教师,练就更好的实施力无不是迈向成功的最佳砝码。

> 元规则:设计和准备中科学成分含量的高与低最终决定实施效果的优劣。

实施力的提升应该涵盖两大部分:一是意识层面快速接受任务的意识提升,二是相应隶属于教师素养的基本功部分。这两大部分提升的过程与教师走向成熟有关。面对教育新任务,不同的教师会有不同的态度,对于成熟度相对高的教师而言,他们多不会先去思考完成任务的难易程度而后再作出是否领取任务的决定,而第一反应便是欣然接受任务,然后再去思考如何完成任务。其实,就因为态度不同,他们完成任务的过程往往也会不同。如果承揽的任务相对较难,欣然答应者往往会有一种敢于挑战并勇往直前的态势;被动接受者则多会采取逃避的态度。

拥有超强的实施力,并非一天两天便可练就,是一个逐渐提高的过程,特别是实施过程中,能采用与原计划或设计配套的方法,并拥有强大的个人专业能力作支撑,那么,实施起来就可能得心应手。完成一项教育教学任务,往往需要调动教师的多项能力,比如教师的听说读写能力以及临场应变能力和教学调控能力等等,这些都是对教师能力素养的检测。只有那些平日里不断加强学习与“练兵”的人,在实施某项教育行动时才会从自我的知识与能力素养库中提取所需,从而于实践中不断提升自己的实施力。

【现象纪实】

实施力是推动教师走向成功的一项核心能力。完成一项属于教师职业范围内的任务,其完成的速度、质量与效果,往往成为他人认识与评判的标尺。在这里,我们完全可以这样说，许多徘徊在优秀之门外的教师，其实施力一定不高，也因此无法感受到成功的快感，更别说有成就。

实施者，实行、施行也。关于实施力的调查，普遍结论是教师缺乏成就感，即在教师职业生涯中，没有做出让自我为之骄傲的事情来。其实做任何事情，都可以做到优秀甚至卓越，只是我们不愿意真心地去实行与施行。比如，面对一个基础非常差的班级，也只有那些实施力强的教师心甘情愿或主动承揽，而后倾注大量的爱心与责任，结合班级实际、学生个性特点及现状制定相应的策略，从而一步一步地执行下去，有时甚至不断反思，探索新的行走路线，从而改变一个班级。其实无数名师的成功，几乎就在于他们敢于面对困难，并想办法克服困难。当他们最后成为克服困难的行家里手，成为提升实施力的代言人时，如何不会走向成功呢？

面对困难"挑肥拣瘦"的人，在别人的眼里定会留下实施力弱小的印象，那其实是自我不自信的表现。这样的人也经常采用不冷静而简单的方式对待交办的任务，结局自然不理想，这无不是致使实施力难以提升的真正原因，也是让自我失去锻炼机会而永远原地踏步甚至退步的重要因素。

实施力是教师能否成功的保证，是自己被认可的一把钥匙，是每一位教师不可轻视的一项修炼内容。

【链接 4 - 4】

成功就是做最好的自己

有一个小男孩，从小父母离异，跟着母亲生活。他从小就长相一般，寡言孤僻。上学后，更是受到同学的奚落和羞辱，被人称为"没有父亲的野孩子"。

他对拳击和武术有着狂热的兴趣，曾经渴望做一名像李小龙那样的功夫高手，但却因体质较弱，最终没能被体校选中。他的第一份工作是在一个公司做助理，后来当过跑堂、工人。1983 年，他成为香港无线艺员。同年被选派到儿童节目"430 穿梭机"当主持人，一做就是 4 年。当时有记者写过一篇报道，说他只适合做儿童节目的主持人。他把这篇报道贴在床头最醒目的位置，时时提醒和勉励自己：握紧拳头，一定要创出一番像样的事业，让人们对自己刮目相看！

从此，他痴迷上了演艺事业，从早期的跑龙套开始，一步一步地迈进了影视圈。但是，一开始他只能演一些名不见经传的小配角，勉强混个盒饭吃。对于失败，他从没有选择放弃，也不和别人攀比。他在日记中写道："一步一个脚印，努力地做好自己！"

他有这样一段真实的个人经历：在片场，他曾扮演一具死尸，大火烧身强忍剧痛。近乎残酷的坚毅表演，使他在圈内逐渐有了名气。继而，他独辟蹊径，赋予自己扮演的角色以幽默俏皮的风格。正是他那看似荒诞不经的"无厘头"表演，以及那种小人物的市侩和富有正义的矛盾对立，开了喜剧表演的先河。

虽然，他最终没有成为李小龙那样的功夫高手，但他却用另一种观众喜闻乐见的艺术形式，成为最出名的喜剧演员之一，他的名字叫周星驰。20 年前，他是被人呼来唤去的"星仔",20年后,他的名字叫做"星爷"。他创造了香港电影的票房神话。

成功的定义,有时候就是这么简单。我们要像周星驰那样,无论身处什么岗位,都不在乎别人如何评价,更没有必要去和别人攀比。成功不可复制。很多时候,成功就是做最好的自己。

【案例解读】

提升实施力,实质就是经历炼狱的过程,一个把平常事做得不平常、把普通事做得不普通的过程。成就自我,往往是从做最好的自己开始的,是从做好所承揽的事务开始的。喜剧演员周星驰最初也只是一个跑龙套角色,然而他却能一步一个脚印,努力地做最好的自己,方才让他在影视圈里给自己写上"成功"二字。对于教师而言,真要做出超人的成绩是相当难的,只有那些敢于追求卓越并努力奋斗的人,才可能将事情做好,并在实践中提升自我。

对于千万教师而言,最初的资质相差无几,然而,从跨出学校大门的那天起,他们彼此间的距离便越拉越大,一个重要的原因就在于:有的教师敢于挑战自我,敢于直面困难,敢于去实践,并在实践中得到提升,而另外一些教师则做不到这些。随着实施力提升的速度不同,被社会的认可度也将不同。当然,一个人成功的路子只能属于他自己,其他人几乎不可复制;但有一条是相通的,那便是做最好的自己,哪怕自己依然不喜欢做教师这一行。

做最好的自己,从提升自我的实施力开始。从平常到优秀,从优秀到卓越,往往需要一个人去坚守,才会掌握他人无法比拟的本领;哪怕是一些比较大众化的本领,也能因超越而出众。笔者在对众多教师的观察中发现,我们提升自我实施力的过程,往往会因为自己的定位和喜好不同而更多地带有个性化的技能形成,甚至于应用时能达到无痕之功效。对于每一个追求成功的教师而言,我们只有认真对待每一项工作和每一个工作对象,以高度的责任感踏踏实实地实践下去,我们才有可能真正提高自我的战斗力。

【行动指南】

从优秀到卓越看似仅一步之遥,但有的人终其一生也无法跨越。只有当您找到跨越优秀的秘方,接下来您才能有希望到达卓越的彼岸。关于如何提高实施力,我们给出如下建议。

一是做训练有素的人,要拥有训练有素的思想,付诸训练有素的行动。"冰冻三尺非一日之寒",从优秀到卓越的跨越,都是经过了大量的积累,在有充分准备的基础上进行的变革。"台上一分钟,台下十年功。"没有对所从事的事业不断学习、创新、积淀的过程,就不可能在别人的眼中绽放出耀眼的光芒,也不可能创造出奇迹。我们所看到的美好瞬间,背后都包含了艰辛的磨炼和艰难的过程。

综观教育,优秀的教师不多,而卓越的就更少,不论是优秀也好,卓越也罢,都包含人、思想和行为这三要素,而三种要素只有训练有素、高水平的教师,才能实现质的跨越。真正的卓越与职务无关,与薪酬无关,甚至与技术、规模和环境都没有必然的联系,卓越的教师不卑不亢、不轰轰烈烈、不刻意创造转变,不存在侥幸的突破和从天而降的奇迹。唯一与卓越密切相关的是选定适合的目标和路径,融入智慧,坚定地走下去!

对于我们教师而言,只要想成就一番教育事业,从优秀到卓越,几乎不受时间、地域的限制,任何人都有成功的可能。其实,我们考查那些在教育领域里做出卓越业绩的名师,总会发现,他们之所以卓越并不是因为"他们比常人更聪明、更有魅力、更有创造力和有更高深的思想",他们也"并不一定比我们更善于想出好点子",他们与我们不同的是,他们往往能把一些教育理念和原则坚持得更加彻底。在当今教育世界,追求卓越注定成为每个教师的梦想,我们也只有努力成为一个训练有素的人,才有可能成为栋梁。

二是培养提升实施力的主动意识。坦白地说,更多的教师在学习和工作中还不够主动,需要学校领导给安排任务,或是按照领导的思路做事。但是,要想在现代教育中获得成功,就必须努力培养自己的主动意识:在工作中要勇于承担责任,主动为自己设定工作目标,并不断改进方式和方法;还应当培养"推销"自己的能力,通过实施力的呈现展露自我的优点,或通过演讲、展示、交流及论文等方式和同事或同行分享。只有积极主动的教师才能在瞬息万变的竞争环境中获得成功,只有善于展示自己的教师才能在工作中获得真正的机会。

在工作中,我们应主动挑战自我。要知道,学无止境。我们应当努力在实际工作中学习新的技术并积累相关经验,不断学习,不断提高自己。如果只知道闭门造车、抱残守缺,我们就必然会落伍,必然会被淘汰。建议大家要和自己竞争,努力超越自我,不断在自身现有的水平基础上取得进步。

提升实施力,需要自觉。每个人都应当对自己的素质、潜能、特长、缺陷以及经验等有一个清醒的认识,对自己在社会工作和生活中可能扮演的角色有一个明确的定位。这通常包括察觉自己的情绪对言行的影响,了解并正确评估自己的资质、能力与局限,相信自己的价值和能力等几个方面。一个人既不能对自己的能力判断过高,也不能轻易低估自己的潜能。对自己判断过高的人往往容易浮躁、冒进,不善于和他人合作,在事业遭到挫折时心理落差也较大,难以平静对待客观事实;低估了自己能力的人,则会在工作中畏首畏尾、踟蹰不前,没有承担责任和肩负重担的勇气,也没有主动请缨的积极性。无论是上述哪一种情况,个人的潜力都不能得到充分的发挥,个人事业也不可能取得最大的成功。有自知之明的人既能够在他人面前展示自己的特长,也不会刻意掩盖自己的缺陷。有自知之明的人在工作遇到挫折的时候不会轻言失败,在工作取得成绩时也不会沾沾自喜。认识自我和准确定位自我价值的能力不仅可以帮助教师个人找到自己合适的空间及发展方向,也可以帮助学校建立起各司其职、协同工作的优秀团队;而且教师也更能把握住自己的优势和劣势去开展工作,去主动做好应做的事情,并在做事的过程中提升自己的实施力。

【谨记】责任心不等于实施力,只有实施力加上责任心才可能有所成就,获得成功。

第三节 核心:努力构建激励力与评价力

教师专业能力的提升,真还不能缺少从"力"之方向予以考查的过程。比如,推动其他事物向前发展,无外乎靠外力、引力和内驱力而达到目的。不过,论及教师的专业发展,其核心之力在笔者看来不外乎两个方面,一是彰显正能量的激励力(对自我而言是一种内驱力,对外而言其激励力的大小将决定教育对象转化速度的快慢与效果的高低);二是富有批判精神的内驱力,相对于自我来说,这是自我主见的折射,它对教育对象给予辩证的指点,其作用是无穷的。

激励力与评价力在教师综合素质的发展过程中,往往不是单一呈现的,它们所起的作用不是单向的,而是处于交互状态。认真分析牵扯教师专业能力发展的"力"的方向就会发现,它们虽作用不同,但也相互支撑。只不过,在接触更多名师和更多典型案例后,我们发现,激励力与评价力更多地属于优秀教师独有的能力,因为只有当一位教师走向成熟后,这两种力才会彰显,而且是一种很自然的彰显。这就如人们常说的那样,哪怕是同一句话,出自不同人的口,效果迥然不同。面对同样一个教育对象,只有优秀者才会拥有话语权。对激励力与评价力的探讨其宗旨在于指出这两种力是可以不断发展之"力",是我们必须努力打造的"力"。

1. 激励力构建

激励力是什么,它是怎样的一种力? 我们先看看什么是激励。管理学家贝雷尔森和斯坦尼尔给激励下了如下定义:"一切内心要争取的条件、希望、愿望和动力都构成了对人的激励。它是人类活动的一种内心状态。"教育人的一切行动都是由某种动机引起的,动机是一种精神状态,它对人的行动起激发、推动和加强的作用。如何在工作上调动教育对象的积极性,激发他们学习的内驱力,让他们持续做下去,无不是教师能力素养最核心的体现。

探讨激励力,会发现正能量在其间所发挥着的巨大作用。我们教师的内心就是一座"能量场",既隐藏着自信、豁达、愉悦和进取等正能量,又暗含着自私、猜疑、沮丧和消沉等负能量。这两种能量是此消彼长的关系。身为职场人的教师,只要我们静心思考便会发现,管理时,正能量好比一座"磁场",可以向外辐射积极和乐观。拥有正能量的教师能给人以自信和自励。当自身正能量不断被激发时,教师所彰显出来的一言一行才充满无穷的魅力,也才会给学生增添无穷的正能量。正能量被催生,就如给旷野种上庄稼并除去杂草一样,可以很好地抑制负能量,从而让学生健康成长。试想,如果我们正能量不强大,甚至不时被负能量占据上位,传递给学生的就可能是负能量;这负能量在学生心里、在学生之间弥漫时还会被放大,从而更滋长学生的负能量,教育效果低下是在所难免的。在本书中,我们将激励艺术的研讨,转向对"职场正能量"生成需求的探讨,指明教育他人更需要我们有强大的正能量,激励以艺术的方式体现于教育的方方面面。

> 元规则:给教育正能量是激励艺术最直接的反映。

激励力,激励艺术的掌控能力。探讨教师专业素养之力,包括对激励力的论述,我们都尽可能地将笔触转向教师自己,探讨如何发掘教师的潜在能量,并把这种能量潜在的正向力放大,并由内而外地给教育对象以更加阳光的影响,而不是如何更好地发挥力的效果。在我们看来,本源之力更是施行这一力的根本。教师自身有了这样一种"力"还愁不会在教育教学中加以发挥？将激励力作为论述对象，这在以前的诸多论述中基本还没有过。因为教师的工作性质决定了教师的教育行为是通过言传身教来影响工作对象，因此，其激励艺术之力直接影响着学生的发展与成长，如此，我们又怎能忽视激励力的提升呢？

激励有激发和鼓励的意思，是教育教学过程中不可或缺的环节和活动。激励之力，是一种传递正能量之力，世间万物都存在着的一种原始之力。物进物退，花好月圆，喜忧笑惧，万物之间存在着千丝万缕的联系，往往也互相牵扯，互相促进和转化，这便是最好的证明。激励之力，作为正能量之力，被独立提及，对于教师而言，似乎便可自我掂量其对教育的影响，大小与多少自然分明。当然，激励力是一种艺术之力，需讲究方法。再深入地研究便会发现，这一切都指向正能量的传递过程，在传递过程中，不同的教师其激励力的差异便极其明显地显现出来。"冰冻三尺，非一日之寒。"可以肯定地说，激励力是一种需要教师长久经营才可达成之力。

【现象纪实】

激励力是正能量的外在表现形式，正能量是激励产生效果的直接动力。然而，在我们的教育教学中，两者不协调是最普遍存在的一种弊病。无数教师总在尽可能地找机会激励学生，却不知道自我正能量之弱小、底气之不足，让学生感受不到那种魅力和正气；或者老师缺少体现正能量的方式，千人一法，不知变通，致使教育效果不好而报怨学生。另一种情况是，在教育过程中，教师更看重结果，而忽略以正能量潜移默化地激励学生，致使学生前行中没有源自于正能量的支撑而失去前行的动力。

教育尤如疾驰的汽车，它需要能源的驱动。负能量如同劣质的汽油，会对汽车造成致命的伤害，甚至引发故障而抛锚。只有多创造正能量，多显现正能量，艺术地给予正能量，教育这辆汽车才能安全地驶向远方。现实是，无数教师只知教育过程中需要对学生进行激励，而不知道激励之内核以及其核心特质的东西，更是少有正能量的修炼过程，这样怎么会有好的效果呢？

激励力，是教师优秀与否的反映，很多时候它只是一种外在形式的体现。只有那些真正优秀的教师，他们才会在教育教学中时时透射出磁石一般的力，凝聚着学生的心，使学生在成长与发展中欲罢不能，这就是正能量，就是激励力，它能于无形中给予教育对象以正能量。可以肯定地说，当下无数教师激励力差小，正能量弱小，教育效果差，更是致使自我素养无法向前发展的客观原因。提升激励力，从提高正能量开始。全面思考如何提高正能量，积极积蓄自我正能量，是教师突破发展瓶颈的捷径。

【链接 4 - 5】

心中的顽石

阻碍我们去发现、去创造的，是我们心理上的障碍和思想中的顽石。

从前有一户人家的菜园中摆着一块大石头，宽度约为四十厘米，高度约为十厘米。到菜园来的人，不小心就会踢到大石头，不是跌倒就是擦伤。

儿子问爸爸："为什么不把讨厌的石头挖走？"爸爸回答说："石头从你爷爷时代就有了，它的体积那么大，根本挖不了。"

过了几年，当年的儿子娶了媳妇，当了丈夫。

有一天媳妇气愤地对丈夫说："菜园那颗大石头，我越看越不顺眼，改天请人搬走好了。"

丈夫回答说："算了吧！那颗大石头很重的，可以搬走的话在我小时候就搬走了，哪会让它留到现在啊？"

媳妇心里非常不是滋味——那颗大石头让她跌倒多次。有一天早上，媳妇带着锄头和一桶水来到菜园里，将整桶水倒在大石头的四周。

十几分钟以后，媳妇用锄头把大石头四周的泥土搅松。

媳妇早有心理准备——可能要挖一天吧。可谁都没想到，几分钟就把石头挖起来了。这颗石头没有想象的那么大，都是被那个巨大的外表蒙骗了。

【案例解读】

激励力，是教师身上正能量体现之力。教师凭什么获得如此之力？凭潜藏于心中的正能量。然而，不少教师却没有获得强大的正能量，一个主要的原因就在于我们无数教师在前行时总被几块顽石挡住了努力前进的大道。无数的教师从走进教师职场的第一天开始，其眼里的榜样就是眼前几位普通的而且水平都差不多的教师。生活中更多的人也不过像普通教师一样，具有差不多的优点与缺点，都过着普通人的生活，无形中便停下提升自我正能量的过程，也少有开掘自我正能量的需求和规划，更少有持之以恒的过程，只是像身边的教师一样去打骂式的管教学生，去处理前行中的问题。其实，从进入教师职场的那一天开始，各类教育现象以及形形色色的问题，都毫无例外地呈现在面前，而教师们由于对自己没有更高的要求，所以草率处理或不处理问题，让那"顽石"永远横亘在心中。如此，又怎会不普通呢？

人的正能量之获得，不可避免地会受到环境的影响。拥有强烈欲望的教师，才会找到给予正能量的方向。改变你的世界，必先改变你自己的心态，特别是拥有正确的抉择能力更为重要。"5年前和什么人在一起，5年后便会成为什么样的人。"笔者在一次讲座中讲述了自我的成长经历：最初到一所学校，没有明晰是非的能力，总与几十个不求上进的教师混在一起，而后几年下来，几乎就成了与他们类似的人，于是自然而然就产生了职业危机以及人脉危机。这是总与负能量接触的后果的见证。"这几年，我总与坏家伙在一起，所以没有发展。"这是笔者在讲座完之后，一位老朋友由衷反思后发出的感叹。有几个人打哈欠，其他人也会忍不住要打。"跟好人学好人，跟着巫婆学跳神。"任何糊涂的跟风都只能延缓正能量的发掘与获得的速度。我们必须谨慎，如果想要获得大的发展，必须认真寻觅获得正能量的途径。

在本小节中，探讨激励力的提升而谈正能量的积攒，它们之间还真不抵触。"正能量"是一种健康乐观、积极向上的动力和情感。我们或许会有这样一种感觉，你开心，这个世界就开心。正能量也一样，拥有正能量，你对学生的看法和教育方式会大不一样；所传递给学生的是一种富有魅力的激励，这种激励是无形的，但却是有效的。在日常生活中，我们发现人们对待同一问题,会采用不同的解决办法,这其实便是正负能量于他们身上的体现。我们教师拥有正能量,能以积极的姿态影响我们身边的人,激励他们发展的方式也会更阳光,更有魅力,其正向的效果更是淋漓尽致地呈现在我们面前。正能量传递的是积极的心态,它会让不良情绪释放干净。与"正能量"一词相对的是负能量,它带给人消极的情绪,对人在职场中的发展以及人的生活都极为不利。当负能量占据优势的时候,我们的生活就极为暗淡,而当我们的内心充满正能量的时候,内心蕴藏着的自信、豁达、愉悦和进取精神就会在我们身上尽情地表现和释放出来。这里提一下近来发生在笔者身边的一件事:一天晚上,突然一QQ好友给我传来一个文件让欣赏,我打开一看,里面全是这朋友收集的一些充满社会负面信息的漫画。其实,表面上看这是一件非常平常的事,但只要回头再看这位朋友的人生轨迹,便会发现其人生观的偏离。平日里与其交流,发现其大脑里总是更多报怨,少有向上积极的心态;特别是当这位朋友告诉我他曾是十余年来的抑郁症患者时,我真正感知到正能量对于一个人的重要性。

正能量是一股积极向上的力量。正能量一词适合各个阶层的人,不管你是什么职业、什么年龄,如果在生活不顺的时候激活自己心中的正能量,前进的道路上必定会增加许多动力。能量守恒,"正能量"越多,负能量便越少,如此教育才会充满希望。我们想要用我们的正能量去感化他人,必须先从思想上去思考如何获得正能量。

【行动指南】

正能量,在本书中以能力素养的方式呈现,实是我们对教师成长的积极关注。它更多时候以一种习惯的方式,用自我的上进形象,给他人以榜样。事实上,每个人的身体中都潜藏着巨大的正能量,只不过我们有时让负能量占了上风。负能量是"迷路"的正能量,我们每个人都有能力疏导自己的负能量,使之回归为自己的正能量。发掘自己的正能量,你准备好了吗?为此,我们提出如下建议。

一是与具备正能量的人交朋友。我们不得不承认,在大多数成功人士的身上,会散发出一种很强的磁场:超一流的口才、积极向上的气质、永不言败的意念,有他们身影出现的地方能成为大家关注的中心和焦点。我们如果想发展自我的正能量,从他们身上先汲取正能量,是必不可少的一步。

人都有未发掘的潜能,正能量是其中之一。我们要学会开掘和积蓄正能量,积极地去生活。要多结交积极活跃、兴趣广泛、态度乐观、富有热心、充满希望与信心、懂得享受人生的人,同时了解你自身的能量。与正能量高的人接触,可以提升正能量;与负能量高的人接触,容易陷入纠缠,产生负面情绪,自身正能量也就降下来了;换个角度想,与负能量高的人接触,很容易陷入烦恼,烦恼即菩提,他们是来渡你的! 如果你能够调动自己的智慧转化负能量,你就提升了,正能量更大了。

二是采用科学的方法获得正能量。正能量指的是一切给予人向上和希望、促使人不断追求、让生活变得圆满幸福的动力和感情。现代心理学之父,美国哲学家、心理学家威廉·詹姆斯提出过一个伟大的"表现原理",认为表现出一种情绪不仅能影响我们的心情,更能直接影响我们的身体,催生不同的能量,而只有愉悦的、提振人心的情绪,才能激发出正能量。快乐是正能量之源,而生气、抑郁和恐惧都是在抑制正能量。要获得正能量,方法很简单,那就是要改变你的情绪,让自己快乐起来。面对教育,让我们尽情微笑,这样正能量才能被驱动起来,将所有好的情境、人和事件带入你的生命中! 换句话说,如果你想要变得快乐,那就先得感觉美好,感觉教育的美好,感觉学生的美好,这样才能有吸引美好事物的能量。

学会"对抗习惯",可以让人提升正能量。心理学中有一个神奇的"推拉"游戏研究显示,将一个物品推开(表现得仿佛你不喜欢它),使你厌恶这个物品,负面情绪会越积越多;而将一个物品拉到你身边(表现得仿佛你很喜欢它),使你更加喜欢这个物品,对它的亲近度会提升,那么,正能量也随之凸显。所以,面对教育,别做定势习惯的俘虏;学会对抗习惯,你会感觉自己变成了一个崭新的、充满正能量、更加有动力的人。

学会"制造认同",可以让人传递正能量。在现实生活中,我们要学会认同别人,与人交谈时巧妙的点头、适时的微笑,会产生积极的正能量;对方会感受到你所释放出来的"正能量",从而做出相应的动作,然后发现自己莫名其妙地被你的思路所吸引。

三是积极地将正能量应用于激励之中。应用个人正能量去影响身边的人,其价值才会彰显,建议我们在应用正能量去激励他人时,更应把握一些关键性的因素,如时机、频率、程度和方向等,这些因素集中起来对激励的效果有直接和显著的影响,认识和了解这几大因素,对搞好激励工作是大有益处的。诸如,激励时机的掌握。激励时机是激励机制的一个重要因素。激励在不同时间进行,其作用与效果是有很大差别的。打个比喻,厨师炒菜时,不同的时间放入调味料,菜的味道和质量是不一样的。超前激励可能会使下属感到无足轻重;迟到的激励可能会让下属觉得画蛇添足,失去了激励应有的意义。激励如同发酵剂,何时该用、何时不该用,都要根据具体情况进行具体分析。根据时间上快慢的差异,激励时机可分为及时激励与延时激励;根据时间间隔是否规律,激励时机可分为规则激励与不规则激励;根据工作的周期,激励时机又可分为期前激励、期中激励和期末激励。激励时机既然存在多种形式,就不能机械地强调一种而忽视其他,而应该根据多种客观条件,进行灵活的选择,更多的时候还要加以综合运用。

将正能量融入激励过程,需要下一番苦功才能达到好的效果,诸如对激励频率、激励程度、激励方向的掌握,更是涉及一些非常专业的知识与技能。只有我们肯下功夫,才会在不断恰当地释放正能量的过程中,不断提升自己的激励力,也更会将激励力体现得恰到好处。

【谨记】激励力少有正能量的支撑,就等于粮食全是空壳。

2. 评价力构建

评价应用于教育,应用于生活,已越来受到重视。它应用于教学,便掀起一轮教学评价改革的风暴;应用于学生,便推起一波接一波提升学生素质教育之潮流……评价影响发展,这几乎是已经成形的定论。评价谁,如何评价,这差不多成了一大难题,成为阻碍当前教育改革的壁垒。这些,只能进一步说明,众教师现有的与评价相关的素质还远远不够,评价力的提升还是一大空白,只要努力将有广阔的提升空间。什么是评价? 简单地说,评价就是

"根据某种或某些标准,对某个人或某件事做出评论和判断的行为"。评价真那么难吗? 评价的提升真是那么不易吗? 目前的现状又说明什么?

评价力,一个改造人或物之力,因为评价力之不足,致使无数教师没有建功立业,而业绩平平地过一生。考察其不足的原因,我们发现,这源于一种基础之力的缺失。关于评价力,几乎也像前面所提及的激励力的内核是正能量一样,评价力也只是一个表现形式,它的内核是批判精神。当前评价乏力,这也无可辩驳地证明,教师内在批判精神严重缺失。为此,在本小节的论述中,我们将直指如何促使教师形成批判意识,探讨如何评价和如何将评价做到位。

> 元规则:拥有批判精神的教师,更要具有创新能力与建构能力。

评价之力的缺乏,直接指向批判精神的缺失。长久的缺失,批判精神也早已不在其位,真到应用之时,又怎么不会感觉力不从心呢? 其实,实用主义式的评价不能达到需要的目标时,已说明其背后隐藏着更深的问题,只是我们从不曾去考究和改变而已,因为批判意识的缺失,才直接指向更多的不作为。现实也正是这样,在 100 名或 200 名教师之中,真有几人敢说其真正拥有属于自我的教育成就? 试问,少有破与立的对立统一、批判与建设的相得益彰,又怎会有新的突破?

如果说问题是时代的呼声,那么批判则是对这呼声的回应。在认识论层面,批判是认识问题的逻辑起点;从方法论角度,批判为解决问题、推动进步提供了契机。然则,直指问题之症结,并找到新的发展方向,这才是评价力强的表现。在漫长的人类历史进程中,批判是思想进步的活水、社会发展的源泉。没有哥白尼的批判精神,就没有神学大厦的坍塌,也就没有我们所生活星球的真相;没有费尔巴哈的批判精神,就没有对黑格尔哲学的扬弃,也就没有马克思主义的登场。在我们的教育改革之中,如果没有对旧有教育的批判,就没有对素质教育的追求,没有对统一教材的批判,就没有新课程改革的纵深推进。正是在批判中,我们突破一个又一个禁区,从必然王国一步步逼近自由王国。当下,教育改革近乎成为少部分精英教师的专利,广大教师几乎只有接受与执行,少有批判,这也从另一侧面恰恰反映出我们无数教师甘当"小老师"的真正原因。

【现象纪实】

什么是批判精神? 是对某种思想言行(多指错误的)进行系统分析时所坚持的一种原则和立场。现实是,无数教师批判精神缺失,但真还不能说他们少有批判。比如,他们针对某一教育现象多有抱怨,甚至会出现整体性的不满;又比如犹如置身事外对教育现象冷嘲热讽,图一时痛快而宣泄情绪……这些真还不少见。这种批判的结果是,不加分辨地否定昨天、鄙薄今天、怀疑明天,陷入历史的虚无:昨天一无所有,今天一无是处,明天一无建树,更多的是让自我痛苦。如此的批判,只能说明其是一种病态的批判。我们时代不只需要"好不好"和"该不该"的判断,也需要"行不行"和"能不能"的探寻,还需要"怎么做"的践行。

综观所有有所作为的教师便会发现,他们有与众不同的能力,还有超强的批判精神。然而广大中小学教师们普遍缺乏批判精神。批判精神，实质是发现问题后的一种创新精神、解决问题时的一种教育机智以及解决问题后的清醒思维，其完全可以被称为教师由普通走向伟岸的第一素养。考察中小学众多教师无批判精神的通病会发现，教师群体总习惯于照着某种规矩做，对所谓的指令、思想和理念来者不拒，"照单全收"，而不管其正确与否，也不管其于自身的教育有用与否，一概执行下去，这不能不说是一种悲哀。教育需要有新的突破，自然需要教师有超凡的成就，但我们教师批判能力缺乏却不知原因何在，这怎么能行呢？

【链接4-6】

爱因斯坦的独立批判意识

在青少年时代，爱因斯坦阅读了马赫和休谟的著作。两位思想家的怀疑和批判意识，使得爱因斯坦的怀疑态度趋向理性化。

休谟指出，宗教迷信的浮夸是危险的，应当加以怀疑。他以他的怀疑论哲学，打破了教条主义和独断论的迷梦。这一切，给爱因斯坦留下了深刻的印象。至于马赫，爱因斯坦认为他的真正伟大之处就在于他的坚不可摧的怀疑态度和独立性，并深受他的怀疑和批判精神的影响。

爱因斯坦在专利局工作期间，很讲究工作方式的局长哈勒经常训示他的下属："你们着手审查时要设想，发明者所说的全是假话。如果你们不这样想，顺着发明者的思路走下去，你们就会受束缚。你们始终要有批判眼光，要警惕。"这种工作方式使爱因斯坦养成了怀疑和批判的习惯。

爱因斯坦喜欢称自己是"异教徒"，别人也认为他是"叛逆者"和"创造者"。

在科学的世界，爱因斯坦深谙"批判是科学的生命"这一真谛。他在科学工作中经常以批判为先导，给自己开辟前进的道路。

1901年，爱因斯坦这样写道："进入人们头脑中的权威是真理的最大敌人。"在19世纪末20世纪初那个机械自然观和力学先验论的教条顽固统治的时期，他在初涉科学前沿问题时就怀疑牛顿的绝对时空观，怀疑把经典力学作为物理学的基础的教条。他坚定地与当时的认识论潮流和科学潮流背道而驰，独辟蹊径。结果，他捷足先登，打开了20世纪物理学新理论的大门。

爱因斯坦的批判态度有自己鲜明的特色。它是与怀疑态度相伴随的，并且建立在坚实的理性分析的基础上。因此，爱因斯坦的批判总是有的放矢，言之有理，持之有据；同时，这种批判态度往往贯穿着历史感和历史意识，在传统与革新之间保持了必要的张力。例如，他在批判牛顿的经典力学之后，紧接着这样写道："牛顿啊，请原谅我；你所发现的道路，在你那个时代，是一位具有最高思维能力和创造能力的人所能发现的唯一道路。你所创造的概念，甚至今天仍然指导着我们的物理学思想，虽然我们现在知道，如果要更加深入地理解各种联系，那就必须用另外一些离直接经验领域较远的概念来代替这些概念。"

（李醒民）

【案例解读】

爱因斯坦的独立批判意识,对于当今中国的学术研究和教育事业有着重要的启示意义。我们作为引领他人走向文明的教师,拥有独立的批判意识吗?

评价学生,评价教育,拥有批判精神与没有批判精神,其效果会是不同的层级,批判精神之高低更会彰显不同的结局。很多教育规律如果没有教师批判精神的植入便无法发展,正如我们在认识儿童自我发展的规律时,如果没有批判精神,结果就只能是尽信,而后几乎就不可能有从镜像自我到一般化他人和重要他人的认识。作为教师,教书匠与教育学者之间的区别,就在于对待教育与学生的行为态度的不同,普通教师若要超越自我,没有一个对所涉工作对象本质认识的过程,没有一个敢于否定而后提出新的发展方向的认识,就没办法证明自我专业素质的提升。在我们的教育教学过程中,面对一个教育理念或观念,无数教师几乎没有经过大脑的过滤,就认定其正确性。这种无批判精神的直接反映是,一味地执行,以简单化、机械化的态度应对教育。这不但不能带给教育什么,同时也不能给予自我素质的改良。比如,对留守儿童心理特征的认定,如果真正地涉足留守儿童教育领域,只要静下心去观察,与他们进行入心的交流,你便会发现,昨天留守儿童身上的一些症结已不全是今天的问题。看教育问题,如果没有批判精神,评价学生又将是怎样的状态呢?定性式的缺乏发展眼光的评价,造成伤害孩子的事例可以说是层出不穷。现实是,我们的教师并没有认识到自我批判精神的缺失以及由此对自我发展的影响。

批判精神其实是一种实事求是的发展精神,在实际的教育教学应用中,评价力之大小,就像打扫一个屋子一个样:让小孩子去干,他们可能用半个小时都没有将屋子打扫干净,而大人只要用 3~5 分钟就给做得非常彻底。提升评价力从构建批判精神开始,需要一个漫长的学习过程,我们更应该把握批判精神之实质。正如有人所指出的:"所谓批判,其实就是站在一个更高的层面上,对历史或现实进行甄别和审视,对人或事进行分析和解剖,以期发现问题和解决问题。其最终目的是为了更好的发展,其着眼点是广阔的未来。批判的充分必要条件,是思想、人格和精神的独立,因此批判所引申出来的丰富内涵和积极意义,便远远地大于批判本身。"在我们的教育教学过程中练就批判精神,时刻保持清醒,并保持一种向上的状态,方才会有逐步朝向高级的过程。

评价力的提升,批判精神由不自觉向着自觉方向发展,由不自信向着自信方向发展,到最后才有一种不保守而又敢于坚守原则的积极状态出现。只要在评价力上有大的发展,我们就不会平庸。有批判精神,就敢于批判那些"合理"存在的东西,敢于批判别人的教条,也敢于批判自己的教育,这样,教育生涯中就会有很多值得去审视的内容和值得去改变的东西。拥有批判精神,更会以发展的眼光和从多种角度看待现存的事物。从静止中看出动态来,从不变中看出变化来,从变化中看出静态的东西,从变化中看出不变的东西。用这样的意识去看,去审视,那么,我们的评价力就毫无例外地会得到提升。当然,评价力在提升后,需要更多技巧层面的东西做支撑,笔者以为就像我们有一个容量大、速度快的移动硬盘,因为有技术的渗入而让它出现在我们手中,何尝担心复制的过程不那么简单?当下,我们需要唤醒批判精神,以便评价能力取得理性进步。当拥有了更多辩证、开放和豁达的批判精神,才会使我们因能力素养的强大而气宇轩昂。

【行动指南】

评价力与批判精神,是优秀教师不可或缺的素质。一位教师拥有评价力与批判精神,才会在教育人生中,形成一种独立怀疑精神、辩证扬弃精神、自觉反思精神和勇于创新精神的集合体,拥有不竭的驱动力。针对当前批判精神普遍被弱化的现象,提出如下建议。

一是全面构建和激发自我的主体批判意识。主体性是人的全面发展最根本的特征,也是全面发展的核心和精神实质。激发生命个体的主体性意识,培养独立思考和创造的主体意识,可以从掌握批判性思维方法开始。应摒弃单纯的知识认定模式,提倡以问题为中心认识知识,力求实现主体意识的觉醒。在主体意识觉醒之中,我们应该认识到主体意识的层次。保罗·弗雷勒终身致力于成人识字教育之理论与实践,指出人性化是其思想体系中的终极关注,批判意识更是其理想教育努力迈向的目标,主体意识有三个层次:神奇意识,纯粹理解并顺应事实,并认为外界有股优越的支配力,人必须臣服其下;素朴意识,认为自己优于事实,并控制着事实,因此可以按照自己的喜好不去理解事实;批判意识,认为事物和事实依存于经验,和其所处的环境脉络相关,并和现实整合为一。批判意识在保罗·弗雷勒的界定中,代表了一种认知方式,一种具有价值含义的生活方式。当教师的批判意识成为一种认知方式,教师就能为自我建立起一种主体性的批判意识。

我们在自我主体批判意识觉醒时,更应体现三个内涵:自觉意识,觉察到受压迫而寻找变通;批判,当觉察所处环境的不寻常时,着手开始思考如何脱离这个环境,寻求新的环境,并在新的环境中去适应与开启新的探索;转化,以积极主动的姿态改变学校及社会中不合理的制度,打破权威式社会关系中的种种非民主及不平等的权力关系,并寻求建立新的社会关系。教师的批判意识觉醒后,就要善于在日常的教育现象中去寻求,去探索,去更新。

二是让评价力和批判精神与自身进步紧紧相连。进步不应缺失批判精神。批判精神,是一种积极入世的态度,并且是建立在民主与科学基础之上的独立自由的人文精神。批判是站在不同角度的深思熟虑。我们在教育教学的过程中,在构建对自我的批判时,必须把握一个原则,即将其与让自我行动与进步的思想、理念和行为绑定。批判的充分必要条件,是思想、人格和精神的独立,因此批判所引申出来的丰富内涵和积极意义,便远远地大于批判本身,为此更要求我们能坚守批判重建、扬弃和继承。这本身是一个过程,一个融入与实践的过程,一个反思与更新的过程,一个螺旋式提升的过程。

对批判所持的不同态度和包容性的大小,几乎可以说决定一个教师的发展趋势。当前,我们最需要的是科学的批判精神和因批判精神而产生的科学。探究无数的名师,便会发现,他们比一般人更具有强烈的好奇心、创新意识和批判精神。他们在一生中掌握了"学习什么"和"研究什么"的主动权,享受着自由探索的乐趣。当前我们的教育中最缺乏的是"批判性思维"训练,而科学的思维方法正是这样一种方法,它倡导怀疑古训,怀疑权威,也倡导超越自我。我们要重新点燃批判精神的火炬,因为我们需要做教育的主人!

教师缺少批判精神，就很容易使自己对教育对象和教育现象的认识陷入一种主观化的瘾想之中。教师作为文化人，应该具有理性的批判精神，打造高端的评价标准，有"识千器而后观剑"的执着，敢于在广阔的教育背景中观察个别的教育现象，承认教育差异，拥有人文关怀之心，让教育对象得到更中肯和人文性的评价。中国有"君子和而不同，小人同而不和"的传统观点，其实，只要是正当的、没有夹杂私人恩怨的批评争鸣，就能激活教师的批判意识，丰富批判精神的内核。教师评价力的提升，批判精神的存在是其支柱，但随着实践的深入，其批判精神的内核应发生变化，并促进评价力向纵深发展。

【谨记】没有进步的批判精神作支撑，所有评价都将失去光辉。

第四节 超越：在于提升反思力与发展力

拿什么让自我对自身职业予以认定？凭什么感觉自己的付出有所值？为师而没有成就，是当前众教师最大的遗憾。把行动转化为能力，把能力转化为实实在在的素质，通过素质的提升而彰显自我的价值，是本小节论述的焦点。首先要说明的是，反思与发展，这本是人们非常熟知的两个词语，但反思不等于反思力的构建，发展不等于发展力的构建。纵然在教师的成长过程中，我们有过反思的经历，有过发展的历程，可我们没有一贯的反思，没有从反思看到曙光，也没有长久的发展，没有超越自我的轨迹，主要原因就在于反思而不曾促进力量的增长，发展而没有尽全力。

纵使有使自己变得卓越的能力，但却没有最终得以超越，也没有可观的成就，这依然是教师人生的遗憾。作为从最底层奋发向上的人，走超越自我的发展之路，这是一条最好的捷径。为此，我们将在本小节中，专门提及超越自我的两大着力点，一是反思力，一是发展力。

认识自我，超越自我，不是一件简单的事。在教师的诸多能力中，我们将视角指向教师自我的发展，从反思力与发展力找到切入点展开论述，以期让你更快找到属于自己的发展点。就像前面小节中提及的教育设计力、教学设计力、组织力、实施力、激励力以及评价力一样，明确自己目前的位置，更知道自己将去向何处，以及以怎样的方式去，如此，我们的教师人生之路才会越来越明朗。

1. 反思力构建

何谓反思力？有人曾给出比较专业的解释：所谓反思力，是人们对自身活动的注意和知觉的能力。教师的反思力是教师在职业活动中，把自我作为意识的对象，以及在教育教学过程中，将教育教学活动本身作为意识的对象，不断对自我及教学进行积极、主动的评价、反馈、控制和调节的能力。反思力是教师专业持续发展的一种必备素质，也是教师多种能力的综合体现。修炼并提高反思力，是促进教师专业发展的有效途径。

反思的起点是回顾"事件"，反思的目的是走出窠臼，走向新生。无论是回顾"事件"，还是"寻找另外的办法"，反思总是以"学习"为前提，以"更新"和"发展"为目标。相对于前面几小节所论及的其他几种专业能力，人们对反思力之核心词语"反思"并不陌生，反思自我几乎已经是在总结自我时必然发生的举动。提及教师专业成长，反思更是近年来已经被炒得非常火爆的一个词语。虽不敢言反思的功效有被夸大之嫌疑，但可以肯定的是反思真还像医治软骨病的一剂良药，只要手中真有几粒反思之药丸，定是铁骨铮铮的优秀教师。

> **元规则：** 反思≠反思力，只有经过长期的训练，才会促进教师由反思走向优秀。

可以说，不少教师都知道反思力对教师的成长有着神奇的功效，但又有多少人因反思力而受益呢？现实是，一提到反思，人们便会想起叶澜教授说过的过一句话："一个教师写一辈子教案不一定成为名师，如果一个教师写三年反思可能成为名师。"在此并不想评论叶教授的话是否正确，只是想进一步说明，反思力的提升有其自身的规律，更需要讲究一些科学的方法。如若没有搞清楚反思力的实质是一种针对自我行为的一种发现问题、思考问题、解决问题的能力，即使写上十年反思，可以肯定地说依然不会有反思力的提升，更不会有让自我强大的外显方式。

一位有极强反思力的教师，往往会在前行的路上找到给予自我继续前行的力量，能发现自己工作中存在的问题，并不断更新解决的办法，从而解决问题。近日有一位朋友告诉我他最近受到国内一著名专家的青睐，将其推荐为一杂志的封面人物，缘由是他在一次交流会上针对自我近年奋斗历程进行了反思，所言"一个人走得高，一群人走得快"引起了与会者的共鸣。反思虽然是一个出现频率很高的词，但其实只要用心体会便会发现，它与众专业能力有所不同的是它通过平时的磨炼以暴发的方式表现出来。只想见其结果，而不经其磨炼的过程致使许多教师无法真正感受成功的快感。在我们平时的反思力训练中，更多见到的指点是："反思是一项满怀希望的活动；反思是一种行为，是一种习惯；反思使'思想'成之为思想；反思是不断地自我超越；反思是一次次'践行'后的理性批判，是直面问题的勇气和习惯……"少有像"一辈子可能说清的是一句话——提'炼炼自己的观点是重要的反思力'"似的成功实践后的总结，结果便只能是使人感到如坠云里雾里的迷茫。

【现象纪实】

反思力极强的教师又有多少呢？有多少人有属于自我的表达反思力的表达方式呢？

一项"力"的提升，必须有支撑其持续前行的动力，方才有可能继续向前走下去。比如，前面所谈到的教育设计力、教学设计力，往往都会因为有积极的投入才伴随有成效，从而激励自我更全面地发展下去。提升反思力不得法，前面的反思又不给后期的投入以支撑，又怎能让自我持续向前呢？

知自我症结所在而不去努力寻找解决的办法，这可以说是当前教师在反思中最直接的写照。有反思，不一定能带来反思力的强大。在我们平时的教育交流中，就经常会发现专家级教师与普通教师思考问题的维度之间存在差距，尤其是专家级教师思想、观察、实践以及思辨等瞬间的爆发，更是让人望而兴叹。通过以上反思力的比较，我们想说明的是，反思力是一项极其专业的能力，我们在提升反思力的过程中，离不开长期的训练。也只有这样，才会拥有达到极高反思力的条件："有一个开放的头脑、专心致志的态度和需要的专业水平。"

反思力不能缺乏支撑,就像人们所言的那样:"反思是教师成长的必然之路,没有先进的理念,就想不远;没有具体的操作,就走不顺;没有深刻的反思,就走不快。"真要想促进自我反思力得以提升,最关键的一点莫过于找到适合自我的反思力表达方式。

【案例赏析】

华应龙——教师观

教师应成为反思性实践者,这是新时期教育教学改革的需要,也是实现教师专业成长的必经之路。有学者指出:对教师而言,能否以"反思教学"的方式化解教学中发生的教学事件,这是判别教师专业化程度的一个标志。华应龙认为,在反思的过程中,不论对自己的每一次否定是不是正确,置身其中,首先能感受到的是一种执着和专注的精神,一种永不满足、不断进取的精神。

华老师对自己的要求是,同是一节课,今天讲的要与昨天讲的不一样,每一次备课都要生成一些新的东西。有志于教学反思的老师,常会被两个问题困扰:反思什么和如何反思。华老师的教学反思告诉我们,教学中的任何疑难问题都可以成为反思的对象,对教学中任何困惑的思考、探索都有可能成为教学智慧产生的源泉,而每次反思都会有助于提高自身的教学能力。此外,实践是检验真理的唯一标准。反思之后当再以实践来检验,再实践以后再反思:为什么有的方法是可行的,而有的方法是行不通的。进而寻求新的解决方法。这也是增强教师反思能力必不可少的环节。

教学的生命力不是"复制"而是"刷新"。这是华应龙常说的一句话,也是他多年来矢志不渝的追求。其实,这也正是新课程对广大教师的要求。在众多教研活动中,我感受到教师具备的不只是操作技能与技巧,还有直面新情况、分析新问题、解决新矛盾的本领,在更高的起点上不断实现自我超越。

【链接4-8】

李镇西——反思表达式

以下言语是李镇西的反思之语,同时也是他反思表达方式的呈现:"其实只有我自己知道,我并不比千千万万的普通老师高明多少。如果硬要说我和大家有什么不一样的话,那就是我对体现教育的爱、执着、困惑、幸福、方法和技巧的故事进行了一些思考,并把它们一点一滴地记载下来,还写成了书。仅此而已!"

【案例解读】

反思能促进教育教学改革,反思力能促进教师成长。反思力不等于反思,是人们已经达成的共识。从著名特级教师华应龙的教师观中,我们更应该能感受到,他所主张的成为反思性的实践者,实质就是成为一个反思力极强的教师,如此,才会适应现代教育教学改革的需要。每一节课会有不的要求,教师所面对的对象也在悄然发生着变化,所以,同时也总会有不同的问题产生。每位教师有一次性的反思容易，而要有这方面习惯性的养成，真还不是一件简单的事。在笔者看来，如若能找到一种适用于每一位教师专业成长的反思表达方式，就会让其走得更远。比如，开展小课题研究，把遇见的问题全部当成一个个小课题而加以攻克，这样经历一个反思发现问题，而后经过思考与实践解决问题，最后总结并写出相应的小课题论文（特别是解决问题的小论文被杂志发表）的过程，更能给下一次攻克新问题带来动力。支撑反思力提升的表达方式是非常多的，通常属于每一位教师的方式就只有那么一种或两种。比如，有一叫杨聪的教师，班上来了一位问题学生，杨老师采用写教育叙事的方式，把与那位学生间发生的教育生活故事以教育叙事的方式记录下来，而后以《插班生林可塑》为名，出版了那本被誉为中国的《窗边的小豆豆》的著作。以小课题研究的方式前行，或像杨聪这样进行教育叙事研究而获成功的案例是非常多的。现实最需要的就是，必须找到一个切合自己的反思表达方式而坚持和坚守下去，如此才可能走远。

真正意义上的教学反思是讲究技巧的，它并不仅仅是对教学活动一般性的回顾或重复，而应是教师置身于整体的教育情境中，从更宽广的社会、伦理及教育层面激发自我意识的觉醒，更重要的是指向未来的教学活动，教师的教育教学理念、教学行为、教学思维和教学方法，都应纳入反思的范畴。著名特级教师支玉恒年近四十才开始教语文，正式上课仅有七年的时间，但是，凡是听过他的课的老师，都说他的课上得好。殊不知为了上好课，他每节课讲完后都要做课后笔记，写下心得或教训。十年来他已经写下了几十万字的教学反思，正如他所讲："写教学反思已经成为我每天必备的功课。"在反思力提升的过程中，教师以自己的实践过程为思考对象，对自己的行动、决策以及由此产生的结果进行审视和分析。反思能力是批判地考察自己及发现问题和付诸改良行动的能力。从某种意义上说，教师的反思能力决定着他们的教育教学实践能力和在工作中开展研究的能力。有关研究证明，成功的和有效率的教师倾向于主动地和创造性地反思他们事业中的重要事情，包括他们的教育目的、课堂环境以及他们自己的职业能力。太行与王屋两座大山，因愚公移山精神而被感动，最终便形成了通途。专业能力中反思力的提升，其实就是坚持攻克一个又一个困难；克服一个又一个困难，便会增添相应的勇气，而后当困难越来越少时，自然便会发现自我拥有无限的解决问题的能力。美国学者波斯纳十分简洁地提出了教师成长的规律——"经验＋反思＝成长"，并指出，没有反思的经验是狭隘的经验，至多只能形成肤浅的知识。教师如果仅仅满足于获得经验而不对经验进行深入的思考，其发展将大受限制，这正如"未经审查的人生是没有价值的"这句话所道出的内涵一样。提升反思力，我们真还不能只有反思的过程，还需要找到属于自我的反思力表达方式，以及让反思加深层级，让自我真正把一次次反思与解决问题的过程都当成一次次练习的过程。

【行动指南】

提升自我的反思力，首先必须让反思成为一种生活方式，并形成习惯；用习惯"看守"反思，用习惯让反思的层级攀升，用习惯提升反思的效度和"含金量"。经过"躬身体察—学习借鉴—升华提炼—个性融合—实践检验—认识创新"的历程进行思想锻造；在实践中体察、感悟,在学习中借鉴、融合,在深度思考中抽象、提炼,再在实践中完善、创新。在此,针对反思力修炼提出如下建议。

一是强调从自我教育实践出发建立起反思习惯。教师进行教育反思是一种体现教师职业本位的研究,其研究内容指向于研究者自身的生活史。在进行反思时,只有对自身的教育教学经历进行回顾和分析,才可能真正找到解决适合于自我的新的解决问题的思路与方法。其实,在展开教育反思的过程中,习惯于从自我真实性的教育生活出发,往往便会形成一种更新自我行动的需要,并逐渐发展成为教育生活的需要,甚至融入教师的生命。当一个人进行反思成为习惯后,当其在对亲历亲为的事件产生疑惑时,如若不进行症结的分析,不进行新方法的探讨,没有一个记载的过程,还会感觉不习惯。特别是反思力处于弱势或有待提升阶段的教师,进行反思时,更应该从自我的课堂、班级管理以及教育人生等方面入手,呈现成败得失,把握其背后的观念或价值。如此,经过一段时间的练习后,视野会更宽广,思路会更开阔,就更能提升反思的勇气,反思便渐渐地变成习惯,反思力的提升也便水到渠成。

二是从问题意识的培养开始,注重从自觉到内省行为的形成。提升反思力,核心点在于问题意识的形成。在日常教育教学工作中,我们许多教师由于缺乏问题意识,常常发出没有课题可研究的感叹。于是,有些学校搞科研贪大求全、标新立异,而教学现场所存在的实际问题却无法进入科研课题,科研的本真目的被扭曲,学校教育教学存在的问题不但没有因科研得到解决,反而还更加严重。因此,在进行反思时,应该把视角转向问题,转向对教育教学中困惑和疑难的深究,对相应的"是什么""为什么""有什么"或"怎么做"等进行追问,在追问中发现问题,并探索到解决问题的办法,真正构建起一套属于自我的反思思维体系,从而有效地提高自我的反思力。

教师反思主要是一种个人的内省行为,而最初的自觉、自为并不是容易的事,只有刻意为之才行。只有这种自觉、自为真正成为一种行为习惯后,才能使反思这种行为更恒久。自觉内省的形成过程,依然是一种边学习、边实践、边反思的过程,这要求我们要做有心人,细心琢磨,学会发现问题,培养自己的问题意识。如此地经过一段时间后,就会慢慢增强对问题的敏锐性,就能更善于发现问题,形成良好的问题意识,从而达到提升自我素质的目的。

三是必须有教学实践合理性的追求,并能接受实践的检验。进行反思力提升训练时应首先明确,追求教学实践合理性是学校教育永恒的主题,教师对自身教学实践合理性的追求应永无止境。尤其是在课程改革背景下,教学理念的变革、学生学习行为的变化、教学模式的重构、课程资源的优化组合,以及教学方法的多样化、教学评价的多元化等,都使每个学校和教师面临许多新问题。这些新问题也使得一线教师在教育教学实践中困难重重、步履艰难。因此,研究教育教学实践中出现的问题,探索教育教学实践的合理性,就显得尤为重要。

教学反思,带有很强的创意性,但有一点必须注意,通过对问题提出以及解决问题的假设,我们必须有勇于改良自我教学的习惯,并能主动接受实践的检验。不仅要将反思进行总结,还要归纳和摸索规律。反思不是目的,反思是手段,是为了以后的教学实践更趋近于合理,更能在新的教学中面临新的问题时巧妙应对。同时,对反思之后的结果还要进行再反思,进行"否定之否定",以让每一次的反思更接近于真实的教育实践。如此,才能更好地洞察自己非常熟悉的教学实践,揭示教学规律,完善教学理念。

【谨记】有强大的反思力方才可以解决教育教学中的问题,从而推动教育教学可持续发展。

2. 发展力构建

发展力,是一种推动教师走向成功的专业能力。可能人们对成功感兴趣,对由此带来的幸福感有兴趣,甚至对发展的速度也更为关注。比如,在我们身边经常会观察到这样一些现象:两位同时来自某高校并分配到一所学校的年轻教师,若干年后两人之间便已经形成了很大的差距,一位因能力出众成绩卓著被评为特级教师,另一位依然是那么普通而平凡。为何会有如此大的差距?可以肯定地说,是发展力的差距造成的。这就好比两辆汽车,一辆加足马力而全速前进,一辆只是勉强启动而缓慢前行,他们同样在燃烧自我储备的能源,却产生了不同的驱动力。在本小节,我们将全面探讨影响教师专业发展的一种核心力——发展力。

发展力的大小决定着教师发展的速度,决定着社会对教师的认可度,是教师实现跨越式成长的最后一种核心力。只是,发展并不是一件简单的事,因为要向前发展,必须有强大的发展力作支撑,否则,便如"逆水行舟,不进则退"。例如,中国近三十年来因为把持住了改革发展这一主线,不断解放生产力,才迎来今日的辉煌。像我们周边的其他国家和地区,因为支撑其发展的力不同,发展速度相对缓慢便形成比较鲜明的对比。对于教师而言,提及综合素质的发展,其与发展力紧密相关。探究教师的发展力,我们不难发现,发展力的高低直接决定发展层级的高低。

> 元规则:开放的教师人生,往往更能获得强大的发展力,从而能赢得人生的高速发展。

发展力,是教师发展过程中最核心的动力,是一种最原始的动力。就像一粒种子一样,除了具有长成参天大树的基因,更需要适合自我发展的环境(包括阳光、土壤和雨露等)。对于发展力的讨论,是一件非常有意义的事情。比如,如今修路,整个工地并没多少人,因工程机械代替了人,解放了劳动力,这反映出强大的现代发展力产生了如今惊人的发展速度。对于教师的专业能力之一的发展力,我们完全可以呼吁:"忘记发展就是最大的忘本!"

关于专业能力发展中的发展力的探讨牵扯着人生价值的认定和一个人所取得的成就。对于属于自我专业发展力的开发,更是所有现代教师的追求。这就像选择道路一样,只不过这一道路全是用自我的专业理念以及专业知识铺设而成,最终决定了自我教育人生的终极目标。只要再深入研究,我们便会发现,发展速度源于两个方面:一是"道路的发展",无论选择什么道路,都应不影响我们前行的速度;二是"发展的道路",眼前纵使有千万条可以前行的路,选择走哪一条道路全源于教师的判断。因此,教师关于自我的"道路的发展"和"发展的道路"的处理,便是教师综合发展力的体现。

【现象纪实】

缺乏活力与斗志,缺乏憧憬与精气神,是发展力不足的教师最明显的体现。在广大缺乏发展的中小学教师面前谈发展力,这差不多已变成了一个非常沉重的话题。就像是有人心里已经有了伤疤,而后有人总会多事而将其揭开,致使其再次感受痛苦。但揭了总比不揭好,至少能让当事人有痛感,从而想办法去治愈——治愈的过程也即是发展的过程。今天所呈现在我们眼前的,是整个中小学教师群体的发展状态的不尽如人意,而且无数的人因为没有发展,发展力似乎在他们身上已经被淡化。

是什么原因造成中小学教师集体无发展意识呢?是职业倦怠作祟,他们对于发展已接近麻木。其实,发展力的提升属于一个系统工程,不能孤立地对待,不要期望一蹴而就。除了整个群体环境的原因,还有一个更重要的原因在于,无数人心底里就没有"我要发展"的要求,忘记了像小草一样有拔高的要求。

只要走近中小学教师这一群体,便会发现一种不和谐的现象在上演——发展力与没发展之间的矛盾越来越明显。每一位教师身上几乎都潜藏着可使自己长成参天大树的发展的能量,但其潜在的力量几乎没有变成催生发展的力量。当回头再看时,又怎能不尽是叹息呢?可以肯定地说,激活广大教师的发展意识,给予发展力方面的指点,会是很长一段时间内重要的研究课题。

【链接 4–10】

你想做什么样的老师?

常作印

我个人认为,教师可以分为三类。

第一类教师,像草一样活着。他们尽管每年还在成长,但毕竟只是一棵草,虽吸收雨露阳光,但是长不大,给学生的绿色和影响都是非常有限的。像草一样的老师,只能培养出"草民"。人们可以踩过他,但是人们不会因为他的痛苦而让其产生痛苦,人们不会因为他被踩了而来怜悯他,因为人们本身就没有看到他这棵草。

第二类教师,像藤一样活着。这类教师往往具有典型的"奴才情结"——拱手把自己的命运交给靠山,没有靠山就像藤一样无法生存。虽然他也能长高,而且看似走了捷径,但他永远长不大。靠山不需要他的时候,他什么也不是。靠山倒了,他也就倒了。这一类教师,只能培养出"顺民",当然,一不小心也会培养出"暴民",但永远不可能培养出具有健全人格的现代"公民"。

第三类教师,像树一样活着。这类教师首先是具有"独立之精神,自由之思想"的富有良知的知识分子,虽身处浮躁的时代,但不肯放弃,始终怀着一颗真诚的心,像树一样不断地成长,自觉地将自己的生命与学生的生命编织在一起。只有这一类教师,才能培养出真正意义上的现代"公民"。虽然他可能会经历更多的风雨,但当他长成参天大树以后,遥远地方的人们就能看到他,走近他。远看,他是一道美丽的风景;走近,他能给人一片绿荫;即使倒下了,他依然是栋梁之材。这一类老师,不但书写着学生成长的童话,也书写着自己的职业传奇和生命传奇。

老师们,你想做一个什么样的老师?像草一样的老师,像藤一样的老师,还是像树一样的老师？这个问题,供大家以后思考。

【案例解读】

发展力是一种点燃希望之力。亲爱的读者朋友,你想做什么样的教师呢？就像上面的哲理美文所说的那样,我们有三种活法:可以像草一样活着,可以像藤一样活着,也可以像树一样活着。每一种活法,都彰显着一种发展之力的拓展,都代表着我们前行的方向。人生走向何方,我们踏上讲台时,并没有谁给我们一个明确的指令,一切皆源于自己的选择;而后因为追求不同,所迸发出的发展力就不同,自然也成就着不同的人生历程。其实,我们原本都是可以长成参天大树的种子,但却不给自己希望之力,才最终导致自我一生平庸。与其遗憾和悔恨,还不如一开始就给自己点燃希望之火,让自我的发展向上升腾。

发展之力是一种行动,是一种朝向目标的行动。有了这种力,就会自然而然地做好自己应该做的事,主动去规划自己的人生,并且习惯性地向着目标靠近。这其实也是发展之力美妙与神奇的地方——原本只是构思与憧憬,最后全会在人生历程中变成现实。

对于我们广大中小学教师而言,我们想要发展,就必须从现在开始调动自我的发展之力,为专业发展助威,这样,我们才会有好的结果。最初,发展之力可能是一种美好的创造之力,甚至是一种可以开发与深造之力,一种原本就潜藏着的力,只是需要自我觉醒,需要自我构建。打一个比方,人生的路像在一个原本荒凉的山头打造一个景点一样,原本这里什么也没有,这里只有六月的凉风,于是有人便抓住这六月的凉风,而后开始构建自我的殿堂,一种美好的向往与蓝图便随之生成,所有发展力便会随着新的神经活动给调动起来,而后便开始着手向荒凉进军与开发。随着时间的推移,这里便真成了人间仙境。

发展力是一种神奇之力,一种开创人生美景之力,它需要我们有敢于认识自我潜能的勇气。哪怕最初的发展力非常渺小,但在其提升的过程中,便会像一粒种子那样,随着根基逐渐向下推进而不断成长,逐渐强大,最终显现出自己存在的价值,得到世人的认可。只有坚守梦想,才能走向卓越。一个人的起点高低并不重要,重要的是能否坚守自己的梦想。发展之力的彰显,需要我们时时能激活思想的源泉,哪怕开始时只领先一步,最终就会领先一个时代;同时,注重行动,开始时行动上领先一步,就会捷足先登。

【行动指南】

教师专业发展只有以发展力为支撑,教师才会在教育之路上越走越远,越走越有力。发展力就像太阳一样,在我们向前迈进时,它每天都是新的。只有向着太阳的方向前行,才会朝气蓬勃。提高自我的发展力,在此给出以下建议。

一是全面拓展专业发展道路。教师作为普普通通的人,也可以建立起不普通的人生基业,但前提是不能妄自菲薄,更不能痴心妄想,而必须立足自身专业一步一步拓展自我发展的道路。教师渴望施展自我才能,有对于美好发展平台的向往,这是可以理解的,但理想与现实往往有着很大的距离。现实似乎总和我们开着本不应该开的玩笑,因为大量事例指向一位教师真正做出成就的时间,也并不是在他获得很好的发展平台之后,而是在他向往着更高平台之时。也就是说一个教师用勇气和毅力全面拓展自我专业发展道路的那段时间,往往是他铸就人生辉煌的关键时刻。可见在专业发展的道路上,好的平台不是关键,正如河南省首届最具成长力教师——驻马店市第十一中学的袁景立所说:"青年教师成长不在于单位给提供了什么样的平台,而在于自己是否有专业发展的欲望。青年教师不要担心自己的起点低,而更应注重自己是否努力了。"而所谓的努力,也正是自己给自己搭建平台;为自己搭建平台的过程,也即拓宽自我发展道路的过程。

立足自我专业发展,打造属于自我的道路,往往是通往美好发展平台的关键所在。对于每一位教师而言,几乎无法复制他人的发展道路,一切只能立足于自身实际,在原本没有道路的广袤原野上开掘。当然,这里面需要融入潜意识里的力量,并给自我画出一条前行的路线图,而后方才会尽全力向前拓展,努力提升自我的课堂艺术,主动吸纳最前沿的理念、最具前瞻性的信息,为自我的特色发展助力。只是,结合自身专业划定的路线图,很可能有些人因为自身具有的资源的优势,在短时间内就可到达自我预定的目的地,而另一部分人则需要付出更多的努力才能勉强到达目的地。无论如何,只要有发展的动力,哪怕面临的艰难险阻再多,最终也能达到预设的高度,拓宽发展的道路。

二是全面规划好适合自我的道路。有古语云:"凡事预则立,不预则废。"不管怎么发展,规划总是少不了的。全面打造自我的发展力,有明晰的方向是非常重要的。但在前行的路上,不可能只有一条道直通目的地。在我们专业发展的道路上,前行中遇到的任何能一个点都有可能是发展之路上的拐点,如果真能在拐点处把控好,便会继续让自我的发展力得到延伸,从而迈出向着更高层次迈进的步伐。如果我们在专业发展中没有把握拐点的意识,走弯路、走无用路是有可能的,并且更会把有限的精力和时间白白浪费掉。其实在我们前行的路上,只要目标明确、方向不错,并且选择好适切的前行最便捷的路,总会到达目的地的。

成长是一个过程,开始可能会迷茫,但随着行动的跟进,会渐渐地走向清醒。成长是一种姿态,激情四射,坚定不移,自会渐渐走向广阔天地。成长是一种能力,敢于扬弃,才会更新。可以肯定的是,有规划,有实践,道路越走越宽阔。在自我发展进程中,发展力属于一种内驱力,它代表一种自我发展的需求,使行为主体以一种对教育负责任的态度来唤醒自己内心对发展的渴望和欲望。德国诗人胡腾有一句诗:"心灵觉醒了,活着便是件快乐的事。"我们深信:"教师的成长意识觉醒了,教书育人便是件快乐的事。"只要我们时时勇于唤醒自己的成长意识,规划好自己的发展目标和发展道路,在一如既往的行进中,我们的发展之路会越走越顺,会得到越来越大的发展。这样的发展又反过来增强我们的信心,使我们在发展中得到发展,在发展中提升发展之力,最后形成良性的发展链,从而提升教师人生的价值、成就感和幸福感。

【谨记】发展力是一种随发展而生发的力,如果不发展它便会消失。

第五讲　综合素质发展的必由之路

——身心健康与个性化发展

"一切问题，都可以归结为'我'的问题。"这样一个结论并不武断。譬如，教师综合素质发展过程中出现的任何问题，包括"专业理念和师德发展、知识发展、能力发展与身心健康和个性化发展"的不和谐等，不管是源自于主观原因，还是来自客观的影响，都能从"我"身上找到问题的根源。只要你能静下心来，就定然会发现外部环境的客观存在往往能影响主观判断，所以，必须让自我超越于客观之上，这样才会有洒脱之法来应对一切问题。

身心健康与个性化发展，一切问题也都指向自我。外显与内敛，最终都会通过精、气、神、韵予以综合展露。多者相进，悦纳万物，悦纳自我，最终都将演变成志存高远。在整个章节中，我们将联系前边章节中所提及的内容，而后直指身心发展和个性化发展之必需，进而全面探讨解决相应问题的策略。

（一）

全章节更关心如何解决问题，以及找到更妥帖的策略把症结彻底解决，从而不再复发。思想问题大过一切，"我要什么"之问题大过一切。解决好了"我要什么"的问题，其他一切问题都可以忽略。为此，我们便着力探讨身心健康与思想之间的问题，探讨塑造阳光心态与提升素质之捷径。

整个章节的全部目的，其实就在于开启身心健康之路，游说也罢，鼓吹也罢，只要见到教师身心素养好转，我们都真心地高兴。

（二）

我们一直认定个性化发展是身心健康的支撑。身心健康与个性化发展之间的关系，犹如天平左右两边的砝码，唯有达到内在的平衡才能彰显和谐。发展至上，健康的身心能使发展更持久，更有力度；相反，没有个性化的发展，身心健康也会失衡。真正得到发展的教师，所有评价对他几乎就成了摆设，因为他的发展已远远超越于评价指标之上。

身心发展有效之策很多，但要找到属于自我的路，得到个性化发展，并不容易。本章节中，我们将探讨扬长避短和抱团发展之策，旨在抛砖引玉，期待你能从中有所感悟，去走好自己的路，获得真正的发展。

（三）

身心发展和个性化发展，都有其内在的规律。很多教师一生都不明晰自我到底需要什么，只是昏昏然虚度人生。纵使身心潜藏无限的阳光，如若忘却了个性的发展，人生的天平即使平衡那也只是假象。诸如我到底需要什么和我的欲望是什么这些问题，如果自己依旧昏昏,那么,个性化发展就无从谈起,只能随波逐流,终至平庸一生。

可以肯定地说,个性化的东西,可以独立于天地间。当我们像一棵树一样独秀于林之后,就会有独立于天地间的旷世心境。当然,在这个过程中,我们也可能会遭遇险境、面临阻碍,不知道该怎么办。在此,我们给出一个建议——点亮心灯,但全然参考评价机制也不是办法,因为更多的时候,当我们相对渺小,我们被忽视、被折煞纯属正常现象。找到适合自我的评价机制,而后再调整自我的发展秩序,才真正会朝向个性化发展的方向奋进。

（四）

求得自我综合素质发展,求得强大的身心与伟岸的个性化成就,任重而道远。加强自身建设,也与加强物质建设遵循同一个道理,那就是,必须加强硬件建设。无数的道理都是相通的,正如身心健康与个性发展一样,要想发展也必须先修路——修好一条心路,而后在前行之中才会以一种开放之心态迎接一切,而吸纳与发展也便成了顺理成章的事。

自我心路的修建与修理,是一个属于自我的浩大工程。就像第四章最后指出的那样,(要拥有发展力)必须拥有跨越式发展的心态,如此才会快速地打通大山的阻隔,才会开启人生勇攀高峰的路线。

第一节 加强自我身心健康教育

判断一位教师的价值,其接受的教育是一个重要的参数。一条河流为什么永不枯竭?是因其有源源不断的上游之水补给。教师就像一条河流,永不断流的上游则是教育。教师育人是其应尽的职责,而要让育人之目标最终实现,其不断接受教育是对教育负责的一种重要表现。教育无极限,为了更好地育人,其所接受教育至少得与其施予的教育对等,甚至要超越。道理非常简单,可又有几人能真正理解并真能做到教不止并学无止呢?

新知如流动之水能防腐。持续接受教育与否,是身心健康与否以及能否保持健康的一个最重要的方面。试问,才从学校出来的教师,其知识充盈,又有几个身心不健康? 在教师生涯中,从不给自己以新知的补给,又有几个身心健康?

在本小节,我们将重提教师自己教育自己之事,倡导开启身心健康的大教育。我们将从培训助推、课题牵引两方面探讨促进教师身心健康的发展策略,希望能引起大家的高度重视,进而找到身心健康教育的金钥匙,全面推动身心健康教育的发展。

1. 培训助推

观无数教师现状发现,绝大多数教师身心处于亚健康状态。为什么会如此? 其症结在于"职业贫血症"。教师,一个处于高负荷运转的职业,就像一口水塘,没有新水源的补充,而又不断地向外放水,长时间如此,不被拖垮除非是神。

自己的问题得自己解决才行,"职业贫血症"也只有自己才能医治。关于身心健康问题的探讨,我们采用的办法是从关注亚健康开始,以求防微杜渐,哪怕人们的分析所指向的教师职业亚健康原因多是外因(如源于社会、家庭、学生、领导等的问题导致自我动力不强等,甚至"职业贫血症"如猛虎而有无限的危害），在我们看来，依然是自我大脑决定行动的问题。解决起来还是很简单的，就像水塘干涸了，给它注入新的水源；当补给的水量达到一定界线时，这又将是一口充满生气的水塘。如果我们在发现自我身心处于亚健康状态时，只要及时为自我补充新的知识，一定又会以意气风发的姿态展露于大家面前。

> 元规则：给自我一切提高的机会，是解决所有身心问题最见效的良药。

"问渠那得清如许？为有源头活水来。"新知识是解决一切问题的活水，我们将在本小节中专题研讨获取新知识方式的重要性及策略。如何让自我获得新知识，以医治自身职业所致的亚健康身心，有一个比较合适的习得方式是最重要的。

探讨获取新知的策略，我们必须明白，作为有着自己的本职工作还面临着这样那样的圈子以及来自社会及家庭诸多事务的成人，获取新知识并不像年少时那么容易。就像本小节所探讨的以"培训助推"这一形式，来获得培训机会，促使自我获得新知识。而当下培训教师所采用的一种最主流的模式，是通过教育行动，对教师采用定期或不定期的培训，以达到让教师自我更新的目的。接受培训助推，由于其受到诸多条件的限制，在此我们将更多笔墨转向"如何获得培训的机会，以及通过培训获得最大化的成长"方面进行论述。

【现象纪实】

当下，教师培训方式五花八门，但事实上，真能接受教育行政安排的培训的教师并不多。通过大量的调查走访发现，在获得培训机会方面，教师中往往会出现"马太效应"：能力强的教师获得更多的培训机会，而那些更需要培训的教师几乎从没有接受过培训。这就像"二八效应"一样，20%的教师获得了80%的培训机会，80%的教师只获得了20%的培训机会。其实这进一步说明，绝对数量的教师身心不健康是有原因的。

新知识改变身心，对此不需要再进行过多的论述，只是获得新知识往往成为了一种奢望，这是一件极不正常的事情。大脑就像一块责任田，不长知识，就只能长草。教师长期得不到知识的更新，几乎就像一块荒废的责任田，长出杂草是难免的。试想，当我们的大脑里留下的全是一些早该更新的如草一样的负面东西时，又会是一个什么样的身心呢？

在此，笔者依旧坚持"自我"的观点：出现一切问题的原因就在于自我。哪怕培训机会较少，而自己依旧有成长的欲望，一心想获得新知识，就一定会获得培训机会。在走访中发现，有强烈培训要求的人，其获得培训的机会往往比没有要求的人高出四五倍，并且这样的教师更能创造机会让自我新知得到更新。

【链接5-1】

英特尔未来教育

"英特尔未来教育"项目是英特尔公司为支持计算机技术在课堂上的有效利用而设计的一个全球性的培训项目。

该项目的目标是对一线的学科教师进行培训，使他们懂得如何促进探究型学习；能够将计算机的使用与现有课程密切结合,最终使得学生能够提高学习成效。

教育所面临的最大挑战不是技术,不是资源,而是教师的思想观念。英特尔未来教育项目于 2000 年 7 月在中国正式启动,并得到了中国教育部和各地方政府的大力支持。该项目已在全国 31 个省、自治区和直辖市广泛开展,并得到了广大教师的普遍欢迎。接受过培训的教师们普遍反映,该项培训对转变教育观念、提高教师们在课堂教学中有效运用现代信息技术的能力以及开展研究型学习等方面有显著成效。

【链接 5 – 2】

国培计划

中小学教师国家级培训计划,简称"国培计划",由教育部、财政部 2010 年全面实施,是提高中小学教师特别是农村教师队伍整体素质的重要举措。

2010 年启动的"国培计划"包括"中小学教师示范性培训项目"和"中西部农村骨干教师培训项目"两项内容,中央财政为此投入 5.5 亿元。通过创新培训机制,采取骨干教师脱产研修、集中培训和大规模教师远程培训相结合的方式,对中西部农村义务教育骨干教师进行有针对性的专业培训。经教育部组织评审和遴选,确定了北京大学等 18 家机构为教育部推荐的"国培计划"教师远程培训机构。

【案例解读】

英特尔未来教育、国培计划,是近年国家层面针对中小学教师而开展的培训活动。对于广大一线教师而言,能有如此的培训机会,是人生中的一次精神大餐。只不过,真能得到国家层面的培训机会,只有作为种子教师才有可能,但这并不是我们知识得不到更替的理由。

培训是一种有组织的知识传递、技能传递、标准传递、信息传递、信念传递以及管理训诫行为。平日里,因工作太忙,抽不开身,忽视了更新知识,如果能接受培训,就像给教师自我身心打的一剂预防针,可以对知识老化、理念过时、信息落后进行预防。不学习,就像人缺少食物得病而不知一样,天长日久,就会得职业贫血病。帕斯莫尔曾把技能分为封闭性技能和开放性技能。学会走路、穿衣、洗漱,属于封闭性技能的学习;学会读书、写字、算术和使用计算机,属于开放性技能的学习。学习封闭性技能的成果在于实践,同时会忘记我们已经掌握它;开放性技能的学习会让我们认识到自己的未知领域。学习永无止境,依靠学习我们才可能掌握一切封闭性技能和开放性技能。培训是现代教师学习知识的重要途径,能否有培训的机会,做好积极参培的准备,达成培训的目标,促成习得知识转化为能力等,都将是新的话题。

培训的方式是多种多样的,培训的层次也千差万别,但有一点值得注意,那就是作为参培者对培训活动进行积极解读,才可能真正接纳更多原本没有储备的知识。诸如,培训前了解培训理念,明确培训能使自我在思维方式和观念上发生什么样的转变;培训中更新自我心态,拥有为完成某项任务创造心理条件的准备;培训后自知对完成培训任务的理解(内容掌握和控制)与支持(技术、管理、协调和辅助等),以及如何将其积极转化并融入实践中,从而获得更新的知识。只有这样，我们所参与的培训，才能让我们更新观念，改善知识结构，适应教育变革和发展的需要。

面对林林总总的培训，总有一些教师没有机会参与。那是不是我们在此所论述的"培训助推"就没有实在的意义了呢？不是的。前面我们讲到，一切的问题都可归究于自己的问题。因此，我们就要率先学习。自己对自己进行培训的过程或许有些艰难，但是，不先发展自己，可能机会就不会垂青于你。自我的培训，也是"培训助推"的一种方式，只是个人的成长速度要缓慢得多。

【行动指南】

为什么我们在教育行业里总有职业的恐慌？为什么我们站立于讲台之上却忧心忡忡？这一切皆因我们所掌握知识已然老化，因长久不学习而已经落后于时代。针对培训提升自我，我们给出如下建议。

一是借助培训契机全面梳理自我的知识结构。我们坚信，一个敢于重新建构知识结构的教师，绝对不会出现知识老化的症状，更不会出现因技能的恐慌而让自我身心不健康的情况。教师是特殊的人群，社会对其素养要求高于普通人群，教师自我要求往往也高于普通人群。教师自我身心失衡，一个重要的原因在于自我要求与社会要求的失衡，而又找不到弥补的途径。能接受培训，特别是源于教育行政组织的培训，教师们一定会有做教育宠儿的感受。但是，由于培训方式和培训内容的固定，往往培训的理论以及技能也具有前瞻性，对于接受培训的教师而言有可能不是最需要的东西，搞得不好就有一种水土不服的感觉。能正确处理旧有知识和新知识之间的关系就显得尤其重要。采用清空原有知识的办法，而后重新建构新的知识结构，往往更能让自我因新的弥补而让原来感觉迷茫的变得更加清晰，让自我曾经感觉到的阻力自然化解。清空旧知是一种状态，但也要融入思考，善于从培训中发现新的东西，找到更新自我知识的新的增长点，否则，就浪费了培训的机会。

二是以更开放的姿态寻找到属于自我的培训。教师出现身心亚健康状态，更多的原因在于自我的身心需要没有得到满足，人生价值没有得到提升。不能获得培训的机会，无疑是影响教师身心健康最基本的症结，但真正要给予解决，找到相应的出路，依然靠的是自我。培训的机会，并不是只有行政化的，对于想获得知识的教师，当下获得培训的方式是非常多的。诸如，可以通过网络的方式找到新的培训方式。现代社会的培训，方式也是非常开放的，只要我们真想在某一方面获得新知，便会千方百计地寻找培训的场所。比如，教师们都想获得班级管理新理念，全国班级管理专家郑立平每年暑假便会到全国各地免费为有学习需要的教师提供"大餐"；又比如刘铁芳、李镇西等每年都会组织相应的学术培训。作为教师的我们如果从心底里真心想要学习，即使不能参加教育行政方面组织的培训，也依然能找到属于自我的培训。教师们应不囿于行政性的培训，激活自己进取的欲望，放眼整个教育界，多走出去，给自己机会。目前，有不少教师一到放假就自费外出去参加一些大型的教育活动，与专家面对面，感受教育理论前沿的春风。

三是不断更新知识，做卓越的教师。培训最大的好处就在于，更多的专家学者把自己一生的见解镕铸其中,而我们能在短时间内获得其精髓;它能让我们感知到最具前瞻性的教育理念,并在教育教学中加以转化;它能让最具有科技含量的教育信息被我们掌握,从而让教学更富有现代教育的色彩。不论是我们参加教育行政部门组织的培训,还是自我抉择通过更开放的方式参与民间培训,都必须清醒认识到的一点是,只有不断地将更新的知识融入我们的教育实践,我们才会在新的工作中感觉到自我拥有了无穷的力量,其精神层面才会因为新知的充实而给教师个人以不同凡响的认定——卓越的教师。当然,我们也只有抓住培训的时机,才有可能助推我们知识结构的改良,才不会因为自我知识的欠缺,而让自我总处于一种被动而痛苦挣扎的状态。

【谨记】接受培训,是我们教师永葆身心健康的第一良药。

2.课题牵引

培训助推教师习得新知识,提升素质从而改良身心,绝非像脚痛医脚、头痛医头那样给予治理亚健康的药丸,而是从病根着手,寻求到彻底根治的办法。但因培训机会难得,培训内容缺乏针对性,单纯依靠培训依然难以解决新知习得的问题。在本小节中,我们将探讨另一种新知习得方式——课题牵引。通过课题研讨,全面地朝向纵深方向发展以解决自我症结,防止习得新知时蜻蜓点水式的假象出现。

课题牵引的优势在于能给予培训以有力的补充,能引领教师结合自身需要,以更主动和更灵活的方式,解决自身在教育和学科方面的问题,从而提升自我的专业与学术水平。同时,通过课题研究使教师在伦理道德、个性品质等方面得到休养生息,对自己的职业动机、工作能力、对教育的理解、自我专业发展以及教学中的困惑进行剖析,并从课题研究的高度进行审视、反省、调控和探索,从而解决自身职业问题和身心问题,进而向复合型教师的方向发展。

> 元规则:以课题的方式弥补新知,更能根据我的需求因地制宜。

对于解决自我因新知缺乏导致身心亚健康等问题,一些短期的培训无异于拔苗助长,真还不能从根本上解决问题,这也可能是近年来培训无数却不见效果的主要原因。开启学习之路,不是一时就可解决的事情,需要长期打算;又像掘水井一样,坚持下去方才会让学习永远跟进,让新知以营养的方式通过课题之血管,促进教师的身心处于健康的状态。

培训助推,使教师跑得快;有课题牵引,教师才跑得远。课题牵引以专题的方式呈现在教师的发展过程中,其关键点还在于找到适合自我需要的课题,并能系统地展开研讨。课题是否适合自己,还在于对自己的"病症"有整体和透彻的了解,必要时,可请周围的教师对自己进行"诊断"。同时,我们不要只掌握相关的一般性问题,不应局限于对当前某方面知识"市场行情"的了解,而应逐渐建构自己某一点的知识体系,并开创属于自己的领域,从而增添职业信心。这样,抓住自我的问题,构建起切合自我的课题研究,并发挥其"牵"与"引"的作用,这往往能"牵一发而动全身",激活自己全部的知识体系,达到"一生二、二生三、三生万物"的境界。不难想象,随着课题研究的推进,新知会逐渐得以充实,那么,由此而新生的正能量就能逐渐化解负能量,教师自我的精、气、神、韵自然便会彰显。

【现象纪实】

行政化的培训,往往难以切合所有参培教师的实际,所以,参培教师多被牵着鼻子向前走。课题牵引,是一种考验。因为,立项的正规课题参与者只能是少数,真正能够促进自我获得新知识与发展动力的,是属于自发性的源于自我需求的课题,只有主动进行课题研讨学习,才有可能开启学习的大门。

课题无禁区,只要有心投入课题,自我身心就能得到拯救。现实是,大量的教师既无培训学习的机会,又无开展课题研究的兴趣,全然处于一种麻痹状态。能说事事无所求?能说处处不记在心间?答案是否定的。无数教师都有上进心,但却没有转化为向上的欲望,才最终致使自我落后与退化,还将一切责任指向第二者或第三者,这是此类教师心境最真实的写照。

依然还是那句话,自己的问题只有自己才能解决。世上道路千万条,有的通往高尚,有的通往堕落,有的通往圣洁,有的通往毁灭……原本有一些路,因为不去践行,路也会逐渐消失。医治自我身心的亚健康,皆靠自我的主动精神。相信只要行动起来,我们便离健康又近了一步。

【链接 5 – 3】

"尝试教学法"理论研究之路

邱学华,"尝试教学法"的创始人,中国当代著名小学数学教学专家,特级教师,享受国务院政府特殊津贴。

邱学华原先在农村当小学教师,后来走进华东师范大学教育系读书,毕业后留校当助教,在教育系教《小学算术教学法》。他边教书,边到师大附小搞教学实验,经过研究对"先讲后练"的教学模式提出质疑。他反其道而行之,"先练后讲",先让学生练习,教师根据学生练习的情况再有针对性地进行讲解,这就是"尝试教学法"的雏形。1980 年他在常州市劳动中路小学一个四年级班正式开始系统教学实验。两年后,实验结果令人振奋地表明:学生能在尝试中学习。根据实验结果写成的论文《"尝试教学法"的实践和理论》在《福建教育》(1982 年 11 月号)发表,在国内引起强烈反响,各地教育杂志相继转载,各地教师纷纷开展试验。后来,尝试教学法拓展到语文、常识等学科,试验都取得了成功;再后来应用范围又从小学发展到中学、大学,从普教发展到幼教、特教和职教。

20 世纪 90 年代,他萌发出把"尝试教学法"升华到尝试教学理论的设想,提出"'尝试教学法'研究与实践"的研究课题。这个课题经全国教育科学规划领导小组审核批准,列入"八五"规划全国教育科学重点研究课题。构建教育理论是一项复杂的系统工程,他在全国各地联合了 106 个单位(包括学校和教研室),形成 106 个子课题相配合。经过近五年的实验研究,他终于写成"尝试教学理论研究与实践"的研究报告,各子课题也相继写出实验报告和研究论文,汇编成近 60 万字的论文集《尝试·成功·发展》正式出版。1996 年 10 月,在湖北省十堰市举行了"全国第八届'尝试教学法'研讨会",同时举行国家重点研究课题"尝试教学理论研究与实践"的专家鉴定会,专家对此给予充分肯定和很高的评价。这标志着尝试教学理论正式诞生。

【案例解读】

如果以上一章的标准衡量教师,便可分成若干力量型的教师。力量强大的教师与力量弱小的教师最大的区别全在于彼此眉宇间彰显的气韵不同,解决身边诸多事宜的行事方法不同,遇事的态度和应对的行动不同。观名师的成长经历,如案例中讲述的邱学华老师,重量级的教师都是从最初层级开始经历炼狱,从发现问题开始,而后逐渐解决诸多问题,才最终走向强大的。只不过,名师能抓到专业成长中的真问题,而后进行专题研究(也许是长达几年甚至是一生的专注的研究)。更多的普通教师,眼前有千万的困惑(包括教育教学的、生存与环境的、学生与同事的),他们都感觉很棘手,都试着给予解决,都将它们列入自我课题项目单给予深入研究,结果呢?人的精力是有限的,给予解决问题的资源也是有限的,将有限的人力和资源投入到无限的问题中去,结果导致更多问题得不到解决,从而使自我的问题越堆积越多,成为一个又一个让自我无法前行的包袱,严重影响自我的身心健康。

纵然有千万问题亟待解决,但可能其中只有一两个问题属于真问题,属于可以牵一发而动全身的问题,这便是可作课题研究的东西。邱学华老师说:"我相信'尝试'是创造的前提,尝试是成功的阶梯。敢于尝试至少有 50% 的成功机会,不去尝试机会等于零。"尝试教学法的产生是如此,教师进行课题研究也是如此;敢于尝试,才有走出身心亚健康的机会。名师们的成功之路并不都是一帆风顺的,他们也有过失败,有过彷徨,有过苦闷,也曾经"不知路在何方",但他们执着于自己的追求,"为伊消得人憔悴,衣带渐宽终不悔",所以才会有今天的"会当凌绝顶,一览众山小"的成功!

教师解惑的过程,就是其成长的过程。教师成长虽然存在着诸多的复杂性,但也存在着自身的规律。教师的成长,其实质是教师作为"教育专门人才"的专业发展过程;它既包括教师自身的专业发展过程,也包括教师自我教育的过程。目前,国内外关于教师专业发展研究的理论很多,似乎可以归结为以下三种类别:理智取向的理论与实践、反思取向的理论和生命取向的理论。如若我们每一位教师能正视自我的问题,能及时行动并着手深入研究,便会将自我的独特之力倾注于某一专项学习与探讨之中,从而使独特个性得以呈现。与此同时,个人的信心会增强,也自会带动其他能力提升,个人的身心健康就会呈现良性发展状态。教师在得到他人赞美、提升自我形象的同时,也会反过来推动自我向纵深发展。

【行动指南】

"大人不华,君子务实。"深信只有拥有良好的心态,才可以饱览秀丽之景。解决自身之力而身心偏离的问题,课题研究是一条捷径,这是一种像通过晨练促进身体健康的法子。如何开展课题研究,为此给出以下建议。

一是结合自我层级选择最有价值的课题而进行研究。做课题研究,为什么总有一些人少有收获，甚至疲惫不堪，不但无所长进，还使心情更糟？笔者以为，这是好高骛远所致。原本无实力应对的那些大课题，甚至是相对空泛的课题，原本与求知和求真之初衷相背离，却又去倾力参与，又怎能不是如此的结果呢？"适合的才是最好的。"开展职业课题探讨，我们必须遵循由低到高、量力而行的原则，必须遵循适宜的原则。不同的教师在自我成长的阶段，不仅在知识、能力和人格特质上有诸多的不同，在不断追求自身专业发展水平的超越、创新意识的唤醒和自主创造的品质上也体现出很大的不同。何况，在我们为成长而开展课题研究时，更多时候会伴随职业生涯的个体社会化过程，在与教育环境的互动过程中，需要不断调整自己的思想观念、价值取向，丰富专业知识技能，满足自身各个不同时期不同层次的需要，从而表现出与特定发展阶段相适应的教师角色行为。如果没有找到对应的新知识给予自我行动的支撑，而获得的所谓新知又不可能带给解决眼下问题的力量，可以想象这将是何等的打击？

二是低头脚踏实地地开创属于自我的天地。教学人生无法彩排，只有肯付出才会有收获。有一位专家曾说过自己的成功秘诀："要敢于吃别人不愿吃的苦头，要乐于花别人不愿意花的时间，要敢于下别人不愿下的苦功。"教师专业发展的根本动因是主动发展。课题研究，不但需要精力、智慧和学识，还需要持之以恒；没有恒久的实践，永远不可能有成功。开展课题研讨，必须将自我的全部学习精力与体力集中于一个点上，主动探索、主动思考、主动改变，这样才能突破职业发展的瓶颈。正如有人所总结的，教师成功是教师主体主动发展的过程，主动发展是现代教师作为主体性的人专业发展和成功的显著特征，只不过我们提及课题牵引，更是将主动发展的载体更加明晰地予以指出。课题研究，如若相伴主动发展的精神，过硬的教育教学技巧和深厚的理论功底便会随着面壁十年的勇气而逐渐增添，从而让才华彰显。特别当"十年磨一剑"之后，一个课题如邱学华老师那样做大做强时，教师的人格与力量就会充分地彰显。这最终能带给教师的，自会是教育教学能力的大幅提升，如此，怎能不会使教师走上身心健康的大道呢？

三是高山仰止做实课题，不虚度时光。对于教育充满虔诚和信仰，才可能有恰当的行动，才会全身心地投入自己所心爱的事业，敢于将自我选择的课题与教育发展、与自我命运相连，才会敢于踏入教育课题之洪流而抵挡住外界的诱惑。教师成长是一种艰难曲折的充满复杂性的专业发展历程，是一个台阶一个台阶的自我跨越。教师专业发展水平与任职年限有关，但不成正比，因为它既取决于教师自身素质和条件能否实现整体完善和跨越式提高，也取决于外部机制能否有效地帮助教师尽快缩短入职适应的关键期，借助课题研究突破发展的"高原期"，安然度过职业发展危险期，并保持成熟期应有的水平。内秀之人，诸事都不可阻止其光芒的透射，如太阳之光照而优待万物生灵。空虚之人，诸事不过灰暗的光晕而带来寒气，如月亮之光照带给无数虚幻。我们要把好脉、定准位、迈实步，更加精力充沛，积极乐观，精神饱满，敢于在课题中沉潜下来，在研究沉静下来，在实践中深入进去，这样才会充实地度过教育生活的每一天，以求得自我的成长扎实、长久而不浮夸。

【谨记】做实课题，做好课题，心锁才能安然打开。

第二节　抓好个性化发展两个点

从量变到质变，从弱小到强大，个性化的发展被神秘化，似乎一涉及人的个性化发展便被认为是人性发展、个体能力素养发展的最高阶段，仿佛这成了一个被认定或是固定的发展模势。抛开学界的研讨，笔者以为，个性更是一种潜能，一种能量之源，更像是种子式的能量，这些能量如若得到有效的催化，像种子遇见阳光、空气、土壤和水分等，便会从抽芽开始，而后于性质或形态等方面发生改变，从而真正构建起一个从弱小到强大的持续不断的过程。教师的个性化发展，所关乎的内容涉及教师个体倾向性的需要、动机、兴趣、理想、信念、世界观以及专注于自我的认识、体验和监控等，要将这所有的囊括于论述中，肯定是一个无边无际的一时也难谈透的话题。为此，我们将探讨直指如何个性化发展这一核心问题。

"个性"一词，最初来源于拉丁语 Personal，开始是指演员所戴的面具，后来指演员。个性不仅指一个人外在表现，而且指一个人的真实的自我。我们将于本小节中，揭开个性化发展的神秘面纱，集中探讨如何找到自我最具有潜质的发展方向——扬长发展，以及如何给予自我最好的发展环境——抱团发展，从而促使综合素质发展中最亮丽的风景产生。

1. 扬长发展

涉及个性化的东西，如果不能充分认识自我，真想要获得发展，这无疑是一个世纪性的难题。认识自我，虽然不要求像画家那样画出自我的肖像轮廓，但如果不能对自我的历史与环境有透彻的了解，即不了解自我是什么、来自于哪里、要到哪里去以及到那里去做什么等等，可以肯定说，真想谈一个人的个性发展，这几乎是不可能的事情。即使勉强而谈之，要么会不切实际，要么会好高骛远。谈发展，我们必须先谈条件，只有对影响发展的方方面面的正能量和负能量有所了解，只有真正找到了属于自我的"种子量能"，我们方才找到了切入点，才真正可以大发展。因为这些，本是带有个性倾向性的特征，即使有良好的外部环境，但如若没有你独有的阳光、雨露、空气和土壤等，你怎能游刃有余地把控，又如何能全面发展？

个性的东西，便是"我"的东西、独有的东西。对于教师所独有的东西，全然可以广义地去理解；只要属于自我所拥有的资源，都可以带上"独有"的标签。只不过，相对于身心个性化发展，我们更多地会思考自我潜能的力量，即可能让自我独立的种子能量，而后再调动所有利于自我成长的因素，达成无极限的成长。关键在于我们要真正找到专属于自我的种子能量，一切身心的个性发展才真的有可能。

> 元规则：发展"短板"永远达不到发展"长板"的高度，以"短板"发展为辅，"长板"发展为主，让成长更快捷。

尺有所短，寸有所长。认识自我，发展自我，方才可称真正的本事。专属于自我的更多东西，挑选出极富能量的种子，我们才有大发展的可能。就像一株小根苗，虽然其成长的基因早已决定其高矮，但如若我们要让其长高，就适时剔除旁的斜枝。每一个教师，身上都有无数的能量种子，只要得到有效的开发，都可以促进其成长。但是，哪怕有千万的能量种子，优质的也不过一两粒。现实中，很多教师就像拥有一片茂密的小树林，多而普通，而真正少有像"航标"一样的树。这进一步说明，全面发展与优质发展之间存在距离。

自然界有其自身发展的规律，其实开发自我也是如此。人的个性，能量是有限的。但尽管能量有限，只要得到有效的开发，也一样能让世人惊羡。但如若得不到开发利用，就像你拥有一座发电站，而没有将电能输出并加以转化，哪怕再大的能量也只能被浪费。对于教师而言，没有绝对的不发展，也就是说相对发展几乎是一种普遍现象，能量被浪费是一种现状，而将能量消耗在更多需求、兴趣之上也是一种现状。缺乏发展眼光的教师大有人在，并身感疲惫又无所需求的也大有人在。将有限的能量用于最有潜能的能量种子之上，这是很多教师成功的方法。其实这非常好理解：当集中全部养料培育一棵树苗时它更能快速成长，一棵参天大树能抑制身旁其他杂草的生长……这些自然的原理，其实都与教师的扬长发展之理相通。

【现象纪实】

扬长之理，真正懂得的人多吗？扬长发展的人多吗？开展扬长发展实践的教师多吗？这一个又一个被追问的问题，可能更会让无数教师黯然神伤。此问题不需要作答，因为许多教师一生平庸便是回答。

个性扬长，事实上人们并没有像加德纳那样去研讨属于自我的带有个性的超强智能，哪怕自知自己某一方面有他人无法比拟的优势，因为没有得到开发，最终也变得弱小，甚至可以被忽视。有一点我们不得不指出，个性被理解窄化也成为了一种极不正常的现象。很多教师已经把那些非主流的东西理解成了个性化的东西，给予个性好与坏的区分，结果把那些带有负面影响的东西理解成了个性膨胀。其实，个性化的东西，更多的时候呈现中性，是一种特质，是一种可以发展的动力系统。

利于身心健康的个性，利于教育发展的个性，在每个人身上都不同程度地潜藏着，都以不同的形式存在着。勇于去发现它，挖掘它，并运用自我的环境正向发展它，才是我们为师的正途。只是，这恰恰被我们多数教师忽略了。

【链接 5-3】

画短为长

古时候，有一个单眼独脚的国王请画师给自己画肖像。第一位画师画得逼真，他因自己的画"轻视"国王而给自己带来了杀身之祸。第二位画师吸取教训，把国王画得貌美英俊。国王看了更生气，画师因"欺君之罪"而被国王怒杀。第三位画师采用了"画短为长"的方法，受到了国王的高度赞赏。他画的是一幅英俊的国王的射箭图，图中的国王一只脚站立地上，另一只因射箭而站在台阶上，一只眼睁开，另一只眼因射箭瞄准而闭着。

【案例解读】

个性化发展，需要的是智慧，更多的时候需要的是一种选择——选择最适合自我的发展方向。同时，它以能抓住长处与短处之间的共性，以求得最佳发展为基本准则。故事"画短为长"中短处如此明显的国王，却需要崭新的形象，这无不是对画师个性与抉择的检验。画师对短处与长处的处理，除了是一种智慧的彰显，还能说是什么？

扬长避短，因长板发展方才获得整体发展的实例并不少见。教师发展自我，做好自我行动前的选择，是对教师个人智慧的检验。有的教师书写能力极差，哪怕再努力也难练成书法大家。但上帝关闭一扇门，同时又会打开一扇窗。有些教师文化素养不足，可因他肢体语言发达，于是转向对艺术及艺术教育的追求，最终获得大成就的实例也不鲜见。如何发展？面对这道人生的选择题，我们必须谨慎。

不知大家发现没有，大凡优秀的人，大多都是个性得到发展之人，他们的发展多属于在某一两个方面有超凡的能力，并在此点上做出了卓越的成就。当下，我们无数教师在个性发展中缺乏理性思维，可能因为自身的刻板印象，比如把优质课、公开课上崭露头角的教师当名星一样奉为楷模，也想在这方面大展拳脚，发展自己的个性。这有错吗？没有。但是，想通过上公开课而张扬自我的个性，这还真不一定适合你。别人的"解药"对你来说可能是"毒药"；别人的通天大道，对你可能是一条走不通的死胡同。

有的教师在与别人的对比中发现了自己的不足，于是，便在不足方面下工夫。弥补自我的短板，表面来看是缩短了与他人的差距，但因为忘记了努力发展长板，无形间又与其他教师拉开了距离。一个人在"短板"处求发展，或在"长板"处求发展，是两种不同的人生经营模式，结果会截然不同。"木桶理论"左右了一代或几代人的奋斗方向和发展历程，却没有引起人们的反思。着力发展"短板"，忽视"长板"的经营，肯定是一种错误，至少反映出教育理论的不健全。

为了实现跨越式发展和可持续发展，教师必须学会辩证地看待"短板"与"长板"对一个人发展的影响，从而作出正确的人生抉择。因为发展"短板"还是于"长板"处开拓，是两种不同的路子，两种不同的信念，两种不同的发展方向，两种不同的拼搏历程，最终会换来两种不同的成就，造就两种不同的人生。显而易见的是，短板本身就是教师的劣势，在这方面求发展，可能付出很多但收效甚微。而长板本身已是优势，自然再发展起来就轻车熟路，发展的速度和效率就会高得多，也更容易彰显个性。而且长板的发展在很大程度上能弥补短板的不足。如此来看，你还犹豫什么呢？

【行动指南】

想要锥立囊中，发展个性，于"长板"处求得个性张扬，这不仅是一种观念的更新，更是一种实践的创新。在此，我们建议如下。

一是认识自己，确定努力方向。认识自己是一个深奥的哲学问题，也是一个极为现实的问题。希腊戴尔城阿波罗菲神庙的入口处上方有这样一段著名的铭文："认识自己！"认识自己这个问题也伴随着人的一生——正确认识自己的体质状况、兴趣爱好及潜力所在。认识自己之后要学会悦纳自己。每个人都有长处和短处，我们要正确地看待自我，坦然地接受并认真审视，合理面对。弥补短处固然重要，长处和优势更要展示出来。如果你的长处还未明显地显露出来，就需要抓紧时间分析比较，找出可能会成为自己的长板的方面或者目前已经能看出是自己的长板的方面，并为此制订目标，逐步发展。

不难想象，即使真做先飞的笨鸟，方向搞错了也只能是劳而无功。据观察，一位教师在教育思想匮乏时最无主见，也容易相信和接受偏见。多年来，教育领域里的盲目跟风常常是一群人影响另一群人的表现，最可怕的是达到一个时代的人都跟着盲目追随的程度。当今时代的教育中教师对"木桶理论"的跟风，就近乎达到迷信的程度。不注意发展自己的长板，或者不注意开发自己的长板，致使很多教师哪怕再勤学苦练，也没有达到崭新的高度。找对方向，才不会南辕北辙；即使成功很慢，但终究会成功。

二是制订目标，稳步前行。目标，就是指导行动的纲领。有人做过这样的试验。要求一组人站在墙壁旁用力地向上跳，并将其在墙上留下的手印做上记号，再将每个人原先的摸高高度提高15%在墙上画一条目标线，再试跳一次。结果每一个人都可以超过画在墙上的目标线。这个实验结果告诉我们，一个人有了明确的目标，不但可以激发潜能，更可以使自己在发展中得到满足。目标分为长期目标、中期目标和近期目标。长期目标可以是五年规划，也可以是全局的安排。自己的长板，在一个五年中应该能够得到充足发展。中期目标可以是一年（或一学期）的规划，按照习惯养成的21天定律，认真实施，也能见到成效。近期目标可以是一周或一月的目标。万事开头难，起始阶段比较艰苦，既要在紧张的工作之余抽出时间发展自己的长板，又要面临发展初期效果不明显的局面。但是"世上无难事，只怕有心人"，坚持不懈，持之以恒，朝向地平线的尽头出发，就能见到梦想的曙光。

三是勤于总结，更新路径。有这样一个故事：一群美国人在南美洲丛林中探险，聘请了当地印第安人做向导。前三天印第安人勤勤恳恳，但第四天坚决不肯走了，要求休息。美国人问为什么，印第安人说："人走路走了三天，走得太快了，灵魂就会赶不上躯体。所以，要停下来休息一天，等等你的灵魂。"在扬长发展的过程中，我们不能匆忙前行，而要适时地停下来，围绕自己的目标和规划，全面审视和反省一番。如发现偏离了目标，或者路径不对，或者走得艰苦的原因，发现了问题再及时矫正，以让自己的扬长发展更实在，更接地气，从而更享受到发展的成就感和幸福感。

【谨记】同样的路程，一个人由于有清晰的目标而"闻名天下"，另一个人因为没有目标而"原地踏步"。

2. 抱团发展

前一节探讨的扬长发展，它属于个体发展积极内因的调控，主张抓能量种子长板发展，没有深入细致的探讨相关的原理、方法及策略，目的在于提醒大家明白，长板发展是个性发展的先决条件。下面将进一步探讨个性化发展的外因层面——抱团发展，一种促进教师在个性化发展的进程中能快速取得成效的捷径。

现代社会是一个追求互利与共赢的共同体，人与人之间彼此功能互补。社会就像一台机器，每一位教师如同零件，只有相互配合并着力发挥自己的作用才可让机器正常运转。很多教师由于多年来将自己捆绑在一个没有发展且相互间拆台的小团队中，才几乎没有什么发展，甚至只能像一堆废铁，让自我价值不但没有提升反而下滑，导致产生自我失落、倦怠和耻辱感。改变自我，外部环境的把握是一门学问，如若选择不明智，真还不如做一位孤独的行者。"物以类聚，人以群分。"掌握抱团发展的规律，其实是一件非常容易的事，只要在做好长板发展的基础上，找到适合自我的团队，或打造自我的团队，而后就会实现人们常说的把教育当做事业来做的目标。

> 元规则：找到适合自我发展的团队，而后抱团更会获得长足发展。

抱团发展属于教师专业个性化发展的外力，是一种获得更多成就的新方式，在当下正在逐渐成为信息开放时代的主动发展模式。此模式往往能打破地域的限制，只要带有共同目标的人，往往都可能通过现代方式走到一起，相互支撑和促进，以求发展的最大化。抱团发展实际是一种智能互补的创新思维模式，能让有共同目的的人通过思维相互碰撞得到共同发展，让更多问题因多人承揽而显简单化，让原本个人无法做的事能快速得到解决。打个不恰当的比喻，这就像是眼前的一块石头，依靠个人的力量即便倾尽全力并费更多的周折也难以移开，但只要增添新的力量，不限制参与搬动石头的人数，移动此石头就会是一件非常容易的事了。

"孤雁飞咫尺，群雁翔万里。"抱团发展实际上是个性化发展的一种有效模式，思想开放为其前提，如能与扬长发展相得益彰，无疑这两者便会像一架马车上的两个轮子，加速推动教师的个性化发展。如果一位真心想谋求大发展的教师，带着自我美好的愿望上路，或主动向着优秀靠近，或打造属于自我的团队，一个新的发展平台便会建立。个性化的快速发展，是其最基本的体现。改变自我，改变传统的发展方式，就像打一场现代战役一样，我们只有全面建立新的战略思维，才会有新起色和战果，而抱团发展，便是新思维下的产物。

【现象纪实】

教师个性化发展，在当前几乎还是一个有待于全面研讨的话题。不少教师知道要专业发展，但却不知如何发展，这无不是最普遍的现象。习惯于"单干式"的教师，几乎不存在抱团发展的意识，他除了参与学校这一仅有的团队，几乎再没有参与其他什么团队，为此，他从没有从团队中获得帮助的经历，也没有借助抱团方式获得发展的经验。

抱团发展，是构建属于自我的王国最有效的捷径。志趣、情趣相投的人在一起，一起前行的人往往相互间给予更多的支撑。抱团发展的路径是非常广泛的，除了学校这一本身带有行政化特征的团队（即保证职业继续的最基本的发展方式），还有非行政化的社团和现代网络团队，让一群有共同话题和发展主题的人聚集在一起。

现实是，我们更多的教师不是在抱团求得发展，而是在抱怨没有发展。个性发展需要相应的物化效果给予证明，但成果的取得除了源于自我的强大本能的力量，更需要外力助推；

而抱团发展,寻求合作,无疑是最佳的方式。当然,有效抱团的目的,更在于与他人、与更多的人进行有效的合作,在合作中扬长避短,从而形成自我成长的合力,产生更大的成长威力。教师要以执着、进取、激情和不放弃的姿态,积极参加到校外团队或成长共同体中去,从而开阔视野,获取应有的资源和机遇,全力地发展自我。当我们都从合作中实现双赢时,如何不会有证明自己综合素质得到发展的成果?

【链接5-4】

常作印与"三剑客工作室"

常作印,全国优秀语文教师、全国中语十佳教改新星、全国中学语文优质课竞赛一等奖得主。先后主持省级以上课题六项,发表文章两百多篇,出版《不做庸师》和《从此迷上教科研》等著作多部,应邀到全国各地做学术报告一百多场,事迹曾被《教师博览》和《中国教师报》等十余家报刊报道,被媒体誉为"教改新势力的代表人物,本土教育变革的领跑者"。

1996年他大学美术系毕业。2005年冬,他和王安濮、柳文生两位好友怅然地走在雪地上,他们忽然萌发一个念头——搞一个类似协助组的工作室。于是他们的团队诞生了。"三剑客工作室"最初的网上活动阵地是"教育在线论坛",那里聚集了许多全国教育界的知名教授、专家、校长、教师及媒体工作者。与网友的交流,让他们三只"井底之蛙"跳出了束缚自己视野和思想的深井,他们平静如死水的教育生活好像一下子被鼠标激活了!经过多次研讨论证,根据自己的特长和实际情况,他们分别以"绿色教研""专业写作"和"诗意课堂"作为各自研究的主攻方向,采取相互间听评课、专题研讨和网上沙龙等多种方式,努力追求"有温度、有广度、有高度、有深度"的课堂。从那时起,他们三人开始走出了一条互助又自立的教研之路,抱团发展,取长补短,携手共赢,陆续出版学术专著7本,获得省级以上教科研成果奖二十多项,他们的事迹先后被《教育时报》和《语文学习报》等媒体报道,他们也被誉为"网络背景下教师专业成长的标杆"。

【案例解读】

当代社会,在其他行业中,当一个人发展力量弱小时便加入他人的团队提升彰显自我个性的能力,当力量强大时则构建自我的团队打造带有个性化的品牌,这样的例子屡见不鲜。然而在教育领域里,真正勇于加入学术研究团队或拥有自我发展团队的教师所占比例并不大。原因在于:一是多数教师参与某一团队首先考虑的是功利化的要求,而真当跟随团队练兵时由于素质不够而又总不情愿投入精力与体力,其结果是失望地离开团队;二是不敢打造属于自我的团队,更多的人除了没有这种思想准备,更由于他们面对其他富有成效的团队时望而却步。

常作印认准目标,和王安濮、柳文生两位老师自发组建了"三剑客工作室",并孜孜以求,超越课堂,在教师职业这一人生路上走得越来越远……这样的团队并不少见,比如重庆钟发全组建的教育原规则研究团队,因钟发全本人普通话与书法是他的短板,当他发现创新发散思维为其强项时,便着力开创属于自我的研究领域,出版专著近30本,开创了属于他们自我的教育研究神话。

　　亲爱的读者朋友，在综合素质提升的过程中，您是否也有过孤独感和单兵作战的无助感？在成长过程中，视野的狭隘与单打独斗是阻碍教师从优秀走向卓越的绊脚石。事实上，为发现和凝聚教师们的"成长力"，各地已经纷纷行动起来，成立了许多不同类型的"成长共同体"。如名师工作室，再如集体磨课集体研修，开辟网络教育论坛……让更多的一线教师能够快速地实现专业成长，让更多的人将教育的火炬幸福地传递，让更多的人发现自己的长板，并使自己的"长板处"得到发展，个性得到张扬。

　　成长就是唤醒生命意识，不断地发现自己的种子能量，不断地创造和展示更好更新的自己。说到底，其实也不外乎是"精神成长"和"专业成长"两个方面。如果一个教师眼中只有名利，只关注学生的考试成绩，视野只局限于课堂教学及某学科的知识传授，那又何谈成长呢？这最终只能导致职业倦怠和牢骚满腹，自己将不得不年复一年、日复一日地重复着昨日的教学故事。所以，我们要求个性化发展，一定要立足长远，跳出狭隘的课堂教学的小圈子，积极组建自己成长的共同体。如果以前没有，那么就从现在开始，走向你所希望的团队。值得说明的是，任何一个团队都是开放的，对于真心加盟的人，其大门永远不会关闭。

【行动指南】

　　人不是一座孤岛。正如马克思所说："一个人的发展取决于他直接或间接进行交往的其他一切人的发展。"针对教师如何在个性化发展的道路上，把抱团纳入发展计划，力戒那种"单打独斗"的个人盲动，给出如下建议。

　　一是寻找适合自己的团队。有一种加拿大雁，它们本能上就知道合作的价值。科学家曾在风洞实验中发现成群的大雁以V字形飞行，比一只大雁单独飞行，能多飞百分之十二的路程。人类也是这样。我们要进步、要成长，应该找到属于自己的团队，在组织中汲取充足的养分，尽快成长起来。目前的教育团队有很多，且都呈现蓬勃发展的良好势头。2012年七八期合刊的《师道》杂志，用长篇专题报道推介了四川谢云老师的"知行社"、厦门段艳霞老师的"青年教师成长共同体"、山东郑立平老师的"心语团队"和前文提及的"三剑客工作室"等四个全国教师成长团队。其实，在你我的身边还有许多小的团队也是不错的。尽管面临许多的选择，尽管有一些"门槛"，但是，必须把靠近团队纳入自身发展计划并着力实施，否则人生将失去更多的快乐和享受。当然，这其中关键还是要有目的地去寻找，并结合自身的实际情况参与进去，切忌贪多。所以，我们要做的就是结合自身的特点（特长）和发展方向，去寻找并加入适合自己发展的团队，并完全融入团队，享受团队带来的温暖、激励以至成功。

　　二是凝心聚力抱团发展。一滴滴水只有融入大海，才能拥有非凡的力量；一颗颗沙粒凝结在一起，才有了伟岸的身躯；单独的个体融入了团队，才具有了"拔节生长"的生命力。经过若干次努力后，总有一天会"破土而出"，完成量变到质变的飞跃，从而奏响胜利的旋律，绽放美丽的生命。在教师个性化发展计划中，拜一位名师，找到并加入适合自己的团队，对促进事业成功是必不可少的。一个人的力量有限，团队的力量是无穷的。个人在成长中面对疑难问题，可能百思不得其解，如能加入团队，则会得到来自团队每个成员的建议，从而会有醍醐灌顶的开悟。加入适合自己的教育团队，学会"借力"和"助力"吧，我们的人生会因此而丰盈、精彩。

三是在团队里要能动和会动。"不经历风雨，怎么见彩虹，没有人能随随便便成功。"如今存在这样一种现象，许多人刚开始加入时，雄心勃勃，但走着走着却厌了、散了，为什么？因为功利心在作祟，期望立竿见影，同时也不愿坚守，不能坚持，所以，最终便销声匿迹，平庸一生。在抱团发展中，要敢于行动，多投入精力，不畏难，不怕失败，积极参加团队的每一次活动，精益求精地完成团队的活动计划；同时，也要善于总结和反省，让自己的发展更有力，更能在团队中立足和融入团队，从而让自己的长板更长。

【谨记】缺少合作意识，缺少共赢意识，在个性化发展的道路上一定走不了多远。

第三节　加强内驱力的提升

内驱力是驱使有机体产生一定行为的内部力量，内驱力一词是 R. S. 伍德沃思于 1918 年首先提出，以表示激起行为机制的原动力。关于内驱力的认识，更是对自我能力的一种认识，像本章第一小节论及授受教育学习防止职业贫血症，前一小节论及个性发展，在本小节中直接指向满足自我需要原动力的探讨，这些无疑都有更多的现实意义。

在此打一比方来简单陈述对推力以及内驱力都可促使向前发展之力的认识。如，一辆汽车，通常情况下，四轮驱动之力使前后轮同时向前，这肯定会大于二轮驱动之力。但是，当一辆汽车内驱力失去之后，促进其动起来则还有一种办法，那就是靠人为的推力，即外力。失去内驱力，姑且不论推力推动的速度，但外力能推动其长期坚持走远吗？答案是否定的。认识自己，若只对自我除了满足饥饿等生理需要的第一内驱力有了解，而没有对由责任感等后天形成的社会性需要所产生的第二内驱力的认识，可以肯定地说那只是一种认识自我的假象。对于自我内驱力的缺乏了解，永远不叫真正地认识自己。

研究中发现，更多教师习惯于第一内驱力的强烈要求，尽管自我的需要无法得到满足，却少有教师去思考自己是否已经尽力在工作，自然也就少有值得认可的成就促使其第二内驱力的激发。自我需要无限期地没有得到满足，身心健康与个性发展始终处于非良性循环状况。让自我身心健康，促自我个性无限发展，是我们每一位教师自身都应具备的一种可能性。对内驱结构的认知，以及如何更好地激发自我的内驱力，将是本小节探讨的重点。

1. 认知发展结构

关于内驱力结构的认识，不妨先看看个体的内驱力遭受破坏的动因。不知大家发现没有，生活中有些东西内部变腐败是因为外部环境遭到破坏，比如稻谷，如果没有剥壳，可以留存几年，如果剥壳成大米后，不到半年就会变质；又如西瓜，只要外壳被敲开一个小洞，那就很快会变质……这些自然现象说明了什么呢？自然界的个体，包括我们人类（同时包括教师个体），都受到一个外部壳状物的保护，当外部环境改变时，内部环境也会受到影响。也就是说，内驱力的外部环境受到破坏的同时，内驱力可能会快速下降，以至于再也无法保证自我不质变。对于教师来说,激活自我内驱力的外部环境受到破坏时,身心及个性的发展更无从谈起。

研讨内驱力,特别是对其内部结构的认识,是一件非常有趣和有意义的事。影响教师自身发展的因素,不管是内驱力的外部或内部,都是客观存在的。诸如对教育职场优质环境氛围的追求,对专业价值的认定,以及对非行政职务与地位和权力的渴求,这些无不直接影响着每一位教师的行动。在身心及个性发展中,习惯强度的增大不是因为外力的强化,而是因为机体内驱力的满足,这样,教师就很容易在发展中得到满足,反过来又会使内驱力得到更多的激发,从而以更大的力量走在发展的路途中,这就犹如得到了四轮驱动一样。相反,当一切努力都成为梦幻,无法达成自己的期望时,内驱力也会随之减退下来。

> 元规则:认清自我内驱力的发展结构,方可真正认知自我,发展起来才会快马加鞭。

全面认识自我,认清自我,让内驱力尽可能多地被激活,不是一件简单的事。但是,只要真正把握好驱使自我行动的内部力量,并促其成为一个强大的动力系统,这样,即使外部环境有一定的变化,一时半会儿也不会让教师受到影响,往往教师们还能在教育教学过程中进行自我调节,并创造良好的环境,以让动力得以维持下去,这样方可真正超越自我。美国教育家奥苏贝尔对成就动机颇有研究,他认为成就动机主要由三方面的驱力所组成:自我增强驱力、认知驱力和附属内驱力。所谓认知驱力,就是指教师对教育新知的渴望、理解和掌握,以及陈述和解决教育教学中问题的倾向。简言之,即一种教育学习求知的需要。动机是引发教师进行再学习的原因,但其作用更多的在于学习后对自我教育的影响。教师自我提高的内驱力的提高则源于通过自身的努力,胜任教育教学工作,取得学生、家长及社会认可的成就,并获得了相应的社会地位,它同时也会成为教师的附属内驱力。它与认知内驱力的区别在于:认知内驱力指向于知识本身,以获得教育教学知识和理念为满足;自我提高的内驱力指向的是教师的社会地位,它以教师赢得一定的地位为目的。教师的成就与能力水平和社会地位是紧密相连的,所以,当这三者中的任何一项与教师的工作相连时,教师的内驱力就会得到提升。

不管带着何种目的与动机,只要是在有效发展自我的综合素质,永远都是正确的事。教师内驱力缺失,会丧失上进心,自然也就没有抱团发展的兴奋,这就像第一章所指出的那样,整体无发展意识,以至于出现整体性素养不高的状况。这只能进一步反映推动教师发展的刺激要么不强烈,力度不够;要么目标不明确,导致内耗多次发生。比如有的教师先天内驱力被外部环境抑制或掩盖,本想调动认识内驱力,朝向专家级教师奋进,可又害怕别人指责其好高骛远;本想调动自我积极性增强内驱力,取得相应的成就,赢得一定的社会地位,却又害怕别人指责其自不量力;本想调动附属内驱力,取得一定荣誉和认可,又担心世态之不公。这无数的原因,都可能使留存在每一位教师心中的星星之火还没有被点燃就被自我内心中的一盆凉水浇灭了。每一个教师其实最需要的是如上一小节所述的那样认准自己的路,尽量不受外部环境的影响而扬长发展。当个人成就显现时,一切的顾虑都是多余,而且内驱力也自会得到彰显。

【现象纪实】

提及发展的话题,似乎都会刺痛一大批没有发展的教师。试问,有多少教师已经调动了自我增强驱力、认知驱力和附属内驱力? 教师属于一个群体性的职业。在一个群体中,越是平庸越会感觉自我无发展力,对职业越是没有好感,就越会感觉教育人生无意义。大量的调查发现,三大内驱力的激发,哪怕有一种原始的冲动被调动起来,都有可能使教师在某一方面获得支点,会被教师这一团队认可;如若这三方之力没有任何一个被唤醒,结果便只能是平庸一生。

发展是自己的事,就像人的命运一样,掌握在自己的手中。调动自我的内驱力,给予自我强烈的需求欲望,决定权依然在自我。教师自我的内驱内被激发,才会产生积极的教育行动,就像本章前面两个小节中所论述的那样,要敢于做出更多一切为了发展的"另类"举动。就像自行车,如果不运动起来,就只能是倒下,我们教师如果没有向着目标前行的举动,只能原地倒下或"不进则退"。

在教师内驱力提升的过程中,有一个目标预定效应值得重视。比如,一个不断努力习得新知朝向专家方向发展的人,不免会被人称为"专家";当这位朝向专家型教师奋进的人习惯于别人称其为"专家"后,便会发现其学识与真专家的距离已经是非常接近,甚至在某一方面就像专家一样拥有了自我独立的建树。在朝向预定目标前行时,教师往往会主动地去激活内驱力,主动地学习和提高;而当成就彰显出来时,自会获得外部的认可,同时又会助内驱力得到深层次提升。所以,在此提及目标预定效应,真心希望众教师能主动去体验。

【链接 5 – 5】

王君的宣言

王君,重庆綦江人,语文特级教师、全国中语优秀教师和全国中语教改新星。

以下摘抄了她 1999 年参加重庆市"我与共和国同行"演讲赛时其所发表演讲《板书的声音,生命的宣言》的部分内容:

有一个美丽的故事:在一所山村小学,因为粉笔匮乏,聪明的女教师就用手指醮着水在黑板上板书。天长日久,奇迹发生了,女教师的手指竟然涌出了清泉。从此,大山里,神奇的板书声生生不息。

1998 年,经过层层选拔,作为重庆升格为直辖市后中学语文界的第一位代表,我自豪地登上了全国青年语文教师课堂教学大赛的讲坛。那一刻,我发誓,我要让属于我的、属于我们重庆的板书声响亮起来!

但是,我失败了。

我之所以急切地要向朋友们讲述这次失败,乃是因为它是如此强烈地震撼了我的人生。当颁奖仪式上自以为胜券在握的我突然听到一等奖的名单里并没有我的名字时,震惊、失望、愤怒、茫然……种种莫名的情绪排山倒海般涌上心头,参赛几天来所收获的五彩斑斓的赞美被淹没在对整个世界的怀疑中。在现实的残酷面前,从肉体到心灵,我"输"得一塌糊涂。

就这样，带着年轻生命不能承载之重，我登上了回渝的飞机。

活着是为了什么？奋斗又是为了什么？作为教育者，应该首先成为一个什么样的人？飞机上，我第一次如此庄严地思考这些问题……一年以后，当我又一次登上全市语文赛课的讲坛时，我板书的声音，多了谦逊与执着，少了虚荣与浮躁。

这一回，我第一次远离了黑板和粉笔。骄傲地站在多媒体教室宽大的操作平台面前，我轻轻按动鼠标，调出精心制作的第一个多媒体课件。那灵动的色彩、精美的画面、动人的音乐开创了我教学生涯里最美好的境界。成功的那一刻，虽然我没有听到沙沙的板书声，但是，我却清清楚楚地听到了时代脉搏有力的跳动声，听到了现代教育朝气蓬勃的脚步声。

我深深地知道，板书的声音，绝不仅仅只是粉笔与黑板的摩擦声，它更是无数教师在铸炼人格……

【案例解读】

从案例中我们能感受到任何一位有成就的教师，在其成长的道路上，也并非一帆风顺，更为需要的是能有百折不挠的精神，哪怕前行中真有些过不去的坎，只要心中的目标锁定，困难可以说只是暂时的，因为强大的内驱力会让你重新审视自己；特别是当一条路走不通时，便会重新选择新的路子向目标发动再次的冲锋。

每一位教师其实都是一座能量工厂，关键在于有效的开发。对于内驱力的认识，除了能根据自我目前的状态，能立足于自我增强驱力、认知驱力和附属内驱力这三大板块深入剖析自我，还应提出自我奋斗的目标，明白自己在个性发展中将要成为一个什么样的教师，由此在自我心中建立一种取得美满人生的倾向性，然后进一步分析促使自我上进的动机，从而找到受力的支点，并正确防范内驱力空耗的现象出现。说到底，我们必须加强动机的调配，调配好动机才更利于内驱力的唤醒。

探讨内驱力，其实质在于更进一步看透教师人生，即我的奋斗方向是什么、我将如何奋斗以及我将成为教育专家、教育管理者还是好老师等。比如，我们曾经在另一本书中提出一种观点：锁定15年成为一名出色的教师。甚至指出35岁是人生精力与体力最旺盛的时期，能否成功主要看35岁以前所取得的成就。我们所给出的方法，便是奋斗15年，哪怕设定的目标在当初感觉几乎不可能，但经过努力也能达成。这其实就是以目标唤醒内驱力。当然，我们也应该看到，不同年龄段的教师其内驱力有所不同，尽管如此，只要有建功立业的思想，即便是事关功利性的思考，也比甘于平庸而与世无争强。因为这样至少可以让内驱处于觉醒的状态，还可能向高层次转化。我们只要设定好自我奋斗目标，并坚定不移地走下去，当取得了可观的成绩时，就可说内驱力已经被激发或正在被激发。

【行动指南】

内驱力是在需要的基础上产生的一种内部唤醒状态或紧张状态，表现为推动有机体活动以达到满足需要的内部动力。内驱力与需要基本上是同义词，经常可以替换使用。"内驱力"的内涵可以概括为:由内部或外部刺激唤起,并驱使有机体去从事某项活动的内部推动力。对如何提高自我内驱力,我们提出如下建议。

一是志存高远,唤醒自主发展意识。武学的至高境界,是"飞花摘叶皆可伤人"。提升自我,并不是一定要在正规的训练场和一个较高的平台才能够进步。教师的个性发展,主要出自内驱力。虽然前面我们提到外部环境也会起到一定的作用,但我们应该摆脱对外界的依赖和外界的束缚。从我们目前多数教师的情况来看,还是过分依赖外界的动因,比如学校及领导的要求,比如行政化的培训,比如寄希望于学校、朋友以及家人的帮助……要知道,外部的动因是可变的和不确定的,而如果内驱力够强,并且整合资源的能力也够高,那么,我们就可以借助外力而不是依赖外力;即使外力发生变化,我们一样能得到发展。很多时候,外部环境于我们的发展是不利的,在此种情况下,我们每位教师要敢于为自我设定目标,并且有仰望星空的勇气,有脚踏实地的恒心,如此,则大山也挡不住你的视野,即使贫贱与低微也不可能封锁住你的行动。认清自我内驱力和人生的方向,志存高远,不被眼下的困难所吓倒,不被逆境所屈服,不被外部不利的环境所裹挟,不轻视自己,敢于沉潜下来,让自我拥有强烈的斗志,开足马力,扬帆远航,相信你一定会有"仰天大笑出门去,我辈岂是蓬蒿人"的那份豪情。

二是自己培养自己,一步一个台阶向上攀登。目标对一个人而言是非常重要的,它可以让你在前进的道路上不迷路,使生命在有限的时空内冲破极限,并最大限度地释放能量。先选择好自我的发展路线——是教书育人还是行政管理,然后确立个人自主发展的目标,如短期目标(学期、学年)、中期目标和长期目标,再根据目标制定行动方案——个人专业发展规划。这一切,只能靠自己来把控。

自己培养自己是最好的办法,根据自己设定的目标不断获得成功,在成功中进取,在获得中提高,在提高中也自然会让内驱力逐渐强大。目前教师普遍成就感较弱。一项调查显示:52.5%的教师认为自己任教以来"没有取得什么成就";在认为自己取得"较大成就"的46.25%的教师中,有43.75%的教师对自己的成就"较为不满"。这种不满意感,往往会引发沮丧、紧张等情绪,不利于自我的发展。其实每个人都有不同的优势,教师自己应根据自我不同的能力、性格和经验等,找到适中的、易于实现的近期目标,使自己产生成功感,从而增强自信心。

当然,我们更需要拥有自我超越的意识。"自我超越"是指一个人能够拓展个人才能,具有创造的意识和能力。有人说:"鸡蛋从外打破,是食物;从内打破,是生命。人生,从外打破,是压力;从内打破,是成长。"我们教师就要敢于"从内打破",主动去研究教育,研究自我,在实际的教育及课堂教学中去历练,去实现自己内心深处最想实现的愿望,如好老师、专家型教师及学者型教师等。教师自己培养自己,要的是耐力,要的是恒心,要的是坚守,要的是对教育的忠诚,要的是对自我的肯定,如此,当我们逐步成长,实现自我超越时,就会增强成就感,我们自身的内驱力也就会得到提升,在以后的教育路上我们就会走得更坚实,更能"直挂云帆济沧海"。

【谨记】不知道需要什么,就是还没有全面认识自己的体现;没有明确的行动,内驱力的无端消耗也会加剧。

2. 跨越式发展

跨越式发展,实是一种充分调动内驱力直奔最高层级的发展方式,是指在某段时期获得突破性进展,也指一定历史条件下落后者对先行者走过的某个发展阶段的超常规的赶超行为。既然是"超常规",它就不是通过单纯地加快速度可以实现的。当我们对内驱力认知结构有了全面的了解,对过去所走过的道路进行深刻的反思,以及对自我现实发展状况有了比较明确的认识之后,方才提出的跨越式发展战略。它必然要突破传统功利化发展单纯追求"速度型"增长,避免人生发展中的短期行为,以及"单项突进"的发展模式,而追求速度与效率并重、当前发展与长远发展兼顾的模式。

跨越式发展是一种快速的发展,是用尽可能短的时间达到目标;跨越式发展也是一种高水平的发展,是在能力与素养进步的推动下,努力实现教育、教学、教研的新跨越;跨越式发展是一种赶超先进的发展,是教师在提高自我综合竞争力的前提下,缩小与优秀教师差距甚至赶上和超过教育专家或学者在某领域里的水准。只是,我们在全面提升素质的过程中,特别应注意跨越式发展不仅是一种超常规的发展,而且也是一种非均衡的发展,即它不是各方面全面、平行地推进,而是充分发挥某一方面的潜能,有所侧重,从而实现可持续发展,使教师职业生涯始终充满生机和活力。

> 元规则:每一个成功的人,都已经经历过两到三次跨越式发展。

矛盾是推动进步的力量。向前发展的过程中,遭遇矛盾是不可避免的,但克服无数矛盾真还不是简单的事。拥有跨越式发展理念,关键是避免遭受矛盾所产生的巨大破坏作用,不是避开矛盾,而是直面矛盾,从矛盾中突围。具体来说,就是加速提升综合素质,充分体现主观能动性以推动发展,降低矛盾的尖锐程度和负面作用,最大限度避免产生破坏,从而使自我发展进步的过程更加合理便捷。

我们每一位教师的职业生命是非常有限的,哪怕有无穷的生命力,有非常强大的内驱力,如果没有跨越式发展的经历,就像前面小节中所指出的那样,拥有了前行的三大目标,却迟迟难以实现,可以肯定地说那更会带给人生遗憾,甚至比平庸过一生有更坏的结局。教师的职业不像行政事业单位公务员那样有明确的 30 岁、45 岁和 50 岁的年龄界限,只要一心想发展,即使到了退休的年龄也依然不晚。但前提是必须实现跨越式发展,即在短暂的时间内,综合素质必须有明确的提升,必须找到自我发展的证明,必须得到应有的荣誉与认定。

【现象纪实】

一位普通教师走向成功,跨越式发展是最快的捷径。其实,跨越式发展是非常形象的,发展的脉络是非常清晰的,其不仅是落后者对先行者走过某个发展阶段的赶超,也是让某一方面优先得到发展;是在某一个时期自我个性得到优先发展的体现,也是先发展带动后发展的体现。可以说,更多普通教师最终走向教育的大舞台,跨越式发展近乎成了其必由之路。

现实是，更多教师总是以仰望的姿态看教育专家和名师，对他们产生浓厚的好奇心，对其某方面的教育理念和教育技巧有特别的兴趣，结果以实用为目的而去模仿他人，而自己也由此形成了一种发展定势，几乎感受不到跨越式发展的快感。这种模仿，从一开始就已经落后于专家和名师们，最多也只能形成与他人平行的发展水平。对于自我发展来说，对教育理念产生兴趣是前提，但更为重要的是要设计好自我的"行程"，就像建筑师在一片平地上描绘建筑物蓝图一样，从一开始便提出30年不落后的目标，并将其最具前瞻性的技术运用于自我的实践，更能结合自我的平台向新的困难挑战，发展出新的技术，从而真正超越于他人。我们接触教育理念，不能尽信被推崇的教育理念，而应敢于在他人理念的基础上构建属于自我的教育认知，而后尽心竭力地去实践，从而以超越的姿态去构建属于自我的教育帝国。

可以肯定的是，真要实现教师人生的跨越式发展，必须使速度与效率统一，能促进教育得到新的改良，带来全新的效果，全面协调原有的教育发展结构，从而实现教育和自身的可持续发展。这种发展一定是以教育创新为前提的，在观念创新上先人一步，在教育教学方法上优人一等，不断研究新情况，解决新问题，提出新思路，创造新方法，打破常规，求新求为。当然，我们也应该看到，跨越式发展专属于个人，他人无法复制，但其发展并不意味着解决了教育的全部问题，而更多的是结合自身优势在具备发展条件的重点领域重点突破。

【链接5-6】

懂得取舍

有一个年轻人，多才多艺，但真正的学业却一直没有太大的长进。于是，他去请求一位禅师为他指点迷津。

这位禅师见到他后，并没有说什么，而是先请他大吃一顿。禅师吩咐人在桌子上摆满了上百种不同花样的斋饭，大多数是这个年轻人未曾见过的。开始用斋时，年轻人挥动筷子，想要尝尽每一道菜。当用斋结束后，他吃得非常饱。

禅师问："你吃的都是些什么味道？"年轻人摸了摸肚子，很为难地说："百种滋味，已难以分辨，只有撑胀。"禅师又问："那你是否舒服、满足？"年轻人答道："很痛苦。"禅师笑了笑，再没有说什么。

次日，禅师邀年轻人一同登山。当他们爬到半山腰时，那里有许多稀奇的小石头。年轻人很是庆幸，便边走边把喜欢的石头放入口袋中。很快口袋便装得满满的，他已经走不动了，但又舍不得丢掉那些石头。

此时，禅师大声说道："该放下了，如此又怎么能登到山顶？"年轻人望着那未曾到过的山的顶端，顿时彻悟，立即抛下口袋中的石头，轻盈地登向山峰。

【案例解读】

"兴亡谁人定，盛衰岂无凭。"考查一个人的成功，一定有成功的经验；考查一个人的失败，一定有失败的原由。在人生的路上，往往很多道不同，但理相通。人的精力与体力非常有限，只有真正懂得舍得之理，才可能得到所需要的。教师想要获得大发展，走跨越式发展之路,切不可只盯着眼前的利益,也不可要求过多,更不可多面投入,否则,前行路漫漫,收获空余恨。很多教师多才多艺,富有非常好的潜质,但真到"收获季节"却往往囊中空空。而有些资质平平的人,因懂得取舍,只盯着一个目标而奋进,最终达到了常人难以企及的高度。深入挖掘自我的内驱力,走内涵发展之路,懂得取舍,是人生一大智慧。这不但需要我们懂其理,更要在实践中用行动给予支撑。

懂得取舍,采用"清零"之举,更是求得单一目标最有效的举措。只是我们在内驱力的开发过程中,不能缺少对素质发展结果的追求,否则,所实现的跨越式发展会底气不足,难以达到理想的效果。真正的跨越式发展,需要能结合自身处境找到适合自我发展的最佳捷径。当我们身处发展的初期,自身发展条件有限,推动自我快速向前的力量相对弱小,就像没有动力的火车车厢一样,唯有挂靠在火车头的后面,才可快速前行。这就要求我们必须学会审时度势,提前调整自我的目标和方向,以求与快速前行的人同一个方向,并搭上他的火车头与其同时起程,并逐渐蓄积力量,在必要的时候独自快速前行。可现实是,无数内驱力相对弱小的人,几乎没有开放的思想与准备,总是沿着自我以前选定的道路前行,结果也只能像蜗牛般向前缓慢挪动。

想实现跨越式发展的教师其自我有明确的方向是关键,只有依靠对自我的认识,定准位,制定好切合实际的谋略,同时整合社会各种力量,为自我营造优良的发展硬环境和软环境,并聚精会神干好本职工作,一心一意谋教育发展,如此,才能加快自身发展步伐,在发展中摸索,在发展中发展,从而实现超越自我的目标。当前,我们必须认识到发展的紧迫性,要感受到"后有追兵","前有堵截";向着自己的目标前行,应懂得取舍,让自己轻装前进,注意力专一地谋自己的发展,为自己的教育事业描绘出新蓝图,谱写出新华章。

【行动指南】

在全面提升自身素质的过程中,调动内驱力,就像是我们在打一场与时间赛跑的仗一样,只有充分激发自我的一切潜力,并充分结合天时、地利与人和,方才不会深陷泥潭,进而取得属于自我的战果而铸就辉煌。针对提升跨越式发展之策,在此给出如下建议。

一是解放思想、更新观念。这是我们讲了多年的一个老话题。之所以还要强调这个问题,是因为我们在实际工作中处处感觉到,思想观念问题仍然是我们不敢有所作为的主要原因。思想是行动的先导,观念是发展的"开关"。在新课改的背景下,要实现人生的跨越式发展,必须首先从解放思想和更新观念入手,要求能破除"普通教师不能干大事,发展难有大作为"的狭隘观念,牢固树立"跨越式发展我能行"的强烈发展意识。当然,也更要破除"小进即满"的意识,有勇攀高峰的勇气,培养起争做教育家的胆识和气魄。同时,也要破除等待观望的心理和墨守成规的陋习,牢固树立强烈的机遇意识。如每一次课程改革,都是一次重新"洗牌"的过程,我们只有读懂其游戏规则,大胆尝试,敢为人先,抢抓机遇,才会开拓新局面,获得新成功。当然,这要求我们要破除夸夸其谈、坐而论道的形式主义,牢固树立强烈的实干意识,自觉做到艰苦奋斗、奋发有为。

二是学会抢抓机遇。有则"兄弟射雁"的故事,说的是兄弟两人一起去射雁,当一只大雁从空中飞过时,老大说射下来煮着吃,老二说要拿回家蒸着吃,两人争来吵去,直到大雁飞远了,意见也没有统一起来,自然箭也没有射出去。机遇是一笔战略资源,好机遇胜过一大堆计划。抓住机遇贵在一个"抢"字。好机遇稍纵即逝,稍有懈怠和疏忽,它就会从我们身边悄悄溜走。我们只有以只争朝夕的精神,以抢抓新一轮发展机遇为契机,才可能永立于教育发展的潮头。在跨越式发展的进程中,我们必须突出一个"敢"字——敢于创新,勇于开拓;立足一个"早"字——早做准备,早做规划。同时还要追求一个"快"字:现代社会,是"大鱼吃小鱼,快鱼吃慢鱼",面对机遇,我们要及时抓住,快速出手。有的教师在面临新的发展机遇时,总是瞻前顾后,等待观望,裹足不前,推一推则动一动,甚至推也不动,不敢越雷池半步。不干,再好的机遇也会在等待观望中丧失殆尽。因此,我们有必要发扬愚公移山和蚂蚁啃骨头的精神,立足当前,谋划长远,及时而创造性地开展工作。

三是全力实现干事创业的梦想。拿什么来给自我人生以证明?要干事创业,必须保持良好的精神状态。其中,如何借鉴他人的经验、进一步明确我们发展的思路至关重要。而做到这一点关键在于精神状态,在于保持和发扬奋发有为、昂扬向上的精神状态。精神的力量是巨大的。面对我们的教育之梦,我们需要的是置身教育的干劲和闯劲,需要对教育有一种敏感,并且要克服浮躁情绪,不能做违背教育规律的事情。实现教育之梦,要善于将自己的"梦"细化成一个个具体的目标并努力去实现。比如,管建刚老师在探索作文教学的过程中,就能从作文教学革命的"骨骼系统"、动力系统、助力系统、保障系统、训练系统和理论系统方面着力,逐步凝成自己的作文教学风格,并最终真正提升了学生的作文素养。不难想象,管建刚老师实现在自己梦想的路途上付出多少努力,吃尽了多少苦头,但他坚持了下来,实现了自己的教育梦。

【谨记】内驱力是跨越式发展的支撑,跨越式发展是内驱力激发的直接反映。达成跨越式发展,才能进一步从更高层级上激发内驱力。

第四节　加强外环境打造

不知大家发现没有,外环境是影响教师身心健康和个性发展的重要因素。

外环境是指存在于个体之外不能被控制但对个体发展产生影响的外部因素的总和。在前一小节对内驱力的探讨中,我们已经从内驱力的结构以及跨越式发展的表现形式两方面对外部环境进行了阐述。对每一位教师的专业成长而言,个人身心以外的环境因素,一般来说都无法被有效控制,但其对成功的影响不可忽视。如若能积极、及时、有效地富于创新地沟通和预防,并有效地借助外部环境的力量,便能有效的减少前行中的阻力,并带来更多的发展机遇。

外部环境分为宏观环境和微观环境。宏观环境是对生存产生影响的环境因素,大致可以分为待遇报酬、教育法规、教育文化和教育技术等;微观环境是直接影响个体竞争行动与反映的一组因素,如与参与竞争者及合作者之间的关系。我们必须结合自身综合素养的发展对外部环境进行分析,去发现其中的有利因素为我所用。比如,我们面对现代教育的竞争环境和竞争规则,就要努力地去理解它,要知道其中有些是"能够做的"(即组织的优势和劣势),有些是"可能做的"(即环境的机会和威胁),我们必须对它们进行有机组合,才会形成自己的战斗力。我们对外部环境进行分析,重点是识别和评价超出自我控制能力范围的外部发展趋势与事件,并将其中有利于自我专业成长的资源区分出来,用于成长中的支撑,同时尽可能地避开一些不利因素。当然,身为教师,还必须兼顾自己的个性发展,对外部环境的未来变化进行正确的预见,并趋利避害。为此,在本章这最后一小节,我们将进一步引领读者科学地进行外部环境分析,以企盼能给予您正确抉择的指导。

1.外环境影响

给予自我专业发展的动力是什么? 是什么让你得到一种精神层面的享受,而后不顾一切地向前追逐? 是什么给予你明日再战的本钱,对衣食住行有无尽的渴求? 这些,真还很难用单一的答案予以答复。影响一个人发展的因素中,大家可能对于外部环境的考虑更多,似乎认为其是内驱力发展的先决条件,或者一切自我提升素养行为的目的更是为了外部环境的改善,或者说对外部环境的重新选择为的是获得素养提升的证明。比如,良好的工作环境、更高的报酬等,都是绕不开的话题,同样也是激励人们向前的动力,只有看清楚,准确把握,才能集其优势把教育工作干得更好,同时也让自我素养提升而让教师人生无悔。

物竞天择,适者生存。我们每个教师不可避免地会与外部环境发生千丝万缕的联系,但是,我们改变外部环境的可能性比较小,因此,能否适应环境在很大程度上决定我们是否能很好地生存在教育天地里。很大程度上来说,对外部环境的分析和把握,包括对发展趋势作出客观的数据处理,对所处的各个外部环境进行全面扫描,找到现有的竞争对手,对行业内外优秀标杆和关键成功要素进行有效的分析,对未来行业发展趋势予以准确掌握,都决定着我们自身发展的效度。综合分析教育的大环境以及影响个人发展的小环境,剔除其中对自我教育发展的威胁,从中找到与自我教育实践实现最佳契合的方式,将有助于自我教育价值的有效和快速达成。"山不过来,我就过去。"面对复杂的外部环境,我们唯有主动出击,去亲近它,认识它,利用它,从而避免随意性和盲目从众的现象出现,让环境为我所用,而不是被环境牵制。

> 元规则:能正确把控外环境的人,往往能获得更多成功的机遇。

外部环境更多的时候就是一道门槛、一张入场券,或一段坎坷不平的路,它具有很大的唯一性和变化性。宏观外环境的影响,源于政治力量、经济力量、社会力量和技术力量,这些无不是推动或制约一个教师能否实现激发内驱力目标的重要因素。事实是,这些本来已经存在的东西,对绝大多数教师几乎缺乏支撑力量,但如果教师采用逃避的方式真还不能解决自己发展中的问题,最好的方式在于主动迎接挑战,以利用它来改善自我先天不足。当然,这绝对不是机会主义或功利主义的体现,而是为了获得个人的大发展。既然是绕不过的坎儿,为什么不好好利用它们呢?

外部环境诸因素对不同教师的影响程度是不同的。为了使个人的发展战略适应外部环境的特点,就必须分析和确认环境状况,悟透其复杂性和动荡程度或稳定性。一般来说,随着时代的发展,外部环境作为比较开放的系统,呈现出多样化趋势,我们所面临的外部环境变得越来越复杂,我们每一个教师所能做的,就是全面考量自身现状,之后全盘地对自我所面临的外环境进行全面分析,尤其是对于我们身边同行的情况。有了成竹在胸的了解,那么,我们的主动出击才有底气,才能滋长灵气。比如,主动与优秀教育实体进行优化组合,与优秀同行结伴前行,与薄弱同行结对(在指导他人时提升自己),等等,如此才能推动自己主动积极地向前发展。同时,还必须前瞻性地思考外部环境可能会发生的变化以及变化的趋势,从而游刃有余地把控它,惟其如此,我们才不会在多变的外环境面前束手无策,失去个性发展的战斗力。

【现象纪实】

外环境多只是一些非常杂乱的现象,是始终处于变化之中的。我们研究外环境的目的,最终是为了让它助我们提升抢抓机遇的能力,或做好更多的提前准备而后抓住机遇。我们在此研究外环境,一个主要原因就在于无数教师没有发展的原因在于操控外环境的能力非常弱小,甚至于入职期便没有突破第一次发展的瓶颈,而后再没有迎来机遇期,而让自我陷入发展的泥潭,终致平庸一生。

提升对外环境的分析能力,而后提高机遇期的把握能力,这是当下教师普遍应该弥补的一课。其实,这机遇期也更呈现发展的层级特征,发展的层级上升,对机遇期的把握力的要求也就随之上升;同样,把握力上升,发展层级也会上升。人生的重要机遇期并不多(多则3~5个),尽管不多,但它却牵扯了人的一生。一个重要的机遇,实是对一个人对外环境适应能力的综合检验。往往有第一个发展的机遇期方才会有第二个发展的机遇期,而后如此递增。

对外环境的分析,需要我们拥有战略眼光,除了像前面小节中所阐释的那样要拥有强大的内部素养,更需要有对教育大小环境进行分析与策划的能力,尤其是能对显著影响自我发展的外部事件及趋势,找出可用的,剔除无用的。比如,面对当今有偿家教泛滥的现状,有的教师却逆其道而行之,选择好一个发展方向,对学生进行无偿辅导,几年后,学生成长迅速,教师自身的影响力大增,而相应的待遇也就随之提高。这就是对教育外环境的分析力与把控力的体现。我们的教育外环境,其实是无尽的资源,它如一把双刃剑,善用者利己,不善用者害己又害人。

【链接5-7】

为什么是闫学

1991年,闫学从济南联合大学毕业,受聘于章丘市实验小学。但她只想做一名中学老师。在她的眼里,中学老师的形象是高大神圣的。从开始工作那天起,失落感一直伴随着她,并渗入到了课堂。带着情绪的闫学讲课很是随意,想怎么上就怎么上。三年下来,因为自己的性格而与某位校领导之间发生冲突之后,她一直在被漠视挤压的情绪低谷里徘徊。

那三年里,她一直默默努力。字不好,买来字帖,得闲就在小黑板上练字,请同事给予指点。她一直苦练粉笔字、简笔画、读书、朗诵等基本功。

那一天,闫学记得特别清楚,校长给她打电话时大约是中午 12 点,她正在与丈夫吃午饭。匆匆吃完饭,她赶到了学校。下午一点半,准时开课,新任副市长在教育局和学校有关领导的陪同下,坐在了学生中间。闫学夹着讲义走上了讲台,她讲的是《琥珀》……"我从前是个学生,每天都要听老师讲课,工作以后也一天没有离开教育,听的课也数不过来了。以后我不敢说,但到目前为止,闫老师这一课是最好的一课。"下课后,这位新任副市长高兴地对闫学说。这一评价,对闫学来说,意味着她教师职业发展的一个转机——她再次获得了上公开课的机会和搞教科研的资格。

四年后,山东省各路中小学教学高手一路拼杀,齐集日照。闫学跻身其中,并凭借对《童年的发现》一文的说课和精彩答辩,成为山东省有史以来最年轻的特级教师。这一年,她32 岁。

【案例解读】

崛起之难,这是大家都明白的道理。更多外环境让我们无法控制,就像闫学一样,外环境使她伤心、劳神,但是,更多的机遇也必须依靠外环境,依靠它,不是屈服它,而是去把握它,去苦心经营与创造,而后才会获得重大的发展机遇。可能有时甚至感觉哪怕付出十二分的努力,也难解决外环境带来的困扰,但是,更多的事例也证明,往往由失败通往成功的路上就差那么一步,需要的是除了把握机遇,还要有机智的头脑、坚强的意志、坚韧的毅力以及果断的抉择。而后者,恰恰是把握机遇的前提,尤其是面对复杂而不利的外环境时,更得仰望星空,脚踏实地。

闫学为什么会成功?外部环境的支持,可能来得稍许迟了些,但成功的机会,总是给予早有准备的人。闫学对自己有很高的期待,虽然现实环境一再将她伤害,但她没有过于沉溺于坏情绪之中,而是表现出超凡的适应力。在笔者看来,这种超凡的应对能力,与长久以来她不放弃对自我的期许有关,这几乎成为一种本能。这种对自我的期许才使她穿越迷雾,聚集前行的力量,在数年的沉浮中迎来了曙光。在困境中的崛起,才让她走得更稳、更远。综观她的成长历程,我们不难看出,是困境磨砺了她的心志,培养了她吃苦耐劳的品质。试想,常备如此精气神的教师,还有什么不可逾越的高山,还有什么恶劣的地形能挡住他们前行的脚步?

美国《成功学》的创始人拿破仑·希尔曾经说过:"自然经常是先给某些人重重的一击,让他们倒伏在地,看谁能爬起来再投入人生的战场,那些毅力强大的勇敢者,就被选择为命运的主人。"在我们教育职业生涯中,或多或少都有一些难以预料的困难和挫折,但是,无论在何种境遇里,跌倒了就要学会自己站起来。教师专业成长如同滑滑板,上升时每一步都十分艰难,有时还会如蜗牛一样,有时上升一米后会下滑半米,如果把持不住甚至可能一滑到底。面对近乎恶劣的外环境,教师应当从无谓的叹息与悲观失望的阴影中走出来,做自己的主人,特别是要在希望发展的初期,能敢于从困境中突围。突破成长的"天花板",冲破年龄的阻力,改变不利的成长"地形",找到职业生涯的"第二个春天"。否则,只会如一只找不到出口的苍蝇,盲目冲撞,四处碰壁,最终遭遇职业生涯的"冰点"。

或许我们还会遇到这样一种情境:它没有给我们任何形式的打击,我们感觉形势一片大好。但面对如此好的外环境,几年甚至十几年后,有不少人却并没有在其中得以成长和发展,原因为何?恰恰是因为他们被这所谓的"太平盛世"给迷惑了,在其中沉沦了,没有把有利的情势转化为自己成长的动力。这是危险的。环境越是安好,我们越要给自己加压,制订好发展规划,让有利的外环境助自己一臂之力。

【行动指南】

对一名教师来说,通常教学的地方是课堂,工作和学习的地方是学校,仿佛一所学校便成了他的所有环境,包括成长的舞台和拓展的空间等。有不少教师身处山区,受历史地理条件制约,当地信息闭塞,教育发展相对滞后,学习新知识、新理念和新方法存在一定的困难。因为日常工作繁忙,教师们从走进学校的那天起,仿佛就没有多少时间可以走出去,但这却不能成为向环境低头的理由。事实上,这只是外部环境中的小环境,如果想要大发展,必须跳出这一小环境,从而获得大的外环境。正所谓外环境有多大,发展才会有多大,为此,提出以下建议。

一是积极应对,从危机中寻找转机。无论外部环境是以何种状态呈现在我们的职场中,我们都要将其变成动力。外界环境无论是风雨交加,还是阳光灿烂,我们都要始终保持良好的心态,善于把其中最切合自己的因素"抠"出来为我所用。彼得逊说过:"人生中经常有无数来自外部的打击,但这些打击究竟会对你产生怎样的影响,最终决定权在你自己手中。"心态决定一切,无论是顺境还是逆境,我们都要保持积极的心态。环境越是不太理想,我们越要选择崛起,否则,你会在现实中输得很惨。环境越是恶劣,我们越要进行独特的审视,对自己有深入的剖析,对明天有更加清晰的描绘,之后再寻求一些好的途径和方法,与环境"讲和"。比如,全面而深入地去了解你所在的环境,力求对环境有一个全面的评估,甚至可以赋予具体要素以分值。相信通过这样的努力,我们能找到转机并获得先机,从而与成功"相约"。要知道,没有绝境,只有绝望,勇闯山重水复之境,才能真正走向柳暗花明。

二是静心定远,戒骄戒躁,增强主动性和自觉性。当下,教师最大的危机是什么?就是没有发展,成为了外环境抛弃的东西,就像一块"鸡肋"。著名学者胡适在《不要抛弃学问》一文中指出:"吃饭而不求学问,三年五年之后,你们都要被后来少年淘汰掉的。到那时再想做点学问来补救,恐怕已太晚了。"所以,身为教师,想摆脱做教书"匠"的平庸,就要有相应的行动。易卜生说:"你的最大责任是把你这块材料铸造成器。"可以肯定地说,我们教师的最大责任就是要把自己铸造成一名真正的教师。穿自己的鞋走自己的路,还是穿自己的鞋走别人的路,取决于你自己。为什么在同一所学校,有的教师几年便成为了优秀教师或专家型教师,而有的教师几十年后还是那个样子?应该说外部环境相差无几,为什么发展却有天壤之别呢?很显然,原因就在于是否具备主动性和自觉性。其实,很多时候,外部环境它就在那里,只有寻求改变的人,才会去主动发现其中的有利因素,从而最终让外环境变成激发自己内驱力的动力,让自己始终处于一种研究状态、成长状态。

【谨记】我们最需要的是把工作做到点子上,成为外环境中的"关键教师",成为掌控外环境的主人。

2. 外环境抉择

今天的命运,是昨天选择的结果;今天的外环境,是昨天选择的结果……然则,明天的一切,可以肯定地说,是今天选择的结果。人不是生活在真空中,总处于外环境的包裹中。个人的不作为,环境并不起决定作用,更多的时候是自己的思维受了限制,总感觉如坐井观天一般,仿佛自己一切的努力总不能跳出那个范围。其实,外环境是无穷大的,当你真正走出原先的视野所及的地方后,便会发现世界之大超乎你的想象。惊喜之余,你可能会如梦初醒——原来自我的一切争斗是那么的不值得,原来所期望取得的那点成就是那么的微小。

解放自我,从解放自我的视野开始,从勇敢的迈出原先的小天地开始。但是,面对复杂和多变的外环境,不可忽视的是,我们得学会抉择。要知道,世间的路千万条,哪一条才是自己应该走的路,才是助自己走向未来的路,往往会看不明白,所以,身受外环境的影响,在原地打转的真还不少。在本小节,我们的目的旨在让后来者拥有清醒的头脑,能面对不同的外环境进行智慧的抉择,期待你在阅读后能得到一些启发。

> 元规则:外环境的核心,在于你清醒地进行尝试,做出利于自我的抉择。

人、物、天、地,往往很多都是相通的,且都富有灵性。内驱力的激发,身心向上,个性的充分发展,都如天空一般敞亮,都充满灵性。外环境的有效开发和利用,是跨越式发展的最佳发展方式,能让你有成就感且灵性四溢。比如,要使一方区域获得大范围的发展,除给划定出一块专属于开发的用地,更需给予制度的优化、机构的设立和外资的引进等;在大刀阔斧的举措、传统经营模式的改革、新的生产线的建设配套下,最终获得大范围的发展,让多方受益。教师的成长也是如此,绝大多数教师都是从零开始,从努力拓展自我的外环境开始,在对外环境的抉择中将自我的才干与智慧给予最大限度的发挥。这其实便是人们常说的"一个人事业上的成功,只有15%是由于他的专业技术,另外的85%要依赖人际关系、处世技巧",只不过在我们看来,85%的影响成功的因素,依然是人们努力习得的结果,是敢于借助外力而不断前行的结果。

外环境的开发,机遇与威胁并存,需要我们在发展自我专业素养的同时,挤出一定的时间与精力,关注影响自我获取成就的重要因素。可能我们平素用85%的时间在努力从事教育工作,真给自我打造外环境的精力几乎没有超过15%;投入少产出便少,即使有千万种想法,成功的总体机率多只在2%左右。如果再放大到教师人群,我们必然也会发现,只有15%左右的教师关注外环境,当然也只有2%左右的最终获得了自我想要的成功。提高成功的机率,树立开发外环境的意识,习惯性地给予自我大小环境性质的评估,确认环境导致的影响,同时鉴别出关键的竞争力量、竞争地位和主要的机会与威胁,静中观察,动中运筹,可以肯定地说,自我所追求的才真有变成现实的可能。

【现象纪实】

教师的人生,更多时候是不善于对外环境加以有效的开发,从而导致发展之路"窄"的现象随处可见。正如有人给教师"描绘"的三幅"图画":

第一种:在学校工作了三四十年,并以自己的教龄长而引以自豪。但他没有热情、没有灵感,忠实、仔细地完成每天的工作。他没有疑问,没有探索,没有矛盾,害怕改革。

第二种:在学校工作了三四十年,一直在教育实践中不断探索,工作细心周到,可能会挑战和打破传统的教育理念,但他不能容忍形式主义存在,被看成荒诞不经之徒。

第三种人:在学校工作了三四十年,不思专业素养的进取,但凭着个人的运作,左右逢源,在小环境中舒坦地过着小日子。

种种迹象表明,教师这一群体真还成为了"另类",往往会把自我的思维与行动全给锁定在自己所处的小环境中,如井底之蛙一般。当然,我们也不主张教师不务正业,但是也真还不能把自我束缚于小圈子中,在埋头做事的同时,哪怕拿出 15% 的精力研究自己前行的方向,关注和研究外环境,在一个更大的层面上选择切合自身发展的外环境,如此方才会拥有更大的发展空间。外环境的有效抉择,会促使你沿着内驱力掘进的认知路径前行,即使只有其中一个小目标的实现,也能让自我真正感觉到素质的提升不是空谈。

教师面对外环境,要走出孤芳自赏的大山,或是坐井观天的樊篱,去慧眼辨识,大胆抉择,把外环境握于股掌之中。

【链接 5 – 8】

充实的暑假

杨宏杰,甘肃省庆城县人,发表文章七十余,参编书稿四部,其录像课"生活中的概率"在中国教育电视台"百家课堂"栏目播出。

他读的是中职,两年后被一所农业院校录取,再两年后毕业。他竟然做了老师,专业不对口,不懂教材教法,不会说普通话,不会写粉笔字,于是每天埋头苦读,熟悉教材,查阅资料,学习新的理论,向其他老师请教⋯⋯而后,他开始了"大折腾",背上一身债务跑到教育学院开启脱产学习的历程⋯⋯

2013 年暑假来临,"第二届李镇西式好教师"颁奖活动在武汉举行,他坐了 7 个小时的汽车、13 个小时的火车到武汉,而后迎来了他人生的 N 个第一。

这次武汉之行,让他终于见到了李镇西;更让他激动的是,李老师把他推介给《班主任》杂志作封面人物。

蒋自立老师是他通过网络所拜的第一个师傅。武汉之行,让他亲自聆听到师傅的教诲,让他深受启发。

武家仿是武汉仙源学校的校长,全国一级"星星火炬"奖章获得者,享受湖北省政府特殊津贴专家。杨宏杰非常幸运,他成了武校长的朋友。

⋯⋯

从武汉回来后,杨宏杰又做了一件令其终身难忘的事,第一次与领导畅谈——得到庆城县教育局的直接领导、庆阳市教育局长的召见。这次,他先鼓足勇气,给领导发短信:"您什么时候有时间,我过来把这件事和您汇报一下。"手机还没来得及放下,短信过来了"好吧!"

2013年暑假,杨宏杰过得非常充实。暑假刚过半,他将精力全部转向复习迎考,打算向着领导推介的名校进军。

【案例解读】

为师,为了生存有错吗?想拥有好的报酬与环境不行吗?可能除了给予肯定的回答,我们更需要将视野转向如何获得新的大发展上。获得大发展者,往往是获得大名者,获得大名者往往又是获得大利者。谈这些,可能指向如何拥有教育大素养,为教育做出更多大贡献,让自我人生努力得到回报,无不具有巨大的现实意义。转向看看身边的人群,更多的是像你和我一样普通的人,可能不时也会想,何必苦了自己。正因为如此,无上进之心自然也就无法改变眼前的命运。

观杨宏杰的外环境,他没优厚的家庭背景,没有骄人的学历,没有优越的工作环境……别人所拥有的很多优越的外环境,杨宏杰都没有;可杨宏杰有的开拓精神,无数教师却没有。虽然今天的杨宏杰依然属于草根教师,他走在人群中普通得再无法形容,但可肯定的是他有不死的上进心:就像他在自己的博客中多次提到的一样,因为想得到拓展找领导要机会,无数次被一些人黑过脸,甚至他想得到一次外出学习的机会都显得非常困难。而他取得的成绩如自己的录像课《生活中的概率》在中国教育电视台"百家课堂"栏目播出,仅此一项又有多少人能超越呢?今天我们读着这个案例,再对比一下自我,可能便会得出这样的结论:哪怕今天的杨宏杰什么也没有,但可以肯定的是明天他的收获肯定会非常多。

抓住自我的个性特长苦练基本功,而后认真审视自我的外环境,并给予全面的开拓,那么,自我就像一颗无限级的能量种子,只要给予自我更多的生长空间、无数的生长养料,就会有跨越式发展的可能。对于我们每一位教师而言,时间是非常宝贵的,属于自我的生长季的时间也非常有限。时不我待,我们必须确定好自己的发展目标,从纷繁的外环境中选择出于自己有利的因素,并获得发展的平台,以助力自己的发展。即使困难重重,只要不退缩,就一定能各个击破,终成正果。有的教师总会以前行无门来作为借口,其实只要我们努力去提升自我的综合素质,让原先只发挥15%作用的专业技能,最终发挥100%的作用,成功的大门终会向我们敞开。

【行动指南】

教师生命之意义的产生,更多地在于诸多生存环境延续着其影响,如若更加主动地去应对,我们会得到更多的生长点。如何改善环境?从为自我争取有意义的生存环境开始,去激活自己前行的"源头活水"。这将是教师需要用一生去体悟的话题。教师们必须清醒地看到,人是由很多生存环境决定的。为此,我们提出如下建议。

一是用生涯目标为潜能指明成长的方向。教师的生涯规划就是教师的专业形象设计,一般要涉及下列三个重要领域。

教师专业精神形象的设计。教师专业精神形象的核心是教育思想或教育观念。教师规划要回答自己将要确立以及如何确立自己认为可以确信的观点，即"教师的信念"。

教师专业生存方式的设计。教师专业生存方式的核心是教育行为方式或教育场景中的活动方式。教师规划要回答将要形成以及如何形成教师的教育风格，如何形成自己的个性化的教育行为方式。

教师专业发展目标的设计。教师专业发展目标是教师生涯规划不可或缺的内容。不过远期目标不会很清晰，所以最好以远期目标为前提导向，制订一些短期的具体目标，采取小步子的原则，点滴积累，最终才能实现大目标。

有明确的专业形象设计，才有真正属于自己的发展方向，这样，在面对外部环境时，才不会束手无策，才会真正获得属于自己的有利因素，并从中获益。即使是恶劣的外环境，也能从中挑出助力自己发展的因子来。

二是有计划地改善。对教师而言，封闭的环境始终是开放环境的基础。赢得开放的环境，就需要先在封闭的环境里运作起来，进行有计划地改善，否则，猛然进入到开放的环境，我们会"满口呛水"。特别是那些长期处于开放状态中的青年教师，当他们过早地赢得开放发展的空间，就可能因变得浮躁而再无建树。人生可能涉及 N 个计划，而且几乎是呈阶梯状的，几乎不可能迈过前面的阶段而直接去实施后面的计划。当然，每个教师都是独立的个体，因其自身因素的复杂性，实现某一阶段的计划比他人用时少，这是完全有可能的。为此特别建议，必须有计划地实施自我的计划，防止出现揠苗助长或叶公好龙，而让人生走向倒退。

涉及环境，绝对没有独立于人之外而产生意义的环境。环境作为一种资源，它必须与天时、人和有机地配合，才能真正有利于一个人的成长。当我们制订好某一阶段的计划，就要围绕每一阶段计划的内容，去寻找到自我需要的人和外环境以求得帮助，这是非常重要的成长因素。得到一个新的开放环境，主动权往往在自我，但决定权往往在他人；调整好自我的心态主动出击，才会赢得自我需要的东西，让自我能顺利地完成本阶段的计划，从而有力地进入人生下一阶段的计划。常言道："计划赶不上变化。"我们在执行自我计划的同时，完全有必要考虑外环境的变化，从而作出更精准的抉择，让发展更有力。

【谨记】没有外环境的开放，就不可能有真正的成就。只有游刃有余地把控外环境，我们才可能达到综合素质发展的轻车熟路。

第六讲　综合素质发展的关键抉择

——评价应用的教育实践

爱因斯坦说:"对于这个世界最不可思议的事情是世界是可理解的。"在本章中,我们将把"专业发展"与"评价"放到一起,对教师成长与成功的环境因素加以认识与理解。

前面章节中,讲述了教师专业素质提升的重要性,首先论述了从"0"觉醒到依托自我的素质发展而实现自我价值,而后分别从师德、知识、能力和身心等全方位地探讨教师发展过程中的症结,分别提供对应的案例、分析与建议。值得进一步指明的是,在综合素质提升的过程中,努力并不一定会带来成功的人生和职业的幸福感。为此,无数的人开始研讨其变数,特别是借助一些失败的案例和一些人为因素。虽不能言带给他人负能量,但这样的研讨至少混淆了人生发展中的决定因素——内因影响,他们甚至得出结论:内因是致使一切不利因素产生的真正原因。

成长与成功能彰显教师人生的价值或意义,在对它的认定中我们发现,其中涉及更多的是外围因素。但是,对更多没有得到理想评定的教师而言,最重要的是重新塑造自我人生价值层面的意识,而后在努力提升自我素质的过程中实现由被动转向主动提升。写作此章内容,我们既不同情更多被评价打败的教师,也不鄙视这一群体,主要目的在于提醒大家懂得评价之道的重要性——只有全然懂得交通规则才有抵达目的地的可能性。

(一)

如何才能以优秀教师的形象出现,如何获得优秀的评定,如何将自我"压箱底"的利器予以显露求得"震慑",从茫茫教师人海中脱颖而出,从不接受公开的评价到敢于置身前台? 这一系列的问题完全指向发展性评价的实践应用。

评价是什么? Thomas R. Guskey 在《教师专业发展评价》一书中指出:"评价是对价值或意义系统的调查研究。"接受评价相伴教师的人生历程,哪怕各种不规范的评价,依然影响着教师的生存质量。教师追求综合素质终身发展,理论上讲是一件非常容易的事。于现实的生活中,就像让一个贪玩的孩子要迅速而全身心投入学习,如果没有内在的主观需求,他是很难进入最佳学习状态的;又像一个原本静止的物件,要改变其现有状态,如果没有强大的外力推动,是难以运转起来的。本章节中,强调评价运用的一个重要目的,在于促使教师进一步懂得,在自我发展过程中,要更清醒地明白自我处于什么层级,从而更好地调整自我的心态,全身心地投入学习中,并将习得的知识和技能应用于教育实践,促进学生的可持续发展(学校永恒的中心目标),并赢得组织(学校及相应的教育行政部门)的认可和支持。这样,通过对其发展过程进行有序性推动,真正促进每一位教师进入加速发展之列。

（二）

对于长期无综合素质发展的教师,要改变其现实的惰性状态,关键在于借助外力与内力的激励——教师专业发展性评价。爱因斯坦曾说:"没有一个问题可以通过产生问题的原因得到解决。"解决自我专业发展的问题,之所以对于评价的忽略或重视(被动接受评价或主动接受评价)都没有解决发展的问题,这皆源于发展与评价的分裂,即发展成为教师的发展,而评价成为了组织的评价(支持或变化)。在教师专业素质发展的过程中,需解析影响发展的原因,而后重新寻找解困的出路,构建评价应用意识,达成评价唯我所用的目标。

教师专业发展的过程,只要变得不可控,便会有无数不确定的阻碍。懂得评价,就能很好地利用评价的过程和结果,并善于抓住评价中的积极因素(这绝对不是投机,是事半功倍)。

（三）

从被动评价到力求发展性评价的应用,这是一位发展的教师趋近成熟的体现。谋求不断向前发展是获得优秀评价的根本保障。在发展的过程中,各项发展并不一定达到评价指标所设定的要求,这就要求教师应当对评价内容进行主动的了解、适应和应用,这是成功的保证,就像参与某一项游戏要对游戏的规则熟悉与遵守一样。

发展性评价的实践应用,对于一线教师而言还是一个新的话题,更多人都无"主审判官"的资格与经历,即我们只授受评价,相对于自我命运的把控毫无主动权与话语权,但这并不表示我们对于发展价值与意义认定的失控,相反,因自我素质发展后的强大,还会让评价为我们"说好话",这样的教师才可称得上是真正的智者。

（四）

接受评价,是教师走向优秀的必经之路。严格地说,这条道路上困难重重,这条道路上玄机多多,这条道路让无数教师看不到尽头,但也让无数的教师快速成长。对于普通教师而言,接受评价是综合素质发展的必然选择,然而无数教师却把评价当成了"瘟神",甚至在追求素质发展的过程中对评价产生对抗心理,以至于有诸多不理智的行为产生。为此,在全书的最后章节,我们将视野转向影响成功的众多因素中的核心点——评价,阐释教育评价过程和评价层级,主要目的在于对自我成长规律的把握能达到实践应用的目标。比如,组织评价和评价组织,是两个不同的概念,本章将阐释其内核,同时引领教师绕到其后,习惯性地分析自我发展的动因,趋利避害,有的放矢。

第一节　发展评价应用的准备

教师的发展,从综合素质提升开始。伴随某一项活动的开展,评价教师几乎成为不可缺少的事。教师无发展而被评价包围,只能从评价中受罪、受困或心灵受伤,从而成为评价的逃兵与俘虏,这已成为不争的事实。改变现状,除了保持清醒,拥有另辟蹊径的勇气和睿智的行为之外,还应有评价应用的准备过程,这样才不会处于被动评价状态,从而真正走向发展的坦途。

认真审视教师的发展,依旧是秩序调整的问题,没有获得好的发展只能进一步说明发展秩序的混乱。有的教师因全力发展综合素质,最终并没有获得成功的认定,这就需要冷静观察自我发展的经历,看是否存在秩序错乱的问题,即对发展评价应用的忽视(应有的秩序被其他占有)。

从发展评价认识到评价应用的掌握,从程序上看这属于发展过程中应有的秩序。当前由于对评价认识不足,导致评价应用几乎还处于初始阶段,为此,提出评价认识和评价应用同时进行的双轨策略,这无疑是教师专业发展过程中,于认知、情感层面之外的心理行为方面的一次跨越。我们再次提及发展评价应用的准备,看透评价,全面认识评价,将视野与行动重点调整到评价应用上,学用结合,定然更有利于给评价开拓出更好的发展路径,从而促进自我获得更好的评定,最终走向成功。

看透评价,是发展性评价应用与奖惩性评价最基本的区别,它需要能解读当前正在接受的评价类型的基本要求。看透评价,需要能解读当前正在被授受评价的类型,需要对提升评价所需的信息有一定了解,如对评价全过程的解读和评价层级的准备等。只有充分认清评价的本质需求,才可能真正看透评价,从而开启评价应用之道。

1. 明确评价目的

芦咏莉和申继亮所著的《教师评价》指出:"进入 21 世纪以来,教师评价的核心内容主要体现在两个方面,一方面是公众对教师的评价,另一方面是教师对提高职业水平的发展需要。"全书更是倡导发展性评价的实践,即从促进教师的专业发展的角度开展评价。诸多调查研究中也发现,许多教师认可发展性教师评价,但这并不表示我们的教师只要接受发展性评价便一定会有发展,以及一定会获得好评;甚至就像前面章节所指,我们虽全身心投入专业素质的提升,但由于受评价方式、策略以及教师的发展是否被推崇等的影响,评价存在很多不确定的因素。全面了解评价的目的和需要,甚至于教育管理需求,这对于我们每一位教师而言,真还没有坏处。

评价是对指定的第三方的价值或意义的认定。若难以真正对第三方信息进行精准收集,当然给出的评价结果出现偏颇便是十分正常的事。自我应该是评价自我的最佳人选,如果我们能全面认清评价的目的,哪怕我们对照发展性评价的标准,去认真而努力进行准备,就算是接受奖惩性评价,可以肯定地说依然能获得一个好评。为此,建构发展性评价应用意识,即不但关注教师的专业素养发展更应关注评价的目的及应用,才会把握前行的方向。

> 元规则:本是行政管理的过程,若教师知其评价准备的程序,不但能顺利通过测评,而且可以真切发现现实问题,找到发展的方向和路径。

随着评价理论以及评价模式的演进,教育评价依然是世界性的难题,无数教育专家不断对其进行构建和扩展,但不管所用的评价模式如何变化,评价的目的几乎都并没有太多的差别。美国肯塔基大学教育政策与评价研究教授古斯基指出,评价按其目的的不同一般可以分为三大类评价。大多数评价实际上无非都是满足这三个目的，尽管评价过程各阶段及每一次变化的重点都有所不同。由于这些目的的内在混合，不同评价判之间的界限有时变得十分模糊。然而，区分评价的目的有助于我们对评价程序的理解。这三大类评价分别是规划性评价、形成性评价和总结性评价。

评价只是对已经取得的成绩的价值及意义进行认定，前提是我们必须有可以证明自我优秀的信息。正如荣格·施陶巴赫所说："辉煌的成就总是来自于默默无闻的准备。"如果我们真正能按照规划性评价、形成性评价和总结性评价的要求去准备，获得好评可谓囊中取物。我们应该明白，规划性评价发生在一个项目或活动实际开始之前，尽管一些方面可能连贯和持续，但如了解这样的评价，便能通过其评价指标明白"要完成什么、使用什么程序和如何判断成功"的评价指数；形成性评价发生在参与的教育项目与活动的过程之中，它的目的是为教育管理者提供连续不断的信息，使其针对评价指标，进一步调整自我施行的计划，促进自己达到所期望的进步，指导自我进一步得以完善；总结性评价在教育项目或活动完成时进行，它的目的是为教育管理人员和决策者提供评价的全部意义和价值判断。总结性评价除了指向对做到什么、最终结果（积极和消极的）是什么的了解，更在于指向对未来的引领。如果对此有所了解，我们便能进一步调整自我的发展进程，努力争取到所需要的发展资源。

【现象纪实】

当前，必须指出的是，影响教师专业发展与专业发展性评价不在一条道上的一个关键性的问题是，普通教师对于评价点拨强势地位的恐惧，导致不由自主地远离，使他们差不多成了一座无法让人上岸观其风景的孤岛。评价者与被评价者难以达成一致的目标，真还是一个普遍性的问题。最终导致的结果是，评价者依旧带着强势意图一意孤行，被评价的教师如一头没有自我目标而向前奔跑的犀牛，向前跑得越远，受到碰撞后留下的伤疤越多，"一朝被蛇咬，十年怕井绳"的心理危机就越强烈，从而最终停止了前行的脚步。

在发展过程中，接受评价仿佛成了更多一线教师难以突破的心理障碍，仿佛无形中便有一条难以逾越的鸿沟横亘在心里，恐惧的背后只能导致评价与被评价的分裂，其原因非常简单——缺乏必要的沟通。大量的事实证明，一位教师与评价者之间的距离可以反映出评价结果的好与坏，特别是对于评价目的解读的默契度，更是致使教师能否走向成功的标尺。其实，占据强势地位的评价者并非猛虎，因其对评价的看重而谨慎，其出发点更是欢迎天下所有的教师都能接受其所设定的目标（带有规划性、形成性和总结性特征），更是欢迎能提前为提供评价信息做好准备的人，并乐意为其服务，最终给出让其满意而促进其进一步发展的评价结果。

评价不但牵扯被评价者的发展，同时也牵扯着被评价者的命运，因为给出的评价结果往往会与教师的职称评定、工资待遇、工作岗位和生活环境等有紧密的联系。教师只有真能突破自我对评价的恐惧，主动走向评价，并对评价目的有全面的了解后，才会逐渐淡化对评价的恐惧心理，不再让自我因远离目标而显得软弱无力。我们每一位教师必须能从自我身上找原因，明白好评几乎不可能是碰运气便可得之事，如此，才能朝向目标前行，找到达成目标的最佳路径。

【链接6 -1】

墙内开花墙外香吗?

王俊,中学高级教师,江苏省教育学会会员,泰州市学科带头人。在省级以上报刊发表文章九十多篇,推荐发表学生作文五十多篇。以下是他接受一家网站记者采访后所写的随笔:

星期五泰州泰有趣网站蒋编辑冒雨要到姜堰二中来采访我,我一口答应了。这是自我宣传的极好机会,学校不做宣传,电视台不采访,网站主动提供发展平台。在答应之前,试探性地确立了几条原则:不许收取任何版面费;未经许可,不许随便曝光;稿子写好后,必须先让我过目……至于编辑采访的内容,只要与教育教学有关的话题,我可以不假思索地回答,肯定让对方满意。

冒着秋雨,蒋记者按时到达我的办公室,只听见不停地"卡嚓""卡嚓"声。"会不会发现了什么不对劲的地方,会不会影响学校声誉?"我不禁警惕起来,随后记者随便和我聊了起来。蒋记者问我的年龄及任教年级、学科和时限等,我笑着一一作答。问及对教师这个职业的看法,我不隐瞒自己的观点:我极不愿意读师范,因为高考志愿的差错,我被扬州师范学院中文系录取了。为了适应教师这个职业,在大学期间,我积累了一些与中学教材有关的资料。谈及学生早恋,我个人认为,不要轻易地说学生早恋。异性之间彼此有好感很正常,那是对美的追求和向往,只是他们还不懂得爱是奉献,爱是责任,爱要有经济基础。如果过早地认定是谈恋爱,可能弄巧成拙,"逼"他们真的谈恋爱了,还有可能做出出轨的事,造成终身阴影。"有道理。不愧为老教师。"交谈之中蒋记者不断抓住时机给我拍照——办公照片、课堂教学照片以及校园留影照片……我乘机宣传了我们姜堰二中骄人的办学成绩,带着记者参观了校园,品尝了二中食堂的美味佳肴。

午饭后,蒋记者向我索要了网上学生总结的"姜堰俊哥语录"、实习老师写给我的"王俊老师二三事"以及我自己写的《微笑的俊哥》,浏览了我的教育博客,"百度"了"姜堰二中王俊",煞有介事地记录下了我的圆熟的回答。采访很顺利,蒋记者圆满完成了任务。

接下来就要看到专访报道了,究竟记者怎样看待我这个有个性的年轻的老教师? 会不会对我造成不必要的伤害或麻烦? 会不会"墙内开花墙外香"? 是非功过,任人评说,只要活得充实、幸福,淡定一点儿又何妨?

【案例解读】

能说王俊老师不是教师队伍中的佼佼者吗? 但从其随笔中感知到他的不自信,以及对自我处境"墙内开花墙外香"的郁闷。墙内开花墙外香的现象非常普遍:墙里种的花,在高墙之内平平无奇,不受欢迎,但幽香却传到墙外,给人美好的感受。这也更进一步说明教师有了自我发展的意识,而不管是否得到同行肯定性的评价。读其文,几乎能感知如此优秀的教师抑或对其曾经经历的教育价值评定的不认可,何况更多普普通通的一线教师,墙内无香墙外更无香! 如此现象的背后肯定有其原因,只有找到应对的解决办法才会有真正的出路。

出现"墙内开花墙外香"的现象实则是教师自我的问题。教师无明确的发展目标,又怎能获得骄人的业绩,获得理想的评价?

评价目的影响个人发展。不管是努力促进专业发展的教师亦或是依旧停止不前的教师,只要没有获得专业发展方面的理想评价,问题都出自于自我对于三大评价的目的理解几乎还处于白纸状态。虽然评价属于一个非常复杂的过程,但对评价目的的了解并非是难事。因为忽略对评价目的的知晓,往往于专业发展之初便没有明确的规划和有效的专业发展项目。

可能有人会说,不是自己没有发展,而是评价目的多变(更多人为因素),因为评价目的的变化而感觉到不适应。其实评价标准不一定科学与规范,而且世界上也从没有一个绝对标准的评价,在某一时间内产生的评价体系,在另一时间将会变换成其他的要求。其实,不管是哪一种评价所产生的新目标,几乎都离不开为教师综合素养的发展而设定。

了解评价的目的,便会让评价更能为我所用,诸如导向、诊断、鉴定、改进、激励和监控等功能的发挥。我们每一位教师在发展的过程中,只要再多一份对评价目的的了解,便会增加为评价做好准备的信息证明材料,从而获取前行的动力。

【行动指南】

明确教育评价的目的,就是明确为什么进行这一评价。围绕评价目的做足功课,发展才更有明确的目的。为此给出如下建议。

一是认真分析教育评价背景,力求使教育评价目的与自我行动相一致。作为被评价者,完全有必要思考教育评价的要求及流程。为了让评价使自我的专业素养发展有针对性和实效性,促使评价的目的和重点与自我发展需要一致,让自我的行动与教育发展的需要相一致,满足教育行政管理部门的要求,深入分析教育评价背景是非常有必要的。因为教育总是被一定的社会政治、经济及科学发展所制约,任何一项评价都是特定时间内的产物。每一个评价的目的都是在一个综合利益共同体的基础上产生的。教育评价离不开教育的现实需要,教育每发展到一定的阶段,都会有特定阶段的共性问题。教育评价几乎从没有离开当下的教育改革和需要,以及那些共性问题。作为被评价者,有必要去分析自我的态度、愿望和要求,做出适应新的评价要求的教育行动,从而主动地、创造性地学习与工作,达到评价的要求。

二是跳出评价看评价,让专业发展为自己"守魂"。教师对评价有两种过激行为,一是游离于评价之外,显得不可理喻;二是对评价过分看重,忘记了评价的本质只不过是像一杆秤一样,称的是每一位教师的专业价值。如果过分看重,搞钻营与投机,就更是将力用错了地方。真正致力于专业素养提升的教师没有哪一个人因评价目的的偏差而出现评价与专业发展严重不相称之事。其实,评价的过程,只不过是将发展过程庄重地拿在手中拈量其轻重的一个"聚魂"之举。只有真正把握住发展目标与自身位置的教师,在接受评价时,才会显得心安理得,而不是心神不宁。

发展没有特别的规定性,提升专业素养才会变得更加美好。评价其实便是为了给有发展的教师"贴金",给没有发展的教师以警醒。值得进一步阐明的是,了解评价目的的本意,是为了增添我们专业发展的实用性、可行性和适应性。教师努力的方向,必须与评价者采用的专业评价方法与手段相契合,否则,我们的努力便会严重偏离方向。

三是评价目标的理解简单化,专业发展的要求长期化。评价是一项非常复杂的事情,对于一线教师而言,不需要也不可能像专家那样深入研究,更多的是一种应用。为此,倡导对评价目标的理解简单化,最好的办法是将评价目标与自我发展规划对接,让两者处于同一轨道,这样,自我发展规划便更有方向性。我们应将专业发展看成一个长期的项目,活动越多越好,这种围绕评价而进行的打补丁式的发展,对于一心谋求大发展的教师而言,也能助力其向前发展。围绕专业发展这一大项目而产生的无数小项目不断发展,才可能真正让自我素养整体强大。当然,这里必须明白一件事,评价往往不需要太长的时间,可能只需要那么短暂的几天,只有我们真正能把握评价目的,专业发展的长期化才会让我们真正对自我素质做到心中有数。

【谨记】缺少了对评价的了解与钻研,一定成不了专业发展的行家里手。

2. 把控好评价的内容

懂得评价,实则是对于专业发展成果的保护。评价本意在于影响教师的发展,推动教师发展。然而大量的教师因评价而心生恐惧,害怕评价、躲避评价,这只能进一步说明他们对评价准备不足。

做足准备工作是评价应用转化最基本的要求。顺应评价目的,可以使每一位教师在发展过程中有方向感,不至于出现南辕北辙的现象。真正能达成一个好的评价及应用的目的,除了对评价目的有透切的理解(把控好方向),更在于在评价的每一个环节中针对评价什么而提供对应的内容。

教师被评价是一个动态的过程。评价模型往往决定着评价过程以及对应的内容。斯通(stonge)和塔克(tucker)指出,评价过程通常分为开发阶段与实施阶段,开发阶段包括认同组织目标、开发工作绩效标准和设定绩效指标;实施阶段包括陈述绩效、评估绩效和提升绩效。知晓评价的过程和评价的内容,而后相应地做好准备,才会减少被评价前所产生的恐惧。

> 元规则:如果说专业发展需要愚公移山的精神,那么,我们依然需要有把控好评价内容的智慧行动。

有人把教师评价内容体系比做金字塔,认为底座是教师的内在素养,塔身是教师内在素养的外在表现。金字塔底座的三条棱分别代表了教师内在素质的三个基本成份,即资源系统、动力系统与自主发展系统,这是将发展过程中涉及的内容更加条理化。如果在我们发展的过程中能有一个打理的过程,就像我们在奔波一段时间以后留出时间调理一样重要。这个过程不可缺少,不能忽视。

切实把控评价的内容目的在于,顺着金字塔模型抓住评价每一个阶段中的需求内容,而后做更细致的准备。如本书第三章所谈的教育知识、教学知识、学科教学知识以及通识知识等,都属于从事教师职业活动的资源。教师的动力系统包括教师的职业理想、职业认同、职业承诺、价值观及效能感等,这些通常不会置于前台,但它们却左右着教师的外在表现。教师的自主发展系统主要包括教师的生涯规划、教学反思和行动研究等,这些方面便能给予评价信息最直接的印象,并往往能左右评价的最终成绩。评价通常基于教师内在努力后的外在表现,更多的体现于三个最基本内容——课堂教学、辅导和管理,这些是学校的中心工作,更是对教师专业成长所产生作用加以评判的方面。本书中前面章节提及专业发展给予教师成长的支撑,而后必须研究评价的原因——从课堂教学、辅导与管理三个方面加倍努力,从而获得好评。

【现象纪实】

教师接受评价时产生恐惧心理,而后不配合、不积极,甚至生发抵抗心理,原因何在? 原因有三:一是没有专业素养的发展,对职业缺乏认同,没有向前发展的行动;二是努力提升专业素养,却忽视使本职工作卓越的追求;三是专业素养没有主动提升的过程,甚至在倒退,对于本职工作采取应付的态度。评价过程,实质是对教师工作全程的综合考评。避免以上三点,为评价做足功课,焉有惧怕评价之理?

评价应用,实际是对专业发展提出了更高的要求,它是建立在成功评价的基础上,借评价而推动教师向着更高的目标进发。避免评价恐惧症的出现,于评价的准备阶段有针对性地加强评价内容方面的努力,是必须做的事情。这就需要我们能在课堂教学时努力提升教学艺术水平(传递知识、培养能力、塑造人格是核心环节,往往教学艺术水平决定其成就的高低),在学生发展指导上下足功夫(在学生的学业、就业和生活等方面的成功指导,是评价所需要的最佳佐证),在管理方面创新工作思路与方法;特别是对于教学任务完成之外的计划、组织、领导、控制及创新等能力的集中展示,可以体现一位教师专业发展的成熟度。

当前更多教师只关注课堂教学平台的准备,这是教师专业发展中的一个关键性障碍。可以肯定的是,只要我们真能朝向金字塔结构的三方面努力,评价时就会因有更加立体的信息而有自身发展的体现。

【链接 6 – 2】

一份牵涉外在行为评价内容的体系表

在此抄录芦咏莉和申继亮合著《教师评价》一书所提供的一种评价体系:

成　份	指标体系
课堂教学	1. 教学的计划、实施、评估、反馈与调整
	2. 对教育政策、教学对象与教育材料的理解
	3. 学习氛围的创设
	4. 提问与沟通的技巧
	5. 为改善教学而进行的科学研究
辅导	1. 理想方面
	1-1 促进学生形成正确的人生观、世界观和价值观
	1-2 促进学生情绪情感的健康发展
	1-3 引导学生树立远大理想,将个人理想与社会需求、国家发展结合起来
	2. 心理方面
	2-1 促进学生形成健康的自我认识
	2-2 促进学生情绪情感的健康发展
	2-3 促进学生人际关系的和谐发展
	2-4 培养学生的健全人格
	2-5 促进学生形成坚强的意志品质和挫折耐受力
	2-6 有效减少学生的心理困扰及不良影响
	3. 学业方面
	3-1 促进学生的入学适应
	3-2 激发学生的学习动机和兴趣
	3-3 帮助学生确立恰当的学习目标
	3-4 提升学生选课的意识和能力
	3-5 指导学生制订合理的学习计划
	3-6 改善学生的学习方法,提高学习效率与学习能力
	3-7 指导学生掌握应对学习压力和考试压力的技能技巧
	3-8 有效识别、诊断学生学习存在困难的程度,并为其提供有针对性的专业指导
	4. 生活和生涯方面
	4-1 培养学生珍爱生命、健康生活的意识
	4-2 促进学生养成健康的生活习惯与兴趣爱好
	4-3 培养学生的安全意识并帮助其掌握生存技能
	4-4 培养学生生涯发展与规划方面的意识和能力
	4-5 帮助学生了解自己的兴趣、能力倾向、个性特点与生涯发展的关系
	4-6 帮助学生了解大学专业信息与社会职业需要,合理体现就业规划与目标
	4-7 促进学生掌握步入下一阶段生活、学习和工作所必需的技能
	4-8 有效减少学生在生活与生涯方面的困惑
管理	1. 课堂管理
	2. 学生活动管理
	3. 教学资源管理

【案例解读】

越来越多的学者把教师成长视为教育评价的首要目标；对于更多一线教师而言，达成评价应用才可称了解了评价的最基本目的。案例中呈现了一份评价教师外在行为的指标体系，从课堂教学、辅导和管理三个方面对教师工作进行评价。对于广大一线教师而言，评价者"评什么"的评价指标可能不时会有相应的调整，然而表面上相对处于弱势的被评价者的地位虽然不可能左右被测评的具体内容和权重，但可确定的是，评价内容几乎围绕上面案例所呈现的三个大方面在设置。只有在这些方面做足了准备的人，才可能最终取得辉煌的成绩。

教师发展性评价内容的长期准备，有别于常规应付性质的准备，即教师每时每刻都在进行专业提升，随时做着与评价内容相关的学习、反思、研究或创新，而真到评价之时则是将自我的行为予以集中展示，呈现出的信息不只是表象，更折射出内在的发展。其实，不同的教师都在收集相应的信息内容以应对评价，而在深入专业发展方面努力的教师与其他教师相比有质的不同，诸如工作实践以专门知识和专门技术为基础，工作过程全身心地投入心智与判断力，工作中富有主动性，并不断努力完成基本内容，还能主动学习更高深的学问和专门知识，能通过所掌握的具有前瞻性的理念不断更新知识，掌握新工具和新方法，并且有很强的服务教育对象的意识，等。

教师评价内容的准备，应加上专业化的要求，才更适合评价指标的要求。为此做准备与不做准备，依然是觉悟层面的意识问题。同样是教学，有人便能将其作为师生生命共同成长的空间，不只是教给学生所需，同时还进行着自我习得教育新理念的实践，并能使其通过教学逐渐臻于完善，其明显的表现在于教师能有成长后的收获。再比如辅导学生，如果不只是例行公事，而是能将自我的主张体现于辅导的过程中去，影响学生，最终不但塑造出发展型人才，而且教师自己也可丰富自我的教育思想，让解读、解决教育问题的能力不断得以提升，并形成个性化的辅助体系。

看透评价，需要看透评价内容，这比最终抓住评价结果更有意义。虽然评价的内容需要无数细化后的内容作支撑，但评价内容生成的背后，更是对教师专业发展过程的整体折射。只有主动要求专业发展的教师，才能根据学校、教育管理部门所要求的中心工作而不断努力，也才能应用评价结果推动自我的大发展。

【行动指南】

不管是对教师发展过程的评价，还是终端性质的评价，其评价的内容如若等于教师发展的内容，定然评价就会取得一个好的成果。如果主动靠近评价的内容，特别是发展性评价的内容，或超越其内容，发展的程度就会高得多。为此提出如下建议。

一是从思想上转变，能长期坚持评价准备。促进教师专业发展的动力源于教师本人，教师专业发展是一个长期的内在过程，教育评价仅仅是一个外部因素。在对教师进行评价时，发展性教师评价的内容是多元的，但这并不是说在面对评价时，每个维度的每项内容我们都必须拿出像样的东西来,因为每个教师的时间和精力都是有限的。我们应有一个长期的发展规划,在一个时期内"攻下某一山头",而后再转向其他山头发动攻势,这样才可能让自我因不断的完善自我评价的内容而达到优秀的层级。为此,建议教师们能在某一个发展周期内,重点围绕评价内容中的某一两个方面(其中一项是本人选定的"强项"或发自内心急需改进的内容),这样才可能看到自我的发展,并给足自我评价内容提升的时间。如此地努力几年,才真正会有收获。

二是重视个体差异,在评价内容中建构起几个优势项目。新课程观下的发展性教师评价虽然强调对教师进行综合评价,但依旧会带有优劣评判的甄选意图。在结合评价内容选定发展内容时,建议在注重全面发展的同时,能结合自我的特长、优势以及兴趣,打造出自我的拳头资源。在一个团队里,评价往往能决定一位教师自我存在的地位与价值,往往某一教师因有一两项优势而使自己能左右评价结果。为此,我们在做评价内容准备时,应能根据自我个性心理、个人背景、职业素养、教学风格以及交往类型等方面进行全面权衡,而后提出优势发展项目,调整专业发展目标和学习计划。只有这样才能挖掘出自我的潜能,在评价内容准备方面做到全面提升的同时凸显优势。

三是通过沟通,实现评价内容与发展的有效对接。评价内容的准备,更具有专业发展方面的要求。我们如果没有专业发展的思想,没有发现问题、解决问题的能力,便依然难以获得好的评价。评价是一种协商对话、多方参与的过程,而非一方控制另一方。开启专业发展之路,主动沟通是促进评价内容与专业发展最有效的捷径。自新课改实施至今,发展性评价并未取得理想的成效。导致这种局面的原因是复杂的,笔者认为被评价者缺乏与评价者之间评价前的沟通,特别是缺乏评价者的指点,是评价失效的重要原因。当然,这种沟通需要教师主动,甚至要有一种勇气,比如登门求教的勇气。

【谨记】评价内容的准备,更多时候依然属于谋求个性发展的范畴。

第二节　发展评价应用的初级实施

被评价不等于被动接受评价。一旦处于被动接受评价的状态,肯定地说,评价结果带来的只能是负面影响。出现此种情况,很大程度上在于没有综合素质发展的追求,而且即使有评价应用的准备,几乎也只是一种缺乏支撑而进行的无效准备。

教师专业发展是教师以专业情意、专业知识和专业能力等专业素养的提高与完善为基础的专业成长过程,是由非专业人员转向专业人员的过程。教师专业成长要受到教育经济制度及政策法规、领导的态度以及教师间的合作关系等因素的影响。

从本小节开始,将承接评价应用准备,进一步探讨评价实施对应的五大层面,即对"教师反应、教师学习、学校组织支持和变化、教师新知识和新技能的应用以及学生的学习成果"进行全盘解读,以引起大家对专业发展评价的兴趣。不论评价采用何种形式,整个过程不仅在于对新一轮课程改革活动的要求、综合素质发展行动或行动研究项目等与评价对接的理解,更在于促进行动、态度的调整。

1. 提高满意度

我们必须认识到，评价是一次风险承担的同时也是一次实验，教师对评价及自我参与专业发展项目或活动的满意度，有着作用与反作用的关系。全面评价应用的探讨除了主要目的在于降低发展风险，更在于尽最大可能带给教师授受评价时一个更安全的评价环境，以产生更多佐证评价结果的有用信息，从而真正提高评价者和被评价者的满意度。在这里，我们将结合教师专业发展评价第一层面的要求——全面了解教师反应，全面探讨教师投身专业发展之后的满意度，并进一步探讨让教师调整至积极状态的方法，以促进评价时于第一层面便达到极高的满意度，从而使教师于后续的专业发展中全面促进评价的应用。

能否给予专业发展项目或活动以相应的满意度，是评价应用的一扇大门，如若关闭，那么，后续的其他层面便无从谈起。应以积极的状态应对专业发展，换得评价的安全环境而达到促进发展应用的目的。能否取得好的满意度，在于我们是否善于针对内容问题、过程问题和场景问题这三个点加强追问。研究评价应用的真正目的在于改善发展状态，虽然自我积极状态包括内容问题、过程问题和场景问题，但其背后真正发挥支撑作用的依然是教师自我。当然，把握评价者与被评价者之间的协同效应，即相互的作用——给予对方的影响，才会最终给出评价者心中的评判，被评价者主动影响着评价者心中的评判——接受评价达到评价应用的最高境界。

> 元规则：理解评价者给出的评价意图及评价结果，其满意度往往反映教师自我发展的状态。

教师对评价的反应，可以有意识加以控制。内容方面，主要解决专业发展经历中所探讨主题的相关性、实用性和适时性，这些问题关注的是与教师专业发展项目或活动基础有关的新知识、新技能和新理解，以及实施这类新知识所要求变化的幅度、范围、可靠性和实用性。其实，我们完全可以自设问题内容自测满意度。比如，可以问："探讨的问题与专业发展相关吗？有足够的时间去探索理论和辅助研究吗？该内容对自我有意义吗？所学内容与你的情况有关吗？时间花费合理吗？所学东西将来对自我有用吗？会应用所学的东西吗？……"当然对评价内容的积极理解，还与教师自我在专业发展活动中的发言权有一定关系。

过程问题实质是对专业发展经历的全面回顾，即知晓事情是怎么做的。而要对此有所了解，教师也完全可以自设相关问题，诸如："所使用的资料促进自我的学习了吗？自我参与的活动进行了细致规划和周密组织了吗？专业发展的过程中目标和目的明确而又具体吗？对时间的利用既有效又高效吗？自我的体验涉及多种多样的学习活动吗？提供了完成任务足够的时间了吗？……"可以肯定的是，只有积极参与到专业发展活动中去，才会因自我处于积极的状态而获得好的效果。

关于场景问题方面的自测，一般与专业发展经历的情境相关，它旨在了解自我于专业发展活动中所处的背景和当前现实环境的信息。

只有自我才能解放自我。一个总处于积极状态的人，评价对于他而言不会出现差的情况;相反,一个对评价总有对抗心理的教师,被评结果又怎么会好到哪儿去呢? 对于内容问题、过程问题以及场景问题进行反思,其真正目的在于全面认识自我,及时发现自我的消极心态以及不合拍的因素。其实,无数教师最常见的问题在于总是把自我放置于不良的环境中,使自我处于十分不利于专业发展的状态,清醒而不能自拔,或混沌而放任,对什么事情都置之不理,有一种"事不关己,高高挂起"的心态。当下,我们必须对专业发展中的内容问题、过程问题和场景问题进行解剖,发现其中带有根本性的问题,这样才会行有目标,才会有更大的力量与勇气促进破冰之举的产生。

【现象纪实】

关闭评价之大门,已经成为一个较为严重的事实,这对于教师专业发展是十分不利的。归结起来,被评价者普遍存在以下三种问题:一是被评价者给予评价者印象极低的满意度;二是能主动影响评价者的教师不多;三是更多的教师几乎只对评价的结果感兴趣,对评价者的公平、公开等感兴趣,而不从自己身上找原因。

评价被边缘化,被动接受评价,对评价缺乏科学的了解,这是当前众多教师对评价心存恐惧的主要原因。审视当前的评价,我们发现,除了教师没有专业素养的发展,无法获得好评外,教师缺乏评价时自我态度、行为和认知等给评价者以积极印象的能力,是导致难以受到好评的又一重要原因。

对待评价的态度往往对评价结果起着重要的作用,唯有主动对专业发展中特定的活动积极地去做准备,才能产生较高的满意度。通过大量的调查发现,深度投入评价准备的教师比浅尝辄止的教师积极,对评价内容了解的教师比对评价内容陌生的教师积极;我们除了全面进行深度发展,全面提升自我的综合素质,从而提高评价的满意度之外,真还没有其他人为的捷径。

【链接6-3】

干了更多非专业的事

大多数教师都是兢兢业业的专业人员,致力于不断地改进知识与职业技能。他们珍视专业发展机会,并以一种非常专业的态度对待专业发展中的一些活动。不幸的是,总有一些例外。在专业发展活动期间,有些教师表现出非专业和不体面的行为。

以下列出的是专业发展领导者所观察到的一些非专业的行为。

1. 在活动期间批改或查看学生作业。
2. 公开阅读不相关的资料。
3. 在活动中一个特别重要的阶段,收到递送的鲜花、糖果或其他一些东西。
4. 带来一台手提电脑,不是用来做笔记,而是用来玩游戏。
5. 带来一个掌上游戏机,而且不停地玩,偶尔还为自己欢呼一下。
6. 在活动期间戴着随身听耳机,还不时地随着音乐唱起来。
7. 在活动开始10分钟后借口去卫生间,然后一直到活动快结束时才回来。

8.收到评价表后,立即收起所有资料,然后挪到隐蔽的地方,确保他的回答保持匿名。
……

【案例解读】

专业发展过程最终反映在评价结果上,有人把评价结果称为"××满意度",亦称作"××幸福指数"。但是,在专业发展过程中,如以上案例所述尽做无数非专业发展之事,并不鲜见。这种现象往往不止一次出现,很显然,这样的教师并不以此为不足,不拿专业发展活动当一回事,这实在是教师专业发展中最不和谐的声音。

案例中所呈现的,反映出教师对待专业发展的一种态度。这样一群人一旦欲望不能得到满足或遇到不顺心的事,就愤世嫉俗,牢骚满腹,怨气冲天,或消极沉沦,自暴自弃,结果便误了自己的大好前程。但这并不表明他们对评价不在意,相反,他们往往企盼获得好的评价来为晋级、加薪提供所需佐证,为其幸福指数增添筹码。这些于大脑意识层面里没有对专业发展的追求,把提升专业发展的活动当作妨碍自我工作、学习与生活的事的做法,与评价之间的矛盾几乎难以调和。造成如此状况的原因在于,他们对专业发展没有兴趣。改变此种状况,真正需要的不是评价这种管理手段,而是需要我们在第一章中所谈的"觉醒",即从无所追求的境地中新生向上的冲动,对自己的知识、能力、道德品质以及教育教学工作等有一个清醒的认识,有知不足而后勇的行动,这样才能在哪怕带有行政性的强制性活动中不去做非专业的事情。

改变自我的行为以达到积极的状态,并与评价应用所需要的信息有机结合起来,在内心深处省察自己的思想和言行有无过失,将评价与发展很好地关联在一起,是教师主动发展的首要条件。值得指出的是,评价应用与教师自我评价有相通之处,即都是对专业发展进行自我反思、自我教育以及激发内在的动因的过程。它们之间最大的不同在于建立的基础不同:自我评价只是评价中的一个手段;评价应用则建立在专业发展的基础之上,有更强的目的性和自主性,需要教师能粗略地对评价层面有所了解,更能朝向内容问题、过程问题与情景问题等方向进行积极的状态调整,对提高教师业务能力、促进教育教学质量的提高具有鲜明的指向性。即必须拥有积极的心态,才会真正改变自我的行动由他控到自发自为的状态。

为此,我们必须明白达成评价应用的目的,需要一种去形式化的教师自评,而后快速行动起来,给满意度以更实在的证明。哈里斯(B. M. Harris)和希尔指出:"只有教师本人对自己本人的教学实践具有最广泛、最深刻的了解,并且通过内省和实际的教学经验,教师才能够对自己的表现和行为作出有效的评价。"在实际的评价与评价应用的过程中,其实也不只是要求教师只停留于自我评价,更需有诊断问题、调整行为、行为自评和新的行为调整的过程,这就意味着教师要有某种积极的改变。正如有专家所言:"一个教师在关注自我专业发展的时候,他便开始发生嬗变。"开始关注专业发展的活动,实是生发了内心的需要,就自然会因有所收获而带给评价以积极的影响,也便会自然生成恰当的行为、饱满的激情,从而让评价的高满意度更助推后续的成长。

【行动指南】

当下,即使全面给予评价以积极的信息,也时常会遇到无从下手或者惰性的挑战,或者退缩而去干更多非专业的事情。为了调整与保持积极的工作状态,赢得专业发展上的成功,在此给出如下建议。

一是调整心态,修正坏习惯。人在不知所措的时候,往往会选择逃避,而且会在逃避中滋生坏习惯,而坏习惯又助长了逃避。在专业发展的过程中,坏习惯养成很容易,戒掉则很难。既然戒掉很难,那也不一定非戒掉不可,而可以考虑修正。人总是这样,一旦你投入到一件事情中去,另外的事在你心中就会被削弱。当你对眼前该做的事情能够耐心一点儿的时候,就能挤出时间把应该做好的事情做好,这样就容易进入状态。而状态良好,对于做事是双赢的。因为它改变了参与相应专业发展活动的态度,在接纳活动的同时,提升绩效,也会被评价者接纳,从而获得好的评价结果。

二是拥有良好的心态,敢于面对"0 起点",奋发向上。心态表示一个人的精神状态。无数教师在专业发展的过程中,依然面临 0 起点的问题,此时最关键的是要有积极向上的心态。因为有良好的心态,工作就会有动力,就能看清方向,而不失去方向就不会失去自己。心态的好坏,在于平常对自己的深刻了解,并及时调整和修炼,使之成为习惯。在专业发展这件事上,可能会遇到很多令人不顺心,甚至是使自信心受到打击的事,所以,凡事都要看开点儿,看远点儿。有的教师专业素养起点低,可他却不离不弃,每天都有工作目标,并将其视为一种锻炼、成长的机会,通过创造性地完成本职工作,最终受到人们的敬佩。我们每一个教师都应该树立积极乐观和宽容豁达的良好心态,并且能随着时间、地点和环境的变化不断调整自己的心态,这样才会获得心灵的宁静和人生的快乐。

三是唤醒专业自主发展意识,激活专业自主发展原动力。教师应强化自我意识,增强专业认同感。今天,我们往往有被逼的感觉,即使有人逼着,也不愿去开展自我专业发展活动,更别说主动了。因为没有主动意识,我们始终只有期待,而没有行动,自然,结果就如一句古诗所写的那样——"遗民泪尽胡尘里,南望王师又一年",永远处于失望的态势中。所以,我们要有省察"自己过去专业发展过程"和把握"自己现在专业发展状态和水平"的意识,从而树立强化"自己未来专业发展规划"的意识。教师座通过具体的教育教学实践,体验教育教学对社会和自我生存的价值和意义,并对日常教学进行批判性反思,从而提高专业效能感。

四是制定专业自主发展规划,确立专业自主发展愿景。教师应树立全新的自我教育观,增强自身专业发展责任感;要认识自我、剖析自我,清楚知晓自己的知识与能力、兴趣与特长、思想与人格以及优势与劣势,精心拟定专业自主发展的路径与策略,科学设计专业自主发展行动方案;在实施发展规划时,能加强专业自主发展管理,在实践中落实发展措施;同时,对专业自主发展规划的实施进行自我监督,制定自我监督表,落实规划中的每一项内容和措施,使自己的专业自主发展始终保持积极主动的状态。

【谨记】只有对专业发展抱有积极心态,我们才会让自己充实起来,做一些自己想做的事情,从而提升自己对评价结果的满意度。

2. 学有所获

对某项事情的价值判断往往决定一个人的行为,而且精神健康与幸福也有赖于价值判断的正确性。对自我专业发展过程中有关自我学习的价值判断,是实现自我和彰显潜能规范的价值问题。我们应该注意到,学习作为评价考核的重要组成部分,虽然评价时不以专业发展项目的学习目标为基础,但是真正支撑获得好评而达成评价应用的,依然在于学有所获和提高技能层次。要习得能带来学习进步的专业发展项目或活动,必须首先增进参与教师的知识与技能;出色地运用新观念或实践往往需要实施者在概念上有着深层次的理解,他们必须知道新手段或新方法的哪些方面对于评价中获得成功最为关键,他们必须形成依照场景进行适当调整的必要技能。

对评价进行研究,需要提前知晓评价要求,以便于将其转化成专业发展努力的目标,从而提升评价应用的效果。前面我们重点阐释了提升综合素质多会将其分散到无数专业发展活动与项目中去完成,希望参与者能有积极的态度,感觉投入的时间有价值,以较好的评价结果提升满意度。真正的专业发展应该使发展的主体感觉到又增添了一次接受学习的经历,达成了前期预设的目的(评价指标要求),带来了知识与技能层次的变化以及态度或信念层次的变化。下面将进入评价的第二个层面,研讨教师的有效学习,力求真能借助以往评价中发现的一些教师学习的规律并将之予以展现,以达到通过评价促进教师专业发展的目的。

> 元规则:评价结果中蕴含着努力的方向和动力,以督促教师在学有所获的道路上自信地前行。

关于评价学习效果,其最大的目标在于知道学习者知道什么和他们会做什么,通常以预定的学习目标为评判标准。为此,在专业发展的过程中,每一位教师应尽可能对专业发展中的认知目标、心理运动目标、情感目标给予解读,并能以此为目标创造性地前行,从而达成目标。认知目标涉及对教学内容的理解、新观点或创新背后的理论与基本原则、成功实施的必要策略、依照学习时场景进行适应调整的程序以及所期待的结果。新近的研究开始强调专业发展中认知学习目标的重要性,尤其是那些与所教学科内容理解有关的目标;教师所学知识与学生正在学习的内容直接相关时,专业发展对学生的影响最大。加强认识目标的完善,不但在评价时会被视为一种智力与努力的价值,并且还会进一步强调该学科内容的价值。心理运动目标,描述的是教师通过专业发展应该获得的技能、策略与行为。这些通常与所学内容能做什么相关。情感目标是作为专业发展活动的结果,教师形成的态度、信念,包括习得的新态度或信念,或只是对以往态度或信念的更替。

教师在专业发展过程中,应抓住活动这一契机,努力提升自我的知识、技能、态度和信念。很大程度上,预期学习目标是决定如何收集评价信息的最佳方法,主要包括探究与明确理解新观点和策略背后的理论与基本原则;演示或塑造相关技能或概念,在模拟条件下实践技能或概念的机会,适当的反馈,以及以身试法实施的辅导。大量的实践证明,在专业提升的过程中,那些真正经历了这些历练的教师,才会比无目的的教师更容易获得预期的知识与技能。

【现象纪实】

弗洛姆曾在《为自己的人》一书的序言中说:"评价仅仅看作是无意识和非常理性欲望的合理化,尽管这么做会限制和歪曲我们对整个人格的研究。"因为教师对评价认识的偏颇,导致不学无术却又奢望好评,并且通过实际行动致使学习风气败坏的案例比比皆是。这种逃避努力而为了获取物质利益而导致的虚假行为,其结果只能是使评价变为一层没有被戳破的纸;另外,也正因为不学无术而致使评价变得扑朔迷离,甚至矛盾重重。

针对当下的现实,评价实则是一种衡量学习与良心的砝码,目的在于引导教师向自己发问,而不是安抚自我。不学习而希望获得好评,我们不得不承认,这种无意识和非理性的现象,留给众人的不良印象越来越深。追求幸福是人的本性的一部分,但是,为了真正的心安理得,只有通过努力学习,才可能促其学识变得渊博从而让人敬仰。

评价与学习,互为手段,互为目的。为此,我们必须明白,主动学习者往往目标明确,目标明确者往往更能主动学习。我们应进行自我追问:"从专业发展活动中获得了哪些最重要的发展观点?""现在是否拥有了能够帮助促进学生学习的能力?"只要认真描述这些技能,自然便能对自我的习得水平作出评价,达到"学有所得"甚至"学以致用"这一更高层级,用所学影响他人,自己也由于知识的充实而变得自信。

【链接6-4】

教师对培训活动所持的态度

山东省烟台市教育科学研究院对烟台市中小学教师专业培训状况进行了调查。调查结果显示:

教师对培训活动的评价。55%的教师认为教研室、教科研中心等业务部门组织开展的教师专业培训活动的质量最高,其次为教师进修学校等专门的师资培训机构的培训,达到22%;认同镇街学校业务中心以及其他部门培训的教师分别达16%和7%。55%的教师对培训效果是认同的,其中11%认为很满意,45%认为满意;认为效果一般的为38%,不满意率为5%。

教师参与专业培训活动的积极性调查结果显示,14%积极性"很高",35%"比较高",36%"一般",积极性不高的为15%。这个结果,从学段分布情况分析,小学、初中与高中教师间存在着非常显著的差异($x2$学段$=40.97$,$P<0.005$,小学、初中教师的积极性较高)。从学科分布情况分析,各学科之间存在非常显著的差异($x2$学科$=55.40$,$P<0.005$),历史、地理和生物学科教师的积极性较其他学科弱。

教师对培训管理部门的要求。89%的教师反馈,每个学期或学年,所在学校能及时向一线教师传达上级部门的教师培训计划。每个学期都至少征询一次教师需求的学校或者县市区培训部门为36%;不定期征询的为35%;从来没有征询过的为28%。

制约教师专业培训的主要瓶颈。76%的教师认为,制约专业培训的最主要瓶颈是"教学及管理任务比较繁重,时间和精力不允许";10%的教师认为"培训管理、激励机制不完善";9%的教师认为"培训内容和个人专业学习需求不对口";5%的教师认为是"单位不提供便利条件"。这个结果,从地域分布情况分析,农村与城区学校教师间存在着非常显著的差异$(x2\ 地域 = 12.20,\ P < 0.005)$,农村教师比城区教师更认为制约教师专业培训学习的主要瓶颈是教学任务重,城区教师则更认为是因为没有满足个人学习需求。从学段分布情况分析,小学、初中和高中教师间存在非常显著的差异$(x2\ 学段 = 33.71,\ P < 0.005)$,小学教师比初中教师和高中教师更认为较重的教学任务是制约培训学习的主要瓶颈,高中教师则比小学教师和初中教师更认为是单位没有提供更多的便利。

(节选自 2013 年 6 月 3 日《中国教育报》)

【案例解读】

　　评价应用的真正目的,是使教师在专业发展的过程中因自我能力素养的提升而发生一些有意义的变化。教师不爱学习而关注评价,正如案例中所指出的,大量的教师在评价中没有获得过满意的评价,几乎全是否定其价值的词语,最终导致评价者与被评价者对立(更多为隐性对立)。评价应用,诸如学习时认识目标、心理运动目标、情感目标等而产生相应习得的具体过程,由此而导致由认知到心理以至情感变化的过程,这定然与学习的投入有更多的牵连。回头再看看无数教师曾经所获得的评价,如做一道选项题——非学习者、半真半假的学习者、投入的接受者、积极的合作者以及高级的综合者,如若摈弃虚荣,自然便会回归人性而认识自我的不足。

　　本小节中,我们所谈几乎没有涉及如何具体学习的问题,其论述的基础在于有意识和行为的变化自然便会获得理想的专业发展。赫伯特·科尔曾说:"教学的魅力之一是教师的发展是无限的,就像教师在教之前无法提前知道学生能学多少一样。"然而,无数教师教其他人,而自我学习无方法是极为普遍的现象。笔者多年观察发现,意识的科学性以及行为的方向性,是导致专业发展过程中习得成就难以达到理想化的重要原因。比如,与一些教师进行学习知识与技能的交流发现,他们多只对课堂教学艺术方面的书感兴趣,而教育心理学、教育哲学以及其他相关的书籍几乎不去涉猎。这也是为何大量的教师视野不开阔而无法有大成就的一个主要原因。

　　学有所获,对于这种只停留于课堂教学技艺的追求,只能说是一种浅层级发展需要的体现。必须指出的是,大量的教师在专业发展的过程中,真正学有所得、能达成学以致用的实属凤毛麟角,原因在于一部分教师除了教书育人,便没有系统而科学的学习过程;而另一部分教师虽然也在习得新知识与技能,但因缺乏明确的目标,几乎只停留在掌握阶段,致使学习的结果只是形式与时间的记录,而没有行为与信念的变化,没有朝向课程领导者前行的行动,比如,有的教师对课程计划的执行普遍缺乏忠实度,习得过程中更是少有创新。

　　学习结果与评价最大的关系在于,通过学习降低评价的随意性,从而让教师在评价时更有主动性。我们应该知晓,通过学习能降低不良评价的风险,通过评价达成应用并促进发展,这就可以更进一步杜绝评价与教师发展成两张皮的现象发生。有人指出,学习结果是教师专业成长最直接的见证,我们通常根据习得知识内化后的反应,将教师分为实习教师、初任教师、课程领导者三个层次。课程领导者是教师专业发展成熟的标志,是教师专业发展的最高境界。然而真正能从实习教师发展到课程领导者的角色,专业知识、技能、信念等经由自我、反思而真正增进专业发展的广度、深度与厚度者,又有几人呢? 当然,通过努力学习的过程,评价的作用更多地体现于能促成自我敢于行使权利、承担责任,能不断改变合作的方式,从而使自我有更强大的力量给予他人(教师同事、学生和学生家长等)正面的影响。

【行动指南】

因现代教师无意识与非理性欲望的增强,所以,对其价值认定便越来越让他们感到心神不安和困惑不解,而对于释放和运用自身所具有的巨大能量,更多的时候却处于茫然无知的状态。不理解人生价值的本质和道德上的冲突,最终只能导致人们相互间情感及精神的紊乱。我们必须意识到,只有从学习教育心理学、教育哲学等入手提升自己,从而相信自我的教育理念,才可能取得不凡的业绩,让评价真正成为一种激励。为此,提出如下几点建议。

一是成为课程意识的主动生成者。课程意识的觉醒是认识目标达成的核心内容,将有助于教师超越高级技师的角色,主动地在课程与教学实践中积极发挥自主意识,承揽专业职责,扮演课程领导者角色。这实则是从教师身上迸发出来的对专业发展的一种美好向往。它是教师自己的力量,凭借着这种力量,教师将自己的教育教学与自我的学习联系在一起,并使教育教学真正成为自我的世界。教师需要主动生成三种意识:首先是课程专业意识,即教师具备相关的基本专业知识,包括内容知识、一般教学知识、课程知识、学科教学知识,对学生的了解,对教育环境的认识,以及对教育目的和价值的把握;其次是课程批判意识,要求教师对预设课程进行批判,对生活与教学实践进行反思,重新创造教师自己所处的教学世界,重新塑造个人的专业生活,改进课程与教学实务,为学生营造出不同的学习机会和经验;再次是课程资源意识,能创造性地利用教材并开发各种课程资源。

二是树立终身学习的理念。教师不学习教育理论知识,这本是不应该发生的事情。综合大量的调查结果发现,很多中小学教师因工作之劳累,几乎都没有形成再学习的意识。世上的人,"上智"不多,"下愚"很少,绝大多数都是"中人",若能坚持终身学习,刻苦努力,就有可能跃升为上智,否则就有沦为下愚的危险。在我们国家,从古至今关于劝学、勤学和治学的训言数不胜数,修业一生的观念根植于我们大多数人的头脑中。而从事教育事业的教师更应体会到"活到老,学到老"的深刻含义。21 世纪的教育要求教师是终身学习、不断自我更新的人;不仅是学科的专家,而且是教育的行家。而专业化教师队伍建设的关键是具有终身学习理念,拥有自主学习能力的教师群体。因为终身学习已成为未来每个社会成员的基本生存方式,那种"一朝学成而受用终身"的观点已经过时。"终身学习"不是纸上谈兵,而是要自觉地融入我们工作中,扎根于我们的生活中。教师应通过学习去主动适应社会和教学的变革,并积极参与教育教学改革,凝炼适应时代要求和自身特色的教学风格。

三是学会生存,树立新的职业生涯观。学习不能只涉及书本内容,学会生存依然是学习评价中的重要组成部分。在知识经济时代,教师职业充满了各种挑战与变数,教师要由一个

"自在"的存在者变为"自为"的存在者,自觉地规划与开发自己的职业生涯,具有在各种教育与非教育机构间流动的能力,走自我更新的专业发展道路,寻找自己的职业生存之路。这自然要求我们跳出教育看教育,跳出教育去学习。

【谨记】不学习导致不学无术,评价时尽管可以促使无意识和非理性的合理化,但其结果只能导致职业生涯的扭曲。

第三节　发展评价应用的关键点

在教师的专业发展中,自我对学习活动的满意度较高,主动学习的结果也非常好,但却因得不到第三层面组织的支撑或第四层面对新知识技能的应用,改进努力同样会受到妨碍或阻止。有一点应该清楚,除非同时强调个人学习和组织变化,以及强调他们的相互支持,否则一方所取得的成就会被另一方不断出现的问题所掩盖。为此,我们不仅应从个人进步的角度,还应从组织提高解决问题的能力以及自我更新能力的角度去看待发展评价应用的过程。

发展评价应用依然是关于价值认定的话题,几乎不能进行单一的归因,本小节所谈的两个方面的内容也是如此。教师的发展涉及组织的支持和变化,这里就包含着价值判断;个人的德性引起的能动性(相应的目的与手段使用),最终影响着新思想与新观念的实施。这就要求我们除了能全方位地认识评价应用的原因,更要能深入探讨伦理及人道等方面的内容,全面认识自己的职业目的,比如全面思考价值与自我真正利益之间的关系,以确定下一步的行动。

我们的评价最终是为了达成评价的产生与应用。杜威曾经指出:"只有当存在某些问题,需要克服某些困难,改善某些不足或贫困,依靠改变现状而解决某些冲突倾向时,评价才会产生。而这一事实反过来说明,只要有评价,就会出现一种智力因素——探究因素,因为目的是照此形成并具体化的。如果把它付诸实践,那么,它就会提供现实的需要(或不足),并解决现实的冲突。"本小节中,我们将进一步探讨促进教师实现自我专业发展成功的原因,进一步阐释评价应用以解决发展过程中的冲突。

1. 赢得组织支持与帮助

关于赢得组织的支持与帮助,人们并不陌生。比如,两位同时毕业于某教育师范院校的学生,同时来到一所学校,因为赢得学校的支持与帮助的不同,最终人生轨迹不同,所获得的成就也不同。当然,赢得支持与帮助或没有获得帮助其背后定然有个人支撑的原因。因此,赢得组织支持对于每一位教师专业发展的重要性,为本小节论述的基点。在这里的论述中,我们全面揭示没有赢得组织支持从而阻碍发展的真正原因,指出因长久得不到学校帮助与支持导致的心态扭曲是教师专业发展走入死胡同的见证,也是教师最终屈从于环境,使成长陷入停滞的诱因。

教师是特殊的员工,学校是特殊的组织,在此,我们引入"组织支持感"这一概念。组织支持感所强调的是员工对组织真诚地对待自己的程度的感知和认定,组织支持感会使员工产生支持组织目标的责任感,员工的组织支持感与其工作绩效存在显著的正相关。教师对学校方面的支持产生积极的认知体验时,他们对学校本身也会产生比较正向的看法和信念。而这种正向的看法和信念会使教师在自己的贡献与组织的支持之间比较容易找到平衡点,进而提高对学校的各种制度和政策的满意程度。作为对组织的回报,教师也会提升自己对学校的承诺和忠诚度,提高自己工作的努力程度。相反,如果教师感到学校轻视自己的贡献而给予的支持(特别是福利)较少时,教师对自己对组织应负责任的认识会相应减少。教师如果缺少开展工作所需的基本的工具性支持(如信息、资源和培训等等),他们的工作进程和工作质量无疑会受到不利的影响,这将最终导致教师产生气愤和挫折感。因此,若想使教师对学校支持产生积极的知觉,学校方面的工具性支持也是必不可少的。

> 元规则:教师发展的可塑性,多通过组织支持与帮助获得淋漓尽致的体现。

深入进行组织支持感的探讨便会发现,赢得学校支持,是加速教师专业发展的第一外在力量。评价应用中,了解组织支持与帮助的作用,会使教师对学校中心工作表现出极大的支持,从而最终获得校长对其专业发展的支持,如此的解说更容易理解。当前,对组织支持与帮助的忽视,甚至误解,是触目惊心的现实。表面上看,是因为教师德性存在缺陷的原故,可只要深入研究其行为,定然会发现在赢得组织支持方面,所做工作的细节存在着多方面的问题。当前,无数教师把组织支持与帮助看成是任何教师都可以通过努力而使其发挥正效应的人为因素。教师能对其中的积极因素有认识,特别是适应所提供的组织环境,并将其转化为教师内在的需要,如此,每一个教师的可塑性才会快速地体现出来。

学校支持与帮助的内容涵盖面非常宽泛,包括组织政策、资源、合作支持、校长的领导和支持、对成功的认识和时间上的保证等。每一个教师都应该明白,赢得学校的支持与帮助,其实与教师自我构建的组织支持感分不开。比如,要改变发展现状,就更应认识到无数的学习资源都必须得到组织的支持。组织支持与帮助差不多将专业发展利益化,这几乎是不可否定的事实。表面上看这里有更多的人为因素,包含理性与明智的成分。组织支持与帮助是对手段与目的的思考。正如杜威所说:"目的只是一连串长期的行为,手段则是一连串的近期行动。在全面评价所提出的行为方式的过程时,手段和目的的区别(即时间顺序上的区别)就出现了。从时间上讲,目的是所考虑的最后行动,手段则是首先采取的行动。"寻求专业发展,即在寻求自己的利益的基础上,以理性为指导,用行动、生活、操行和自我的存在等为着力点,永无止境地寻求更适应于内在需要的环境,从而达成最终的目的。

【现象纪实】

教师普遍组织支持度不高,只有少部分人获得学校支持与帮助,这是不争的事实。

只要深入理解组织支持,便会知晓,组织支持表面上看是指学校可以为组织成员提供足够的帮助和支持,实则是对教师的一个评价反馈。组织的支持能够满足员工的社会情感需求,如果教师感受到学校愿意而且能够对他们的工作努力进行回报,教师就会为教育事业付出更多的努力。现实是,因教师职业的稳定性与特殊性,加之职称评定与工资的相对固定,专业发展中对综合素质的提升要求不高,为此,教师对学校提供其足够的发展帮助和支持的渴求度便相对较弱。换句话说,教师队伍中不求上进的人太多,致使在一所学校或一个片区,大量的教师多年处于没有获得发展的同一平台,从而少有佼佼者出现。

只要深入调查没有获得发展的教师便不难得出这样一个结论:教师普遍组织支持感缺乏。很多教师对组织环境忽视,无这方面的反应与敏感性,不能准确地给出适应发展的方法,这应成为一个需要批判的现实。其实,对组织支持与帮助这一层面的探讨,更多属于人性的探讨,切中了很多教师的软肋——教师更多时间关心知识与学术,而忽略权威(政治),甚至被组织划为边缘人,这差不多成为不争的事实。

我们不能因为身为教师,就给自己脱离社会提出种种开脱的理由。一个人无法适应社会,只能是自己的责任,其实这里面更多的原因可以指向组织支持度不高。因缺少组织支持和帮助而得不到发展,这一切的责任最终都可追究到教师本人身上。试想,你若不主动向学校这一级组织靠近,凭什么会有相应的组织支持与帮助落到你的头上?

【链接 6 - 5】

《别把你的好员工推开》给出的解读

"组织支持度"提供了一个看待员工绩效的新视角。合益集团(Hay Group)Insight 效能中心全球高级顾问马克·罗伊尔(Mark Royal)最近七年来一直致力于组织支持度的研究,并于近期推出了新作《别把你的好员工推开》。他认为,组织支持度有两个关键要素:①最优化的岗位。将员工安置在最适合他们的岗位上,让他们的能力和技术得到最大发挥。②支持性的工作环境。构建一种能够促进而非阻碍员工发挥能力的环境。在支持性工作环境中,员工拥有完成工作所需的基本资源(比如信息、技术、工具和设备以及财务支持)。

现实工作环境中,员工面临着大量的障碍性因素:手头堆着大量的活儿,却不被告知轻重缓急;疲于奔命,但目标模糊……

组织环境的支持性不足,受影响最大的是那些工作积极主动的员工。"对于原本就被动懈怠的员工,组织支持度如何,他们不会在意。"马克·罗伊尔说,"对敬业负责的员工来说,组织支持性不足,会令他们产生职场挫败感。"

"职场挫败感"是《别把你的好员工推开》一书里提出的一个概念,指"由于组织所限,员工无法在工作中施展个人才华、技巧和能力,从而不能顺利完成本职工作的情况"。面对"职场挫败感",只有极少数员工可以努力找到克服障碍的办法,大多数员工则会气馁,或者干脆"用脚投票"——另谋高就。

组织支持性不足给敬业员工带来的伤害不言而喻。因此,马克·罗伊尔建议,管理者要多主动与下属交流,善于聆听下属诉说工作感受,及早发现组织内让员工感到沮丧的非支持性因素;而员工要敢于表达自己的不满,主动争取管理者的注意,提供给管理者改进内部流程和公司制度的建议。

基于上述对组织支持度的分析,合益集团提出了员工效能和两大决定因素之间的公式,即"员工敬业度＋组织支持度＝员工效能"。

【案例解读】

电影《甜心先生》(Jerry Maguire)中有句著名的台词——"请协助我来帮助你"。这句台词说出了敬业员工的心声,也道出了一条职场真理:员工对公司贡献的大小,不仅取决于员工本人努力工作的意愿,还受制于公司对员工开展工作的支持程度。

如果一个教师对于评价应用有所了解,我们便可肯定,他对学校的组织支持非常在意,并且会不时调整自我的行动,以求与学校中心工作保持高度的步调一致。教师的发展,几乎可以说其与学校组织的支持成正比。特别是当获得高于学校组织的支持,所获得的资源会更多,取得的成就往往会更大。可惜的是,无数教师不但少有"请协助我来帮助你"似的发自内心的愿望,还成为了学校组织(校长有时就代表着组织)的排斥对象,导致几乎没有发展的空间,这只能说他们缺乏主动性。

组织支持感所强调的是员工对组织真诚地对待自己的程度的感知和认定,其背后所蕴藏的心理机制主要是员工与组织彼此之间所存在的社会交换。社会交换是建立在信任与互惠互利基础上的,双方发展出的相互间的权利与义务关系,甚至能超越明确的角色契约所规定的范围。根据社会交换的观点,在员工与组织之间关系的维持上,员工会通过在工作中付出努力和展现对组织的承诺及忠诚以换得物质和精神方面的奖励,如薪酬、福利、认同、赞赏及关怀等;反过来,当员工知觉到组织支持自己时,便会产生自己对组织的义务感,进而通过提高自己对组织的承诺以及展现出能够促进组织目标达成的行为来履行自己的义务。可见,组织支持感中员工的交换意识完全依赖于组织对员工的支持及其程度而定。而员工之所以愿意继续留在组织中并为组织目标而努力工作,其根本原因在于员工自我感觉自己对组织的贡献与自己从组织所获取的回报之间是对等或公平的;如果两者之间失去平衡,是不利于员工(教师)的专业发展的。

大量的事例表明,一个教师在专业发展的过程中,如果没有获得组织的支持,他就很难有职业幸福感的产生,同时也很难有更多的成就。比如重庆的钟发全老师,曾经因为种种原因没有主动向学校组织靠近,甚至与校长之间的矛盾有激化的倾向。当上级行政部门因钟老师近年来学术成绩突出而来校考察时,校长给他的评价是"三差",即教学水平差、教学能力差和教学效果差。这样一来,本来可以有更多发展空间的钟老师差一点儿被校长的这一评价给断送了。后来,因为更换新校长后,钟老师转变观念,而后不但获得新校长的帮助鼓励,而且得到大量的发展空间与学习资源,又过了不到一年半载便精神面貌大变样,逐渐脱颖而出,成为教师队伍里的排头兵和学术研究中的领头雁。

找到给予自我发展的资源,而后奋力获得,这才是一位优秀教师应有的组织支持感。当前,必须清醒地认识到,组织支持要求之弱或无明确的组织支持要求,这实则是某一段时间内再无发展上进的体现(渴望学生获得好的成绩,这虽是评价的重要层次之一,但这不属于组织支持的范畴,更多的时候不会直接转化成为学校对教师的支持),也是教师为何难有发展的一个重要原因。针对评价应用的需要,获得学校的帮助和支持,可以肯定地说已经是评价过程中最直接的证明,只是我们的教师没有予以足够的重视,同时教师们也不习惯于将学校的支持和帮助与获得良好的评价联系起来看待自我的发展。

当然,真正要获得学校组织的支持与帮助,这里涉及更多个人的因素,就像前面段落中所谈,有因印象好坏而获得的帮助与支持的成份,但更多的是组织的支持与帮助是专业发展过程中奋进的目标和手段,是一种强烈的内心需求。只有这样,才真正会有获得支持与帮助的机会,才会因为得到机会而丰富自我的学识与经历,从而让自我的综合素养得到整体的提升。不难看出,获得学校的支持与帮助与教师发展是一个循环支撑的过程,这也是为何教师因获得支持程度的不同,最终彼此之间差距不断增大的原因之一。但我们必须认识到,获得学校帮助与支持的主动性如何依然在教师自我,关键在于在工作中能将组织支持与帮助转化为一种需求;也只有这样,才可能真正自发地将其转化为一种追求与目标,进而转化为具体化的行为。

在此,建议每一位教师加强对组织支持感的前因变量和结果变量的认识。有专家在总结了前人所进行的研究后指出,在影响组织支持感的因素方面,有三个重要的变量——组织公平、领导支持、组织奖赏和良好的工作条件。研究表明,如果员工知觉到了组织给予其这三方面的良好对待,将会对员工组织支持感的增强起到重要的作用。关于组织支持感变量的认识,国内外学者有不少关于组织支持感对员工工作表现影响的研究,其中研究最多的是关于组织支持感对员工组织承诺、工作满意度、离职倾向和工作绩效等方面的影响。

【行动指南】

获得好的评价,特别是获得学校的支持与帮助,是对自我人生的检阅。对于每一位教师而言,最需要的是能积极主动,才会去认真思考凭什么获得组织的支持以及采用什么样的行动可以获得组织的支持。在此提出如下建议。

一是修炼德性。弗洛姆在《为自己的人》一书中说:"理性指导着人去从事他所应该从事的事,以使人成为真正的自我,并由此而对人进行什么是善的教导;实现德性的途径是人积极运用自己的力量。"在此,提及教师专业发展的理性和德性,并将其与专业发展牵扯在一起,对于那些已经取得专业发展或评价应用的教师而言,似乎再没有多少价值,因为他们当下正在经历通途;可是对于那些多次失败而正在进入发展盲区的人而言,只要深入追溯便会发现其理性和自我积极力量的缺乏。学校、教育行政等的组织支持与帮助,是其缺乏的重要因素,这也是评价应用时无法产生价值而促其向前发展的原因。

诚然,教师专业发展的成功与失败,多与个体积淀的德性和努力有关。能主动赢得诸如学术组织的支持,可称为明智之举。其实,只要深入现象背后便会发现,教师更多的明智在于用自己的力量和行动给予组织支持,从而真正地得到回报——赢得组织的支撑而向前发展与走远。在此所谈的组织支持与帮助,几乎最终都指向组织中的人为因素,可能更多地涉及教育权威的把控,这些虽然是众教师都心知肚明的东西,可真还没有多少教师能为了真正达到专业发展的目标而以更艺术化的明智方法来加以应对。很多教师因此最终只能被组织支持排除在外,沦为专业发展的边缘人。

二是改善途径。学校在设计和实施各项人力资源管理措施时,往往会对积组织支持感强的教师给予倾斜。诸如对教师的奖励和晋升等措施都体现出对教师贡献的认可。其实,学校不仅在切实地为教师做些实在的事,而且也通过组织支持让教师感到这些行为的动机是出于自发地重视和关心,而不是外在环境或条件的压力使然。

教师需要主动性支持,更需要学校有提供主动性支持的措施。与非主动性的支持措施相比,在主动性的支持措施条件下,员工的组织支持感要高出 6 倍。为此,学校在主动支持与帮助中体现出极大的倾斜性时,我们必须学会调整自我的行动,能根据学校的不同需求,真正找到解决工作中问题的办法和措施,以使支持措施发挥出最佳的效果,真正能给学校带来实质性的变化。

教师还应主动获得上级行政的支持。高层领导者常常被视为组织的化身。因此,有效地理解教育行政的支持,是我们作为一线教师必须去思考的内容。虽然我们平日里思考的是教育教学,但必须补上这一课,必须认识到教育行政的支持与帮助会直接对自我的组织支持感产生极其显著的正面影响。

【谨记】实证研究的结果显示,工作自主性程度与教师的组织支持感存在显著的正相关。

2. 新知识与新技能的应用

将所学的新知识与能力置入应用中,并非那么简单的事,即便在个体得到支持的组织环境中,困难与麻烦也是难以预料的。前面,我们对教师专业发展活动中学校的支撑与帮助的重要性进行了阐述,接下来,我们将进一步认识新知识和新技能对评价的影响及应用时的挑战。诸如,能抓住评价时所采用的指标,进一步弄明白与新知识和新技能有关的哪些行为应该和不应该,从而调整好自己的行为;进一步把握好评价指标,在应用时把握好评价的频率和规律,把握好应用的恰当性和充分性;全面保证有足够的时间应用新知识和新技能;保证有足够的灵活性适应教育教学环境。

新知识同新技能的应用是专业发展的直接证明,它们在专业发展过程中的作用举足轻重,但我们必须认识到,人们只有反思所学并能将其应用于特定的环境之后,出现一个渐进和持续的过程,才可能获得好的效果。为此,我们必须全面了解专业发展的内容与新策略和新技能的关系并加以有效应用,才可能真正促进自身综合素养的提高,从而带给自我真实的价值认定。有人在调查研究中发现,这些内容主要包括促使教师具备与学生所学知识直接相关的知识、应用新技能时要有后续的支持、理解新技能背后的理论基础、应用同伴学习小组了解新技能、现场和通过视频会议演示新技能、研究和尝试新技能的变化过程。

> 元规则:应用新知识与新技能的捷径,首先在于对新知识与新技能要解决什么问题有所了解。

教师发展性评价关注的是对教师自己所掌握的新知识和新技能的应用,而其关键在于教师能将所学的内容应用于教育教学实践之中,换句话说,在于评判所学是否带给相应教育活动和行为以变化。当个人面对教育改进或改革时,普遍会表现出一系列的关注;而随着对新知识与新技能的熟悉以及对相关策略和结果的适应,关注度便会发生变化。整个关注往往分成了意识、自我、任务和影响四种类型,细分又可划分为七个阶段,即:0阶段,不知道或不想了解改革;信息阶段,刚开始了解阶段;个人阶段,关注新知识与新技能如何影响自己;管理阶段,在阶段环境中想知道哪些变化和调整是必需的;结果阶段,关注应用新知识和新技能如何影响学生;合作阶段,思考如何通过与同事们的积极合作改进结果;聚焦阶段,思考如何通过额外的努力和调整得到更好的结果。这几个阶段,并不是单向而封闭的向前,因为某种原因,完全可能会中断,甚至逆向发展。但有调查表明,随着新知识和技能的不断展开,关注的强度也会逐渐发生变化,只是刚接触的人更明确关注前几个阶段,后几个阶段只有更有经验的人才会给予投入。

除了对照关注阶段能回答清楚自己在实践中为什么会有如此的评价,我们其实还可以用应用的层次来进一步调整自我的行为。有人通过研究,确定了三个非应用层次和五个应用层次。非应用层次的最低层次,指教师行为与新知识和新技能无任何关系,没有应用过;非应用层次的定向层次,人们刚开始收集信息,探索应用的人要求与对应的资源相一致;非应用层次的准备层次,人们已经获得新知识和新技能,并准备首次运用(已经完成专业发展学习活动并学以致用的人就处于这一层次)。应用层次的第一层次是机械层次,该层次的人正在实施新策略,但往往肤浅且缺乏独特的见解和反思;第二层次例行阶段的应用,凭借少量准备或他人思想,构建恰当的应用模式,提高影响,但很少对已经固定的模式做出改变;第三层次完善阶段的应用,改良应用者被评价的影响,能在特定环境变换应用方法以提高效率;第四层次同化阶段的应用,往往能努力与同事合作,对学习结果形成更强的集体影响;第五层次更新层次的应用,往往能积极寻求更有效的改革方式以建立新的应用模式,重新评价应用质量,寻求主要需要修改更新之处,提高对结果的影响。从这些能看得出,应用层次与教师对应的知识和技能水平的深度有直接相关,处于应用的更高层次与更复杂层次的人对创新和改革有更深、更精辟的理解。

【现象纪实】

在新知识与新技能的践行中,最早参与新计划或革新的人通常是最有成效的教师或管理者,这近乎是一个不争的事实。通过大量的观察发现,源于专业发展获得的新知识与能力,已经成为他们专业活动中的一部分。其实,暂且不论在专业发展的活动中所应用的新知识与新技能能给课堂教学、课外教育等带来什么明显的不同,它们的确对学习提高有促进作用,然而真正能运用新知识与新技能于实践中的教师所占的比例并不是太大,这实际上便是更多教师于专业发展的过程中少有课程的领导权、教师职业生活质量低下、高级学习机会少有的一个真正原因。

对新知识与新技能的关注度与应用层次的把控,是衡量教师发展的一把标尺。我们完全可以得出一个结论:新知识与新技能的把控量决定着一个教师的专业发展水准。前面章节中,我们曾经探讨过,有的教师因没有知识与技能更新的过程,旧有的知识便成为其向前发展的包袱。当前众多教师面临新知识与新技能更换速度缓慢而自我并没有觉察的现实。

找到相应的新知识与新技能实践与实施策略,才可能让其成为专业发展活动中的不可缺少的部分。通过大量的观察发现,在同伴训练和指导方面,经验较少的教师同经验较多的和更有成效的教师合作,其实践结果更能促进经验较少的教师与有经验的教师的实践策略更加一致。然而当前更多教师于新知识与新能力更新的过程中处于封闭状态,特别是他们在课堂教学中少有与他人的合作,从不主动在应用新知识与新技能时接受他人的建议,也少有走出自我的课堂而学习他人更优秀的实践方法,如此一来,在专业发展的过程中又怎能快速获得提升呢?

【链接 6 - 6】

专家型教师的特征

对众多专家型教师—新手教师比较研究的结果进行总结,发现教学领域的专家有如下特征。

特征 1:专家型教师只是在他所属的领域和特定的教学情境中才表现卓越。

特征 2:专家型教师在重复的教学事件中表现出自动化的教学技能。

特征 3:专家型教师在解决教学问题时,往往对教学任务需要和教学的社会情境更敏感。

具有教学常规的专家型教师更能注意教学任务及当时的情境,如学生参与的程度、学生阐述时的语气等,而新教师对这些不敏感。这表明,专家型教师拥有更多的学生知识和情境知识。

特征 4:专家型教师与新教师相比,在教学中表现得更灵活。

特征 5:专家型教师与新教师对教学问题的表征有质的不同。

专家型教师在分析和解决教学问题时,能运用更多的有关教学的原则以及学生认知和学习的知识,这是对问题的一种深层次表征。这说明,专家型教师不仅有更多的知识,而且还是抽象的、概括的知识。

特征 6:专家型教师有快而准的模式再认能力。

新教师缺乏教学经验,很难对教学事件作出正确的再认识和解释;而专家型教师有着长久的教学经验,可正确认识教学事件,快速识别貌似不同的教学事件的相同特征。

特征 7:专家型教师能知觉到对教学有意义的模式。

有项研究要求教师对幻灯片进行解释。新教师说:"男孩儿坐在桌前做作业,他左边的女孩儿站在他前面要一些东西……"而专家型教师说:"这两个学生可能在就某一课题进行小组讨论,因为他们的椅子是侧向对着的。"

特征 8:专家型教师解决复杂问题的速度较慢,但他们在问题解决上具有更丰富的、更多的关于问题解决的信息。

有研究表明,非专家型教师从浏览问题到着手解决问题的平均时间为 2.6 分钟,而专家型教师的平均时间是 9.8 分钟。

专家型教师有更丰富的个案知识。在解决复杂问题时,专家型教师首先要把问题与个案进行比较、辨认,从而确定问题的性质,最终找到解决问题的方法,所以专家型教师解决问题速度较慢,但他们会提出更多的、更丰富的解决问题的信息。

【案例解读】

在现实生活中,专家型教师与普通教师之间最大的不同,就在于新知识与新技能应用所达到的效果的不同。以上链接的内容虽然所谈的是专家型教师的特征,但从中可以明显看出,普通教师与专家型教师之所以不同,更多的原因在于新知识与新技能应用时行为表现不同。往往在专业发展的过程中,教师们通过自我评价对自我发展的层级几乎心知肚明,真正的问题就在于没有找到解决的办法,没有达到评价促进发展的目的,这其实全面反映出我们的行为控制能力低下,除了需要加强新知识与新技能的习得,更需要敢于实践。在教师专业发展评价的第四个层次中,新知识和新技能的应用影响着对教师专业发展的价值认定。进一步追踪便会发现,教师在专业发展实践中学到的东西已经影响了专业实践。这涉及每一位教师应用新知识与新技能的两个方面——实施程度和实施质量。

我们在进行习得新知识与新技能的应用中,若真能熟知评价时的一些相应信息,其对实践行动的调整作用定然会增强。诸如,明确应用的关键指标,被确定的质和量的维度,确定有足够的时间可用,有足够的灵活性适应环境,等。只要真正在行动中大脑有如此的评价内容的借鉴,自然会生成一些应对的策略,特别凸显出专业发展过程的明显变化。当然如此一来,除了实践时向所设定的标准靠近之外,还会带动专业发展领导权、额外专业阅读、个人经历或专业任务的变化,促使新知识与新技能实施更便利、更稳定,甚至敢于采取一切控制手段,隔离其他无关的因素。虽然如此行动具有挑战性的一面,但它却是能使专业发展经历富于变化的真正原因。

在教师专业发展的过程中,新知识与新技能应用是教师专业发展与否最直接的证明,特别是通过一些变化更能获得价值认定后的附加值,如加薪、改变工作条件等。现实中,我们如果真能读懂苏珊·奥哈纳因曾指出并让人必须记住的两个难以理解的真理——"一是不管你做了多少,都会觉得不够用;二是如果你做了一点事情,这不是你做任何事的借口",深信人们更易找到促进自我专业发展的捷径并获得大成就。

【行动指南】

新知识与新技能的应用,是一个见证自我成长的过程,需要理想给予支撑,需要智慧给予指引,需要行动给予实践。然而真能让其坚持致远,全源于学识背后的意识形态的努力。为此,在新知识与新技能习得与应用方面给出以下建议。

一是在行动的路上播下希望的种子。新知识与新技能应用的探讨,特别是涉及评价及应用的范畴,表面上看是非常现实的东西,实质是人生的真实性存在其中。但是,对于追求终身学习的人而言,每一次新知识和新技能的运用,它只是一种行动、一种活动,行动与活动交替意味着不断突破。这便需要我们必须拥有一种超越现实的意识,才真正可能不屈从于当前状况。我们完全可以把新知识与新技能理解成希望的种子,那么,是希望就要战斗,我们要为自我宏大的意愿而努力,拥有坚忍不拔的意志,必须敢于走出安于现状的樊篱,付出真实的行动,如此才可能在痛苦与幸福、黑暗与光明间转化。

对于我们教师而言,在专业发展的道路上,新知识与新技能的应用更多地与我们的命运相连,即习得的知识与技能必须成为自我所属,同时又融入教育实践,如此才能形成命运的因素,才会因新知识与新技能而给自身以塑造,而我们在命运面前才不会完全是被动的。为此,希望我们能将新知识与新技能的应用理解成是一种抉择,而所希望的自由便因此而能构建起基地,从而我们便可由这一基地做出这样那样的选择。当然,我们不要把现实单纯地理解为绝对的以我们的意志为转移的东西,但我们可以不断地习得新知识与新技能,从而在自我迷茫的时候又能找到新的起点,并将这些作为改变命运的最有价值的条件。而当下最好的办法是,我们必须在新知识与新技能应用前表现得更主动,而不是被动等待。

二是将变味的应用变为有味的应用。在新知识和新技能应用的过程中,存在着诸多"变味"的现象,特别是应用新知识与新技能时存在着的功利化倾向导致形式主义,有的甚至成为一种"硬指标",从而致使应用的过程成为沽名钓誉,结果自然没有带来真实的变化。在当前应用新知识与新技能的过程中,依然存在全员要求而应付的心态,实际应用前更多的人都只是持一种观望的态度,甚至对应用的结果持怀疑态度,这便形成了"赶鸭子上架"的情形,结果自然是让参与者穷于应付,徒增负担,却不能收到理想的效果。这些都是应用功利化后的产物,导致出现新知识与新技能应用的危机。为此,我们在新知识和新技能的应用过程中,必须正视其价值所在,能理性认识本原性的东西,从而促进自我的专业成长。

新知识与新技能应用,关键在于做了什么,收获了什么,关键在于能跟教师的教育教学结合起来,能有效地改进教师的工作,能促进教师的成长。在应用的过程中,我们应以教育教学实践中的困惑为出发点,而后投入更多新知识与新技能应用的热情,这样就不但能解决现实的问题,更能最终获得素质的提升。也只有让应用的过程变得有滋有味,走出形式主义和应付了事的误区,改变重结果、轻过程的现象,并把相关环节作为提高自我素质的有效途径,才能通过应用成为一名好的教师。

【谨记】新知识与新技能的应用方面只有真正解放思想,方能在专业发展的旅途中走远。

第四节　实现双赢

"教师综合素质发展与评价"这些词语,会激起我们各种情感反应。对于一些渴求上进的人来说,它带来的是喜悦和鼓励,感受到专业发展的力量;对一些不愿意付诸努力的人而言,它带来的则是一种令人感到敌对的、不公正的、消极的情绪记忆;对于大多数持中立态度的教师,他们尽是一种极不正常的"无所谓",仿佛"事不关己,高高挂起"一般,自然也就无法对其产生什么长期效果或深远影响了。

每一位教师都有主动的专业发展行为,教育才有希望。每一位教师无论所学教学经验和学习水平处于何等发展层级,他都有一套自己的关于教育基本目的和如何将教育目的转化为教学过程的价值观和理念。一些理论是外在的,从意识层面控制着行为;而另一些则是内隐的,不通过感知和个人的意识对教育者的行为产生影响。前面四个层级的评价应用,更多的是从参与者和参与者所处的组织意识层面,通过评价应用的正面转化,而后给予积极的影响,从外在与内隐的角度进行了引领,即尽可能地阐释自我发展目标实现的最大化。但专业发展最后依然需要价值的认定,必须弄清用什么来给自我价值以佐证。

每一个教师必须认清综合素养发展属于个人行为,那些过于强化行为结果所导致的功效,可以肯定地说更多的是一种自欺欺人。客观、公正地认识自我的专业发展能带给教育什么? 诸如提高学生成绩,引起学生态度或观点的转变,改变学生行为或习惯……如果自我缺乏把自我专业发展计划与具体的学生学习方法(学生的成长)联系起来的依据,那就只有真正能做到条理清晰(一位教师的贡献大小往往与清晰度成正比),才可能证实学生学习成果必然包括某种形式的专业发展。为此,在本小节中将进一步探讨评价应用之目的——带给教育什么,便带给自我什么,只有实现双赢,才算真正找到发展的重点和方向。

1. 赢得教育

赢得教育作为教师专业素养发展真正的目的,意味着把工作重点放在最终希望达成的目标上,回归评价的第五个层面——真正的目的和终极目标是为帮助所有学生在更高层次上学习专业知识和技能。这其实需要我们将前面第二至五讲中所阐释的一些观点与行为的终极目标相关联,把我们需要实现什么或评价成功(行为价值认定)相连,使专业发展有努力的方向。特别是相对于广大一线教师而言,以学生学习成果为基础的明确目的,更有助于制定明确的成功标准,也更利于认识到与个人有关的、与个人工作组织有关的复杂因素,而这些,都需要直面学生学习成果的方向才可能对专业发展产生更大的影响。把重点放在学习成果上,从而寻求最优的策略组合,哪怕整个过程具有挑战性,但可肯定的是能把重点放在明确定义的学生学习目标上是专业发展过程中最关键的一步。

任何忽视学生学习成果的教师专业发展,都难以服众。但可以肯定的是,用教师自我的专业发展对学生产生影响,是赢得教育最为核心的话题,是价值认定的前提。换句话说,在本小节中提及教师专业发展与评价应用的话题,全然指向带给学生更好的学习成绩、更积极的学习态度以及更适当的学习行为,全然指向要解决的具体问题来自专业计划和教育活动的既定目标。这里的一切即建立在我们认定的逻辑判断上:如果目标不明确,就不能出现预期的发展结果,每一位教师最有效的办法是既做到赢得学生学习成果这一目标,又全然凸显目标的潜在价值——自我发展。

> 元规则:追溯学生的学习成果,总能发现其众多的原因里必然包括某种形式的教师专业发展。

赢得教育的这一话题的探讨或许范畴过大,但只要人们反思一线教师价值认定的过程,自然便会发现,学生学习成果几乎发挥着纲目作用。为此,每一位教师非常有必要知晓学生学习成果所包含的内容——认知成果、情感成果和心理活动成果。每一位教师把学生学习成果作为专业发展的目标,在努力提升自我素养的同时,促使学生学习成果的达成,才算得上真正赢得教育。当然,这也与我们每一位教师留存的教师观和内隐的学生观等有关联。

学生的认知成果，包含着我们期待学生获得的知识、技能，这些经常被描述为学生掌握特定能力、达到具体的学术标准和学习熟练程度。比如识字教学，更多的教师存在一些模糊的目标（实则没有明确的发展目标），以为学生只要在再次见到这个字时能认识就够了，自然，他们的教学也没有带给学生明确的变化。而随着教师专业发展追求与学生学习成果的结合，在识字课堂上不仅仅是要求字认识就够了，而在于"追求学生在课堂上明显的变化——从不会拼写到会拼写，从书写不规范到规范等"，即更多明确的教学追求带来更多明确的学生学习成果信息，证明教师通过努力赢得了课堂和学生。

学生学习成果是教师赢得教育最直接的证明，除了学生认知成果的展示（还包括情感学习成果的展示，可以是获得新态度、新信念或者仅仅是改变旧态度、旧信念等）和心理活动成果的展示（可以是我们想让学生获得的行为、行动和策略等）。我们必须认识到，学生的成果是许多专业发展计划和教育相关活动在规划时的初衷，是教师的努力才影响了学生的知识和理解、情感和态度、信念和意向、心理活动和技能、行为和策略。我们要想赢得教育，必须将这些作为专业发展过程中明确的重点和目标。最重要的是，在专业发展的过程中，我们的工作必须直接集中在提高学生的学习成果上。

【现象纪实】

评价是教师行动的方向，评价什么，努力的方向几乎便在那。由于当前评价多采用的是终结性评价，无数地方因知识评价内容的复杂，为此删繁就简，把学生学习成绩作为衡量教师业绩的重要指标，其结果是评价应用简单化——学生学习成绩等于学习成果。

赢得教育，将工作直接集中在考试成绩之上，这实则是将教育窄化的体现。学生考试成绩只是学生学习成果的一个方面，从前面的论述中，我们应该知晓，除了学习成绩这一认识成果，学习成果还应包括情感和心理活动的成果。单一的追求学习成绩的提高与教师专业发展过程的结合，最终只能导致学生发展的不全面；因为过分追求学习成绩，其他方面的发展便会被忽略。如此努力的结局只能是学生学习成果少，而且很大一部分学生不但难以获得好的成绩评定位序，而且在某一方面或多方面的发展也会被忽视，自然，教师赢得教育的机率也会大打折扣，难以获得较高的认可度，严重时更会影响其对职业的认可度和幸福感。

在专业发展的过程中，赢得教育，赢得学生学习成果是重要的动力。当前，除了将学生学习成果简单地指向对考试成绩的理解，还有一种致使教师没有获得发展动力的原因，那就是教师在综合素质提升的过程中，教师的专业发展与学生的学习成果存在两张皮现象，甚至是行动与目标难以进入同一轨道，结果自然是教师专业发展与学生的发展没有直接的联系，最终只能是教师发展效率低，学生学习动力不足。不能不说，在教师专业发展过程中，对学生学习成果进行全面认识，并将认知的、情感的、心理的成果都纳入专业发展的目标，是对教师专业发展过程中设定目标的一个考验。当然，这些预设的目标存在着明显的层级，导致学生学习成果也存在着层级，最终反映出教师获得成效之大小在评价的过程中也自然被圈定为某一层级。

【链接6 - 7】

在坚持中守望

把平凡的小事做好就是不平凡;能坚持把平凡的小事做好了,就是教育智慧的体现。

几年来,我担任班主任,主要坚持做好以下几件小事,才有了今天的小小成就。

我尊重学生:每月为过生日的学生送上小礼物,清华大学的明信片、我的名片、吹奏口琴等都是特别的礼物。

我关心学生:坚持每日约谈,了解每个学生的情况,发现他们的问题,及时进行个案诊疗,不让学生感到被冷落。

我开阔学生的视野:每月让学生观看一部有意义的电影。从《海底总动员》到《功夫熊猫》,从《冲出亚马逊》到《当幸福来敲门》……

我指导学生:引导学生进行随笔练习,以积分形式鼓励学生追求卓越。从最初的"童生"到最高的"大学士",学生找到了不断进步的快乐。

我激励学生:为写作优秀的学生开个人作品研讨会,全体学生共同研讨一个人的作品,让他们享受到莫言一样的荣耀。

我帮助学生:让违反纪律的学生写心灵说明书,清扫自我内心的垃圾,进行自我教育。

我启发学生:在学生中开展一日班长轮流值日,让每个学生都参与到班级管理中,培养为班级服务的理念。

作为班主任兼语文老师,我还坚持做了一件事——办班级报纸。班报《梦想报》的报名是大家共同起的,报徽也是学生设计的。

最后,我想向大家交流的,也是我最引以为重的一项工作——为学生制作成长视频。三年前,我从学生入学第一天军训开始,就拿起相机,对学生的在校生活进行记录:第一次离家在学校吃饭,第一次升国旗,第一次元旦演出,班委竞选演讲,清明祭扫活动,九年级中考前百日誓师大会,6月21日在校最后一天,学生在班级文化衫上相互签名留言……第一学期,我专门牺牲休息时间,编辑出专题视频。为此,我还学习了五笔输入法,学习Photoshop、"光影魔术手"、"格式工厂"和"绘声绘影"等软件的使用。三年来,记录图片视频片段已达50G。特别要提到的是,九年级下学期我们制作了毕业纪念"大片"《致我们终将逝去的一班》。每个学生都在镜头上讲一分钟的临别感言,片长达到了近40分钟,几乎可算一部微电影了。

所有这些事情,并没有影响我们中考成绩:2013年中考,我们班51人中有21人考入县市重点高中。我觉得这并不是最重要的,重要的是我和学生有共同坚持的点点滴滴的成长经历。"无用之用是为大用。"这将是我们超越升学价值之上最宝贵的精神财富。

(节选自河南省第三届最具智慧力班主任颁奖会十佳教师康磊的发言稿)

【案例解读】

用什么证明教师的专业发展? 学生的学习成果。从康磊老师的发言稿中,我们完全可以感知到学生所获得的发展,全能从教师的教育行动中找到原因。教师表面的行为,其背后是教师专业发展的支撑,因前期努力所学而后在大脑生成带有倾向性的意识,为此方才产生培育什么样的学生的目标。学生学习成果形成的原因是多方面的,但可以肯定的是教师有目的地朝向认识的、情感的和心理活动方面努力,学生才有相应的进步,就像一块原始的土地一样,只有播种后才有相应的收获。

现实是,我们的教师大脑里只有对考试成绩的追求,并没有将自身专业发展与学生学习成果相连;没有对学生成果的认识,自然就没有给予学生早期的播种。没有专业发展目标上的追求,没有针对学生学习成果全方位的投入,又怎能有好的"收成"?

学生成果是预设的结果。赢得教育,不只是考试成绩,学生学习成果才是最直接的佐证。苏霍姆林斯基曾在《给教师的100个建议》一书中举例,一位教物理的教师培育出一大批爱好物理的学生,一位爱好音乐的教师培育富有音乐天赋的学生……试问我们的教师,在我们自身专业发展的过程中,忽视某一方面的提升,在培育学生的过程中能给予他们影响吗?学生的成长是一个不经意的过程,有很多偶然的因素,但是如果没有明确地播下文明与希望的种子,几乎是不可能获得丰收的。这种预设种子的过程,是教师专业发展的目的所在。其实,从另一个层面来看,学生毫无收获的成果,表明教师的专业素养有待提高。

面对当前教师对于学生成果认识窄化的现象,应该反省的是我们教师自己。要知道,对考试成绩的追求全因应试教育这一大环境,这实际上是一种在专业发展过程中思想不开放和裹足不前的体现。其实,学生的成果是多元的。这种多元更多的是可以考量的,可以通过前后的对比反映出学生在教师有意识的影响下所取得的进步。现实中,无数教师忽视情感成果和心理活动成果,致使无数孩子在其引领之下这些方面得不到开发。考查更多优秀教师的事迹,便会发现其与众不同之点在于,在其专业发展的过程中,除了自身综合素养得到带有倾向性的提升,他的教育对象(学生)更会是集体式优秀,这种优秀更多体现于他们参与各种形式的教育和活动,总会有优异于他人的表现。值得说明的是,教师专业发展的过程中,教师素质的提升不只是自我的开化,同时还用智慧点燃学生。学生因有一个开启智慧治愚的过程,才使教师并没有投入过多精力,也并没有影响学生的考试成绩,相反,学生的学习成果的辉煌赢得了社会各方的认可。

努力将学生成果作为自身专业发展的附属品,这是当前众教师的追求。在追求学生多样性成果的过程中,特别应抓住人与人之间的差异性,善于发现学生的长处因势利导,并且努力给予成果展示的平台,这样才更能调动其积极性。只是,在培育学生的过程中,我们必须拥有开放的思想,擅长将新的知识与信息转化为自我的见识,而后给予学生引领,那么,自我习得的新知识与技能才会与学生的进步同步,并跟上时代的节拍,而不至于进入对学生成果追求的死胡同。

【行动指南】

在教师专业发展的道路上,没有学生学习成果的支撑,只能进一步说明他们的发展策略与教学经验不足,甚至对自我的需要感到茫然(也自然不知道需要用什么来证明自我的发展）。应从增加学生学习成果着手,通过满足必要的条件来赢得教育,为此给出以下建议。

一是抓好时间上的管理。多数教师由于对课程作业及考试结果的追求而几乎占用了学生全部的学习时间,尤其在时间管理、日常教学的开展和实施有效的课程管理等方面大同小异,无法参考他人经验,也无法提供给他人经验。改变现状,当前最需要的是我们不但要知晓满足学生认知的、情感的和心理活动方面的学习需求,更重要的是我们能在目标明确的同时,给予时间上的保证,能及时给予他们滋养,同时又激发他们发展。

学生学习成果的转化,并非一日之功,而是教育者长久规划的结果。抓好时间上的管理,必须注重时空结合,这就像在一块空地上播种一样,不但需要有立体式的产品发展规划,同时需要做好时间上的把握,能将各个环节的管理做到位,如此才符合现代农业的需求。在加强时间管理时,我们更应明确学生的现状,特别是学生预期要获得的知识、技能、态度、信念和行为等,能根据其年龄特征而做出规划,从而确定学生阶段性的专项发展,之后调用可用的学习资源,根据学生的不同需要和能力因材施教。

二是抓好学生学习成果的规范管理。许多教师难有学生学习成果的支撑,一个主要的问题在于对学生学习成果不善管理或不懂管理。为此,在教育教学的过程中,不仅需要我们有赢得教育的需求,我们更需要有明确的培养目标,在一些有可能发展的地方多动脑筋,以促进学生学习成果"从无到有,从有到优,从优到特",如此,才真正有拿得出手而能获得评价认定的可靠信息。值得特别思考的是,很多人对学生学习成果的形成因素的不固定,而对自我专业发展用学生学习成果来加以佐证表示怀疑。在实际的评价中,也只有那些真正用心提升自我专业素养,并将所学付诸于教育教学实践的教师,才能最终将获得的学习成果作为特别的发展见证。

抓好学生学习成果的管理,这可以说是当前诸多教师必须主动弥补的一项能力。我们在完成以前常规性的教育教学任务之后,必须思考学生学习成果以什么样的方式展示出来。专业档案袋管理,是最常用的方法,值得我们借鉴。关于其内容的呈现,可以收集教学计划和学生成长录像带,学生创造性地完成作业或在生活中一些富有开拓与教育意味的案例;可以进行长期收录的准备,把表明学生学习成果与长期计划和日常计划有机统一起来;可以对学习策略和成长资源进行整理,如文学园地、某公益活动等学生自我学习成长的记载;可以对教育教学过程中的经典内容或学生对于教师的激励机制的反馈信息进行记录;可以对学生于某项活动前与活动后的差异进行适当的处理,包括文化差异与个别需要的差异的分析等。学生学习成果的收集刚开始可能会给教师不适的感觉,仿佛感觉增添了新的负担。但是如果我们能做一个有心人,特别是随着成果管理的深入,自然便会知道,这些除了能激励学生成长,同时更是教师进行深入研讨的第一手宝贵资源,而且除了带给评价时更多的有价值信息,最直接的还在于促进自我进一步的专业提升,让自我朝向更高目标迈进。

【谨记】人落后多是因为他不知道自己落后;没有改进的思想意识,改进方法更无从谈起。

2. 赢得发展

在此,回归全书的第一个主题——发展。就像前面所谈的自我态度、学习、组织支持和新技能与新知识的应用,以及努力所致学生学习成果等,都最终使个人素养得以提升,影响评价结果的形成,从而回归到赢得发展这一中心话题。

作为一线教师,必须以发展为第一主题,并通过评价促进自我发展。这一小节里虽然继续探讨应用的话题,更多的却是回归到作为发展者的主体意识层面,能以主动的方式赢得发展。正如英国的詹姆斯·艾伦曾指出的那样:"只要一个人能够认识到自己就是一种具有创造性的力量,能够指挥自己的灵魂,不管遇到何种情形都播下自己人生的种子,那么他就能够成为自己真正的主人。"借此,我们必须指出,对评价的正确认识能影响自我的发展,我们更主张"今天评价的结果"都源于自我思想的结果。作为不断进化的人,要有敢于面对现实的勇气,哪怕面对更多的不尽如人意。为了获得更大的发展,要敢于从自己身上找所面临问题的症结。只有认识到自己可能会向什么方向发展,而后再培养相应能力时,我们才会让理想变为现实。

> 元规则:能调整心境,在逆境中找到发展奋进的力量方为智慧。

赢得发展,才会有幸福可言。加强自我内心的调适,不过分依赖外部环境,对自我的行为、情感、心理、态度等重新进行评估,而后付诸正确而积极的发展行动,即从自我的内部支持开始,其获得的幸福指数或发展机会定然与行政整体推动有本质的区别。发展需要平台,这平台更多的是一种自我专业发展的追求所致,我们最终会认识到:评价只不过是发展与幸福的附属物。

发展与幸福都必须通过具体的变化与进步给予支撑。我们应减少专业发展过程中的盲目性和模糊性,提高自我专业发展规划的针对性和有效性,即我们每一位教师都应把自我发展视为人生中第一目标而加以追求。同时需要说明的是,立足于当下,敢于面向未来,需要有科学的规划。如,知道自己在哪里,能剖析自己、分析自己、了解自我、认识自我;主动评估自我的兴趣、特长、性格、学识、技能、智商、情商,以及组织能力、管理能力、学习能力和合作能力等;评估环境与人的成长和发展之间的关系;了解自己的环境状况——环境特点、环境变化、环境与个人的关系、环境对自己的要求以及环境正面或负面的影响。知道自己要去哪里,能给出自己清晰的一两年的短期目标、三至五年的中期目标、五至十年的长期目标。知道自己怎么样去哪里:能把握住关键时期、关键人物、关键事件,量力而行、循序渐进地设想。

【现象纪实】

赢得发展,从而赢得幸福,这几乎是已经被遗忘的话题。在现实的调查中,顿然便会发现无数教师忘记发展自我,特别是自我的专业发展。老师或者因教育教学的劳累,让其没有时间思考发展;或因过早"看破红尘",变得毫无追求。有追求而敢于朝向目标发展的教师,成为教师中的"另类",这其实又是当前教育界极不正常的现象。从这更看得出,一位普通的教师,要有不普通的人生发展规划,除了能有敢于挑战自我的勇气,更需要有挑战世俗的勇气。

在此,特别批判那些因工作几年、十几年、甚至几十年而总处于"高原期"的教师。这种教师长期处于没有"想法"的状态,发展几乎停止,甚至倒退,因此才在自我的成熟中孤芳自赏,"教、学、研"三个方面的发展(即专业知识的拓展、专业行为的改善和专业能力的提高)都成为空话。这种教师占有相当大的比例,他们更多的表现是随波逐流、丧失自我。

赢得发展,不行动则永远只能是空想。我们只有根据自身不同阶段专业发展的特点,联系自己的职务、职责、发展旨趣、发展方向和发展路径,进行自我更新取向的设想,并依据合适的理论或理念,通过一些途径,借助一些方法,尝试、探究一些问题,争取改进、突破或创新,才有可能实现预期的发展目标。

【链接6-8】

让心中的火种燃烧

一恒法师讲过,世上有两种人。一种是生来就对一切都不起劲的,他们活着就是为了过日子,至于为什么要过日子,他们是不去理解,不去追究的。另一种人对一些事情很认真、很希望自己的生命不要浪费。然而,他们之中却只有一部分人能够认真地去完成自己的事,而另一部分人却始终拿不出力量来。为什么他们会这样呢?原因在哪里?

有些人比较坚强。他们自己很容易地把自己燃烧起来,发出光和热。而另一些人却不然,他们自己是燃料,有发出光和热的可能性,但是,他们自己不是火种;他们只是木柴或煤块,需要有火柴或打火机把他们点燃,然后,他们才可以燃烧,生热发光,产生能量。绝大多数的人都需要火种把自己引燃,而自己缺少使自己燃烧的能力。

于是,这"火种"就成为一些人成功的必需条件。找得到火种,他才可以燃烧;找不到火种,他就永远只是一堆冷硬的木柴或煤块。

所幸,这"火种"并不难得。它可能是一部名人传记,一本有启发性的书,一部电影里的故事,一个好朋友的几句话,一位好老师的指引,一次愉快的旅行,一段神圣纯洁的恋爱,或一些意外的刺激。

这些,都可能在适当的时机,引发一个人对学问或事业的热情与冲力,使他由静态的等待,变为动态的钻研与追求;给他一种勇往直前的力量,使他多年的准备在旦夕之间完全成为事实。

这"火种"可能自动地来,但多数时间需要我们自己去找。

【案例解读】

发展自我,如果说需要"火种",可以肯定地说评价是一种不可替代的宝贵资源。只是,我们必须读懂评价的积极作用,才不会因引火燃烧而自焚,也唯其如此,才能让自我对教育事业的热情与冲力被激起。如果我们每一位教师能像前面章节所指出的那样,分别对知识、能力、理念等进行有计划的提升,并能朝向本章评价应用的目的所指,全面整改和落实好评价中的五个层级,可以肯定地说,这评价之用完全相当于一次及时的"回头看",是对前一阶段发展过程进行认认真真地排查,找到差距。

发展的过程,需要评价的支撑。从"回头看"中找到症结,"向前走"才会有方向;"回头看"查得扎实,"向前走"才能踏实。往往我们"回头看"得有多远,我们才能向前看到多远的未来。当然,评价更多的时候仅作为能否发展的凭据,本身不能直接决定发展的走向和效度,特别是在前期综合素养发展低下,也没有赢得组织支持时,评价的结果在很大程度上便不能支持自我的发展。但此时,最需要的是我们不能被评价结果所左右。赢得发展,对于无数的教师而言,不靠天,不靠地,只有靠自己勇敢地面对自己的教育人生,面对自己的个性特点、自己所拥有的发展资源,并扎扎实实地利用好现有的资源主动出击,才可能走出一片新天地,这可说是当下98%以上教师人生的真实写照。正如《我奋斗了18年才和你坐在一起喝咖啡》中说的,我们必须做勇者,才有长期发展的决心,才会有获得成功的机会,这样我们才会让自己站立在光辉灿烂的舞台。

"今天我们怎样做教师呢? 我们的灵魂往哪里安放呢?"这不仅是在追问教师职业的意义,更是在追问自己的生命意义。让教师产生如此的困惑,有体制、待遇、工作环境等方面的原因,作为教师个体无法改变这些现状;我们所能做的就是维系自己的心灵,让自己心灵里的"普罗米修斯之火"继续熊熊燃烧。

我们必须培育勇气,因为,有勇气的教师,他能撕破"虚伪"的面具,回归人性的本我。我们教师应树立"作为平凡人的教师"的新意识,重新赋予自己敏锐的感觉和饱满的激情,从刻板生冷的教师形象中转变过来,从日常的平庸和公式化中超脱出来,随时关注与捕捉身边鲜活的教育契机;驻足于感性生活,怀揣着人文关怀,用敏锐丰富的情感去正视世俗生活中的欲望和喧嚣,看到教师职业生活的意义,看到学生纯洁心灵的美好,看到潜藏于学生生命中的内在力量,看到教育所营造的世界的奇妙。

有勇气的教师,他能将感性冲动与理性思考有机地结合起来,从形形色色的外在绳索与心灵镣铐中挣脱出来。勇者无惧,勇者何求! 我们要有胆量对成规说不,有勇气向权威发起挑战,不满足于现状,更勇于探索,进而努力地超越自我、提升自我、完善自我。因为不断进取,所以,最终才会克服自身视野的狭隘和片面,而跃入教书育人的新境界。

【行动指南】

一座大山,它是不会拒绝任何人去攀登的。如何才能攀登上高峰呢? 这是值得我们每一位教师去思考的问题。赢得发展,教师就要实现自身的认同与自身的完善,必须培育教育的勇气。赢得发展,在此特别提出如下建议。

一是追求卓越。如果想成为优秀教师请记住:茫茫人海,悠悠古今,多少人的抱负在灯红酒绿中沉没,多少人的聪明才智在功名利禄的喧嚣中消隐……应适时给自己一条冷板凳,远离浮华,守住自己最初的梦想,守住创造的激情,守住灵魂深处的宁静。只有这样才能最终成就一番伟业,至少不会虚度此生(事实是许多名师在谈到自己的成长历程时,都是如此告诫我们,而我们所渴望的就是他们的今天)。

物欲横流的社会越是向我们展示着更多的诱惑,你越要保持一份从容。该得到的一定会得到,不该得到的也别削尖了脑袋去拼去争。正如徐志摩先生早在20世纪30年代所说的:"得之,我幸;不得,我命,如此而已……"不做物欲的奴隶,要做成长的主人。不管外界多么的花花绿绿,都应卸下无谓的欲望轻装前行,始终向着自己发展的目标进发。教育的路途尽管满地荆棘,但只要敢于披荆斩棘,你也能与卓越相拥。

二是不要让灵魂丢失。著名美学家朱光潜说:"慢慢走,欣赏啊!"因此,我们说:"只要心静,无处不休闲。"在此提供一些富有哲理的语言供读者参考。纪伯伦说:"我们走得太远了,以至于忘记了为什么出发。"想想,作为教师的我们,忘记了发展,而将其他作为努力的方向,这无异于缘木求鱼。一位网友说:"看你脚步匆匆,请你停下来,让你的灵魂跟上来。"另一位网友说:"怀揣梦想的理想主义者,这才是真正教师的品格。他不浑浊,不沉于尘土。"我们以为:"走得太快了,灵魂拖了后腿,可能心更累。"行走在人生路上,如果每位教师都能以发展自我为重,时刻提醒自己"蓄积灵魂",我们的生命就不会遗失在世俗的风烟里。即便终至无痕,也会无憾。教育是感召灵魂的事业,正如雅斯贝尔斯所说:"教育意味着一棵树摇动另一棵树,一朵云推动另一朵云,一个灵魂唤醒另一个灵魂。"不难想象,我们的灵魂都丢失了,我们又如何去唤醒孩子们的灵魂呢?守住自己的灵魂,守住自己的教育之魂,我们才能奠定赢得教育和发展的基础。

三是有攀上高峰去见风景的计划。众人都向往高峰。王之涣说:"欲穷千里目,更上一层楼。"杜甫说:"会当凌绝顶,一览众山小。"登上高峰之巅,心中的豪迈、人生的得意更让人感叹此生没有虚度。登上高峰,我们还能享受诗意的心情,看云雾缭绕、红日喷薄、青江如练,生活不就更多了分惬意?然而,也有人惧怕高峰,因为"一步登天"只不过是我们美好的愿望,登峰的过程是与磨难搏斗、与自己搏斗的过程,也许高峰还没有登上,我们早已大汗淋漓,筋疲力尽,寸步难行。如果就此放弃,"风景"则就会成为"镜中花"或"水中月"。

我们每一位教师都需要欣赏风景,因为教育的"风景"更为绮丽,因此,教师需要培育勇攀高峰的勇气。首先是能追逐"风景",激励自我;欣赏别人的"风景",想象自己的"风景"。许多时候,人需要点燃自己的激情,特别是在已成为有一定影响力的名师之后,再想突破自己,这是需要更为顽强的毅力的。因此,建议在攀登的过程中,多去欣赏一下别人的"风景",激起自己内心的渴望,也许此时,你离高峰已经不远了。其次是让自己拥有独特的"风景"。任何一种风景,如果遍地都是,那只不过是寻常的风景!因此,我们应该追求另一种境界,那就是自己独特的教学风格,或者形成自己独具一格的教学流派!我们应该有自己的人生规划,那是对自己发展的"量身定制"。也许只有这样,我们才不会在前行时手忙脚乱,才会从容地应对前行中的磕磕绊绊,那么,我们也才能欣赏到巅峰的无限景致,才会真正感受到"登临绝顶我为峰"的豪迈!我们也才有资格说我们赢得了发展,赢得了自我。

【谨记】只有教师的发展才能推动学生的成长。教师赢得发展才能真正赢得教育,赢得成长,赢得自我!

参考文献

［1］［美］Thomas. R. Guskey，方乐等译. 教师专业发展［M］. 北京：中国轻工业出版社,2007.

［2］［美］E. Fromm. 为自己的人［M］. 孙依依译. 北京：生活. 读书. 新知三联书店,1988.

［3］钱志清. 论教师成长［M］. 杭州：浙江大学出版社,2012.

［4］石磊. 马斯洛谈自我超越［M］. 天津：天津社会学院出版社,2011.

［5］钟发全. 锁定十五年做出色教师［M］天津：天津教育出版社,2013.

［6］［美］James Nolan，Jr Linda A . Hoover. 教师督导与评价［M］. 兰英主译. 北京：中国轻工业出版社,2007.

［7］［英］詹姆斯. 艾伦等. 人性的优点［M］. 刘津编译. 北京：中国发展出版社,2013.

［8］钟发全. 走出困局做幸福教师［M］天津：天津教育出版社,2012.

［9］［美］奥兹门等. 教育的哲学基础［M］. 石中英、邓敏娜译. 北京：中国轻工业出版社,2006.

［10］王景英. 教育评价［M］. 北京：中央广播电视大学出版社,2010.

［11］芦咏莉,申继亮. 教师评价［M］. 北京：北京师范大学出版社,2012.

后　记

　　一个课题，一本书，一群人，历经半年的努力，终于尘埃落定。向精品奋进，是我们一贯的主张与行动。为此，敢于否定，敢于超越，一路伴随着书稿的成型过程，也正因为如此，我们才颇感身心疲惫。不过，我们累并快乐着！

　　我们深知肩上的责任，所以，一直不忘盼课题所辖教师尽优秀，盼天下教师尽优秀。在写作中，仿佛我县的几千教师朋友就在眼前，仿佛全国的千万教师朋友就在眼前，我们在用文字、用心，与大家就综合素质发展及评价进行了一次深入心灵的长谈。

　　为了促进课题深入开展，我们除了阅读大量的书籍，还在所在范围内吸纳了10个子课题学校，包括幼儿园、中小校的教师参与课题，所涉城市、农村学校的教师积极参与，尽可能搜集到一线教师正面临的问题，而后组织坚实的力量找到解决的办法。我们总课题组全力付出，夜以继日地劳作，终才完成了手中这沉甸甸的一期成果。

　　没有团队的协同作战，没有团队成员的精诚团结，《中小学教师综合素质发展与评价应用》不可能在短短的半年时间内脱稿。实实在在地说，书稿中的一些观点，多源于课题组一群优秀教师经验的积累。写作的过程中，真可谓工作量巨大、写作流程苛刻；要是没有课题组成员们的坚强毅力，几乎就没有这本书。

　　严格地说，本书每个章节中的内容已经不再专门属于某一个人了，它已是集体智慧的结晶。因为，每一章节的内容，都是经过3~5人多次修改而最后完成。在此，我向所有关心本课题的朋友们，表示最衷心的感谢！

谢芝玥

二〇一三年十二月

郑 重 声 明

为保护广大读者的合法权益，打击盗版，本图书已加入全国质量监督防伪查询系统，采用了数码防伪技术，在每本书的封面均张贴了数码防伪标签，请广大读者刮开防伪标签涂层获取密码，并按以下方式辨别所购图书的真伪：

电话查询：4007072315（免通话费）

短信查询：把刮涂层获取的数码发送到13611233315（免短信费）

网站查询：www.707315.com

如密码不存在，发现盗版，可直接拨打15601249936进行举报，经核实后，给予举报者奖励，并承诺为举报者保密。